国家级职业教育规划教材
人力资源和社会保障部职业能力建设司推荐

商务站点建设与管理

高职高专电子商务专业任务驱动型教材

主编　胡计虎

中国劳动社会保障出版社

图书在版编目(CIP)数据

商务站点建设与管理/胡计虎主编. —北京：中国劳动社会保障出版社，2010
ISBN 978-7-5045-8511-0

Ⅰ.①商… Ⅱ.①胡… Ⅲ.①电子商务-网站-高等-学校：技术学校-教材
Ⅳ.①F713.36②TP393.092

中国版本图书馆 CIP 数据核字(2010)第 159190 号

中国劳动社会保障出版社出版发行
(北京市惠新东街 1 号　邮政编码:100029)
出 版 人:张梦欣
*
北京市白帆印务有限公司印刷装订　新华书店经销
787 毫米×1092 毫米　16 开本　21.25 印张　463 千字
2010 年 8 月第 1 版　2021 年 1 月第 3 次印刷
定价: 32.00 元

读者服务部电话:(010)64929211/84209101/64921644
营销中心电话:(010)64962347
出版社网址:http://www.class.com.cn
http://jg.class.com.cn

前 言

为了满足高等职业技术院校电子商务专业教学改革的需要，我们组织了一批教学经验丰富、实践能力强的教师与行业、企业的专家，在充分调研和集思广益完善课程教学方案的基础上，编写了国内首套高等职业技术院校电子商务专业任务驱动型教材，包括《电子商务概论》《电子商务技术与应用》《商务站点建设与管理》《Web数据库应用》《网络信息发布与营运》《商情分析》《客户关系管理》《电子商务物流》《国际贸易实务》《电子商务应用与实训》（第二版）等。

在本套教材的编写过程中，我们力求贯彻以下三项原则：

一、围绕培养目标选取教材内容

本专业的培养目标是使学生能够利用计算机、网络、信息等现代化技术手段完成企业的商务工作。本套教材内容的选取紧紧围绕这一培养目标来展开，即根据电子商务工作流程的需要，着重介绍营销、交易、管理等工作内容以及这些工作中常用的计算机技术、网络技术、信息技术、电子物流技术和典型电子商务平台运用技术等，既有基础知识和专业知识，又有电子商务工作技能的训练，提高了教材的针对性和适用性。

二、按照任务驱动教学模式安排教材内容

教材中的各教学单元分别以企业的信息搜集、市场调查、招标采购、销售推广、客户服务、物流管理等工作中的典型业务为项目，按照典型业务的需要，安排相关的商务内容和技术支持内容，并做到“理论学习有载体，技能训练有实体”，以利于激发学生的学习兴趣，提高教学效果。

三、充分体现国家职业标准的要求

为了推动高等职业技术院校贯彻落实“双证书制度”，本专业教材涵盖了国家职业标准《电子商务师》中电子商务员、助理电子商务师等应知和应会的内容。这样，学生在取得学历证书的同时，也很容易考取电子商务专业的中、高级国家职业资格证书。

在本专业教材的编写过程中，有关省市教育部门、人力资源和社会保障部门以及一批高等职业技术院校给予我们有力的支持，教材的主编、参编、主审等有关人员做了大量的工作，在此，我们表示衷心的感谢！同时，恳切希望用书单位和广大读者对教材提出宝贵的意见和建议，以便修订时加以完善。

人力资源和社会保障部教材办公室

2009 年 7 月

内 容 简 介

本书为国家级职业教育规划教材，由人力资源和社会保障部职业能力建设司推荐。

本书根据高职高专电子商务专业的教学实际，由劳动和社会保障部教材办公室组织编写。本书采用任务驱动的编写思路，以一个鲜花商务网站的规划、开发、建设为主线，通过不同商务功能模块的设计与实现，使学生掌握商务网站规划开发的主要技能。主要内容包括：网站系统需求分析与整体规划、网站整体框架及数据库设计、会员注册功能的设计与实现、会员登录功能的设计与实现、商品管理的设计与实现、购物车的设计与实现、客户后台的设计与实现、后台客户管理的设计与实现、后台订单管理的设计与实现、网站的调试与发布等。

本书由胡计虎主编，汪琪、李杰副主编，刘猛、刘秀芹参编，王浩主审。

目　录

模块一

网站系统需求分析与整体规划

任务　鲜花网站的需求分析和整体规划

教学目标

- ◆ 能够掌握网站系统需求分析和整体规划相关知识
- ◆ 能够对商务网站进行需求分析和对整个网站进行规划

任务引入

目前网络购物越来越普及，利用商务网站进行商品销售的商家也越来越多。例如，某实体花店的经营者期望通过建设“花样年华网上鲜花超市”网站来进行在线销售业务，从而扩大经营渠道和效益。请根据该商家的要求，完成“花样年华网上鲜花超市”网站的需求分析和整体规划。

任务分析

要完成“花样年华网上鲜花超市”网站的需求分析和整体规划，首先应分析鲜花店经营者对于网站的具体功能需求，然后描述网上鲜花超市经营的业务流程，最后对“花样年华网上鲜花超市”进行整体规划和前后台功能模块划分。

实现上述任务需要解决以下问题：

1.“花样年华网上鲜花超市”网站的需求分析。

2.“花样年华网上鲜花超市”网站的整体规划。

相关知识

一、商务网站的需求分析

1. 什么是商务网站的需求分析

商务网站的需求分析即通过和客户交流，正确引导客户将自己的实际需求用较为适当的技术语言进行表达（或者由相关技术人员帮助表达），以明确项目目的的过程。这个过程中也包含了对要建立的网站基本功能和模块的确立和策划。

2. 如何进行商务网站需求分析

（1）组织开发人员与客户进行交流

一个商务网站系统的确立是建立在客户实际需求之上的，网站开发项目负责人对客户需求的理解，在很大程度上决定了网站开发项目的成败。因此如何更好地了解、分析、明确客户需求，并且能够准确、清晰地以文档的形式表达给参与系统开发的每个成员，保证开发过程按照以满足客户需求为目的的正确方向进行，是每个网站系统开发管理者需要面对的问题。

（2）尽可能多地获取客户的需求信息

主要调查以下内容：

1）网站当前及今后可能出现的功能需求。要想获得客户的网站功能需求，首先要分析客户的业务流程，然后通过业务流程的分析帮助客户确定其目前及将来的需求，以防止客户在后期要求频繁地修改网站。例如从事在线商品销售的商务网站，其业务流程主要包括消费者前台购物流程（见图1—1—1）和商家后台处理流程（见图1—1—2），由此可以确定商务网站功能主要包括商品展示、商品管理、用户管理、购物车管理、订单管理等模块。

2）客户对网站性能（如访问速度）的要求和可靠性的要求。网站性能通俗理解就是日访问量、常用页面最大并发数、同时在线人数、访问响应时间等，涉及通用指标、服务器指标和数据库服务器性能指标。其中通用指标是指服务器CPU占用、可用内存数、物理磁盘读写时间情况；服务器指标是指平均每秒钟响应次数（总请求时间/秒数）、成功的请求数、失败的请求数、成功的点击次数、失败的点击次数、每秒点击次数、每秒成功的点击次数、每秒失败的点击次数等；数据库服务器性能指标是指用户连接数、用户并发数、数据库死锁等。

3）网站的实际运行环境

①硬件环境。根据客户的实际需求，确定是采用自建服务器，还是租用虚拟主机。如果是前者可参考表1—1—1配置硬件环境，如果是后者就不需要考虑了。

②软件环境。包括支持网站运行的平台和支持网站运营的技术。具体可参考表1—1—2。

4）网站页面总体风格以及美工效果。网站页面总体风格以及美工效果一般要与企业整体形象一致，要符合CI规范。要注意网页色彩、图片的应用及版面策划，保持网页的整体一致性。

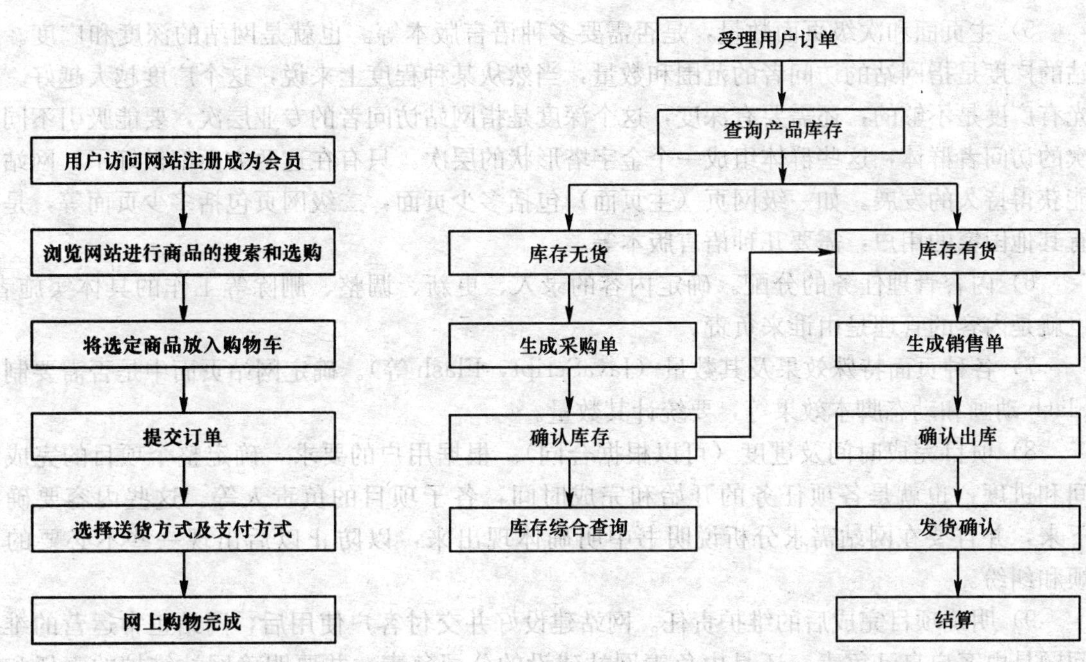

图 1—1—1　消费者前台购物流程　　图 1—1—2　商家后台处理流程

表 1—1—1　　**硬件环境**

项目	详细
CPU	主流 Xeon 多核技术
内存	2 GB 以上
硬盘	500 GB 以上
网卡	千兆网卡
带宽	100 M 光纤

表 1—1—2　　**软件环境**

项目	详细
操作系统	Windows2000/2003/WinNT/Server
脚本解释器	JavaScripts/VbScripts
Web 服务器	IIS5. 0/IIS6. 0/IIS7. 0
数据库	SQL Server 2000/2005
编程环境	ASP

5）主页面和次级页面数量，是否需要多种语言版本等。也就是网站的深度和广度。网站的广度是指网站的访问者的范围和数量，当然从某种程度上来说，这个广度越大越好。但光有广度是不够的，还需要有深度，这个深度是指网站访问者的专业层次，要能吸引不同层次的访问者群体，这些群体组成一个金字塔形状的层次。只有在这两方面都做好了，网站才能获得持久的发展。如一级网页（主页面）包括多少页面，二级网页包括多少页面等，是否有其他国家的用户，需要几种语言版本等。

6）内容管理任务的分配。确定内容的录入、更新、调整、删除等工作的具体实施者，也就是内容的管理是由谁来负责。

7）各种页面特殊效果及其数量（JavaScript，Flash 等）。确定网站页面中是否需要制作 Flash 动画和动态脚本效果等，要统计其数量。

8）项目完成时间及进度（可以根据合同）。根据用户的要求，确定整个项目的完成时间和进度，也就是各项任务的开始和完成时间，各子项目的负责人等。这些内容要确定下来，并且要在网站需求分析说明书中明确体现出来，以防止以后出现一些不必要的麻烦和纠纷。

9）明确项目完成后的维护责任。网站建设好并交付客户使用后，网站正常运营的维护问题是由客户自己负责，还是由负责网站建设的公司负责，并要明确网站维护的责任和费用等。

一般来说，网站维护分为两种：一种是技术性维护，另一种是内容性维护。技术性维护包括服务器、相关硬件、数据库等，内容性维护主要指网站产品、营销、促销信息的更新（删除、更改、替换）。其中技术性维护一般由网站制作方与客户通过合同进行约定，确定技术性维护的周期及安排，内容性维护一般由客户自己承担。

综上所述，需求分析活动的目的就是帮助项目负责人加深对客户需求的理解和对前期不明确的地方明确化，以便于日后在项目开发过程中作为开发成员的依据和借鉴。

二、商务网站整体规划

1. 什么是商务网站的整体规划

商务网站的整体规划即根据商务网站需求分析，明确客户的需求后，为实现上述功能完成网站建设的总体设计方案。

2. 如何做商务网站的整体规划

网站规划工作包括前期对客户需求的了解，网站类型的确认，网站结构的规划，网站功能需求分析报告的撰写，网站硬件、软件平台的配置方案；中期网站风格的定位、网站的美术设计（与美工人员的沟通）、网站内容的编辑、网站功能模块的开发（与技术开发人员的沟通）、网站发布前的测试、网站售后服务、技术支持、网站宣传推广等。可以参考以下步骤：

（1）确定网站的定位

在确定了客户的具体需求之后，接下来必须明确所设计网站的目标用户群，以及该为这些用户提供什么样的商品和服务。如母婴用品网站，目标用户群是孕妇及新生儿父母。那么所有的内容、设计、运营和市场都要围绕这个目的进行，不会因为数码产品的热销而改为销售数码产品。若定位是综合的电子商务网站，则可能提供各种商品，不仅是母婴用品，也许还有数码产品、图书、音像产品等。

（2）确定网站的主题和名称

1）确定网站主题。网站的主题也就是网站所要表达的主要内容。例如淘宝网的主题是"淘宝"，要想买物美价廉的东西就去淘宝网；华军软件园的主题就是软件下载，一提起华军软件园，就会想起那是一个专门提供软件下载的网站。

作为网站服务提供商，在动手制作客户需要的网站之前，首先要考虑的是客户的网站究竟要做些什么，通过这个网站客户要表达什么内容，必须给这个网站划定一个范围。也就是说要给这个网站一个准确的定位，不然随便制作，胡乱放上一些内容，这样的大杂烩恐怕是没有人来浏览的，客户也肯定不会满意的。

在确定网站主题时要注意以下几点：

①主题要鲜明。对于任何网站，要给浏览者留下深刻的印象，必须要有一个鲜明的主题，突出自己的个性和特色。

②主题要小而精。定位要小，内容要精。如果想制作一个包罗万象的网站，把所有精彩的东西都放在上面，那么往往会事与愿违，给人的感觉是没有主题，没有特色，样样有，却样样都很肤浅，因为不可能有那么多的精力去维护它。

③题材不要太滥或者目标太高。"太滥"是指到处可见，人人都有的题材；比如软件下载、免费信息等。"目标太高"是指在这一题材上已经有非常优秀、知名度很高的站点，要超过这些网站是很困难的。

2）网站名称或域名。网站主题确定以后，就可以围绕主题给网站起一个名字。网站名称，也是网站设计的一部分，而且是很关键的一个要素。例如，"网易""淘宝""开心网"等就是一些非常好的网站名称。和现实生活中一样，网站名称是否响亮、易记，对网站的形象和宣传推广也有很大影响。

在确定网站名称时要注意以下几点：

①名称要正。其实就是要合情、合理、合法。

②名称要易记。最好用中文名称，不要使用英文或者中英文混合型名称。另外，网站名称的字数应该控制在六个字（最好四个字）以内，四个字的也可以用成语。字数少还有个好处，即适合与其他站点的链接排版。

③名称要有特色。例如"天籁之音""我要工作网""电脑之家"等。在体现出网站主题的同时，能点出特色之处。

网站名称确定以后网站的域名也就基本确定了，一般来说网站名称就是域名的中文简称。在确定域名时要注意：域名是为了让用户记住，容易发音、上口的域名显然容易被记住。而且成功的域名一般都是非常简单的，例如sina、sohu、goole、baidu、163、yahoo等。

（3）网站结构规划

1）网站的结构层次。通常，网站的页面结构分为3级：首页、列表页和内容页。网站的层次越少，越能留住访问者。因为访问者在浏览一个网站时都想尽快找到自己所需要的信息。如果网站层次太多，信息隐藏得太深，访问者就会认为网站没有自己要的信息，而转到其他相关网站去。

2）网站的布局。优秀的网页画面少不了漂亮的图像，但更主要的是布局效果。网页布局采用的主要技术是 HTML 的表格（Table）、框架（Frame）、Div+CSS 等。不同层级的网站布局是不同的。对于首页一般采用国字形布局，列表页采用 T 形布局，内容页采用国字形和 T 字形结合的综合布局。

3）网站原型系统创建。创建新网站的最佳方法是先建立原型系统，再进行详细设计，最后正式实施。

建立原型系统最主要的目标是采用不同的方法修改目标、更新形象。原型系统开发过程中要解决网络应用的一些基本问题，例如：

①网站的结构。

②新添文件与原有系统保持一致的措施。

③信息的组织与管理。

④存储信息的物理方法（采用数据库还是文件系统）。

⑤文档版本控制（例如，如何确保多个用户同时编辑同一个文件）。

⑥结构的完整性和一致性的维护方法。

这些问题没有绝对正确的答案，只能根据实际情况进行选择。

（4）网站功能规划

商务网站功能设计并非越复杂越好，使用的技术并非越先进越好，而是要从实用性出发，能够支持企业商务战略的实施，并能在用户的购买决策过程中发挥作用。由此可以看出，在对商务网站进行功能设计的时候，应该从商家和消费者两个角度来进行分析。

1）从商家的角度分析如何设计商务网站的功能。决定如何设计商务网站功能的有效方法是检查商家的商业战略。比如，目前的两种主要商业战略：客户关系管理（CRM）和大规模定制（Mass Customization）。

客户关系管理战略要求商家从用户的观点出发来考虑如何能为用户提供更多、更好的价值，要求能够解决好用户可能遇到的所有问题。所以要求商家必须具备销售管理、营销策划、具体实施、分销策略和售后服务等功能。

大规模定制战略是指商家为消费者提供个性化的产品，价格又和传统大批量生产的产品相差不大。这就要求网站设计时尽量考虑到用户需求，帮助用户进行购买需求和决策分析，同时让用户感到在网上定制自己所需要的产品很方便。

所以从商家的角度分析，商务网站应该具备销售自动化、用户服务自动化、市场营销自动化和收集市场营销数据等功能。

2）从消费者的角度分析如何设计商务网站的功能

①商务网站应该为消费者的购买决策提供支持。一般的消费者购买决策过程包括五个阶段：问题识别、寻找信息、选择评估、购买决策和购买后的行为。所以一个有效益的商务网站要能够提供和消费者购买决策各个阶段相关的信息。

a. 问题识别。亚马孙网站的销售设计就是一个很好的例子。当一个消费者寻找一本书的时候，可以得到相似消费者曾经购买过的其他书籍信息。如果消费者寻找同样的书就是相似的，消费者因而有着潜在的相似的购买需求。

b. 寻找信息。能够给网站用户提供不同产品更多的信息，介绍产品不同的特点，以帮助潜在消费者得出正确的购买决定。

c. 选择评估。网站要能够提供帮助消费者做购买决定的标准，形成一个决定性的指导意见。

d. 购买决策。这时的问题是如何帮助消费者在大量信息中，找出一个潜在的决定性信息。

e. 购后行为。从消费者的观点看，网站应该提供整个购买决策过程的信息，对消费者购买行为进行数据收集、整理、分析并提供相应的售后服务。

②商务网站应该为消费者提供个性化服务。网络个性化关系到对特定用户进行网站内容的量身定制，本质上就是对消费者提供特定的决策支持。

所以从消费者的角度分析，商务网站要具有网上跟踪订单、比较购物、网上预览产品、站内搜索引擎、多媒体画面等功能。

（5）网站内容规划

成功网站的最大秘诀在于让用户感到网站对其非常有用。因此，网站内容开发对于网站建设至关重要。进行网站内容规划的要点如下：

1）HTML 文档的效果由其自身的质量和浏览器解释 HTML 的方法决定。由于不同浏览器的解释方法不尽相同，所以在网页设计时要充分考虑到这一点，让所有的浏览器都能够正常浏览。

2）图像、声音和视频信息能够比普通文本提供更丰富和更直接的信息，产生更大的吸引力，但文本字符可提供较快的浏览速度。因此，图像和多媒体信息的使用要适中，减少文件数量和大小是必要的。

3）网站内容应是动态的，可以随时进行修改和更新，以使自己的网站紧跟市场潮流。在主页上注明更新日期对于经常访问的用户非常有用。

4）网页的文本内容应简明、通俗易懂。所有内容都要针对设计目标而写，不要节外生枝。文字要正确，不能有语法错误和错别字。

5）根据网站的目的和功能来策划网站内容。一般企业网站应包括公司简介、产品介绍、服务内容、价格信息、联系方式、网上订单等基本内容。

6）电子商务类网站要提供会员注册、详细的商品服务信息、信息搜索查询、订单确认、付款、个人信息保密措施、相关帮助等。

7）如果网站栏目比较多，则考虑采用专人负责相关内容。网站内容是网站吸引浏览者最重要的因素，无内容或不实用的信息不会吸引匆匆浏览的访客。可事先对人们希望阅读的信息进行调查，并在网站发布后调查人们对网站内容的满意度，以便及时调整网站内容。

（6）网页设计

1）网页美术设计一般要与企业整体形象一致，要符合CI规范，要注意网页色彩、图片的应用及版面策划，保持网页的整体一致性。

2）在新技术的采用上要考虑主要目标访问群体的分布地域、年龄阶层、网络速度、阅读习惯等。

3）制订网页改版计划，如每半年到一年时间进行较大规模改版等。

任务实施

一、“花样年华网上鲜花超市”网站的需求分析

在“花样年华网上鲜花超市”网站开发之前，网站开发人员应与客户进行交流。通过交流了解到花店是一个传统的花店，前几年随着经济的发展和人民生活水平的提高，花卉的需求量出现突飞猛进的增长，生意也一直不错。但近年来全国花店数量增加很快，竞争日趋激烈。每个城市只有20%的花店生意红火，花店经营者普遍认为生意难做。于是很多花店经营者都在绞尽脑汁想办法提高销售额，如花艺创新、花艺技术创新、重视培训、管理制度创新等，但效果都不是太明显。最新的一项数据调查表明，现在市场上有相当大的一批顾客想购花但却没时间，而且消费能力强，这就产生了电话订花、网上订花的巨大市场。为了在激烈的市场竞争中立于不败之地，客户决定创建一个网上鲜花店。

1. 花店经营者对于“花样年华网上鲜花超市”网站的需求

（1）网站的功能要求

1）具有亲和美观的页面，能够提升花店形象。网站是花店对外的一个宣传窗口，很多顾客了解花店和产品都是通过网络，在这些潜在顾客没有来到花店之前，网站就是花店的业务员。这位业务员能不能给顾客足够的信心，能不能让顾客感觉到足够的专业，能不能让这些潜在顾客感觉到花店的实力和热情，这些就决定了潜在用户会不会变成真正用户。所以网页美术设计要与企业整体形象一致，要符合CI规范。要注意网页色彩、图片的应用及版面策划，保持网页的整体一致性，从而塑造花店对外宣传的良好形象。

2）具有清晰简捷的产品和服务的展示功能。要让用户很方便、简捷地找到想要的产品或服务。不能为了追求网站内容的丰富，在产品或服务上增加大量的内容，而用户却看不到或找不到。这样会显得花店不够专业从而损害了花店的形象。

3）具有及时更新和管理花店产品或服务的功能。在保证网站正常运营的情况下，可以随时添加新商品，更改商品的相关信息和删除一些过时的产品或服务信息。

4）网站要完善传统的客户服务工作，具有一定的互动功能。在传统的客户服务中，由于时间、地区、交通、通信等条件的影响，客户服务是企业一个费时、费力、费钱的工作。而网络打破了时间、地区等限制，所以要利用网站来完善客户服务，提高服务质量和服务速度。例如，可以在网站上设交流区，安装一些即时沟通软件，设置电子邮箱等。

5）网站应该具有会员注册功能，从而协助花店增进客户关系。例如，通过会员打折、会员积分兑换礼品等方式鼓励顾客在网站上注册成为会员。通过网站可以使VIP会员及时了解花店最近的一些动态、新的产品、优惠政策等。这样可以让顾客更快地了解花店，加强对花店的关注，增进了花店和顾客的良好关系。

6）网站能够对会员信息进行管理，以便随时了解顾客信息，并能对这些会员进行管理。如果是花店的忠实消费者、VIP会员，将给予重点关注和积分奖励等；如果是不良会员，将进行删除，以取消其会员资格。

7）实现网上销售功能。可以直接在网站上进行产品销售、订货、付款等，实现电子商务，节约开店的房租、人力等大部分成本。实现网上销售是网络营销的最终目的，同时也是建立网站的最终目的。

8）网站能对网上订单进行管理。顾客在网上下了订单以后，能直接在网上进行受理，并根据实际情况确定订单的状态，最后按订单及时送货。

9）网站具有售后服务和顾客意见反馈功能。顾客购买产品后如果有什么问题可以直接与花店取得联系，花店能尽快给顾客答复。同时顾客也可以对购买过的产品进行评价。这样得到的信息相对来说比较真实，有利于花店及时了解顾客需求与意见，做好统计、分析与回馈，从而在很大程度上留住顾客进而开辟出新的市场。

10）加强与其他企业的联合，促进合作。通过网站可以与本行业中利益互补的相关企业（如辅料供应商等）建立良好的关系，进行信息资源与行业动态的交流互补，促进相互间的良好合作。同时也可以通过网站发展全国各地的用户，进行招商和加盟，有效降低花店向外推广的营销费用。

（2）网站的技术要求

根据上述客户对于网站功能的需求，可采用如下技术进行网站的设计与实现：

1）网页布局采用的主要技术是HTML的表格（Table）、框架（Frame）、Div＋CSS等。不同层级的网站布局是不同的。对于首页一般采用国字形布局，列表页采用T形布局，内容页采用国字形和T字形结合的综合布局。

2）相关程序开发使用ASP、JAVASCRIPT和VBSCRIPT等，搭配SQL Server数据库。

3）应用Web服务器Weblogic，Jboss，TOMCAT等，系统在Windows环境下运行。

（3）网站的开发周期

整个网站的开发周期要控制在3个月内。

（4）网站售后服务和维护的要求

在网站交付使用后要求网站开发商提供系统全部源代码，制作出详细的网站系统使用说明，在使用过程中出现问题能马上进行处理；负责进行必要的升级。

具体的维护要求如下：

1）服务器及相关软硬件的维护。对可能出现的问题进行评估，确定响应时间。

2）数据库维护。协助网站管理员进行数据的正常维护和备份。

3）内容的更新、调整等。协助网站管理员进行内容的更新、调整等。

4）制定相关网站维护的规定。帮助花店制定相关网站维护的规定。

（5）网站的开发费用

整个网站的开发费用预算在 3 万～5 万元。

以上就是花店经营者对于“花样年华网上鲜花超市”网站的具体要求。

2.“花样年华网上鲜花超市”网站的经营流程

通过与花店经营者的交流，在实现网上花店运营时，应该遵循的流程如图 1—1—3 所示。

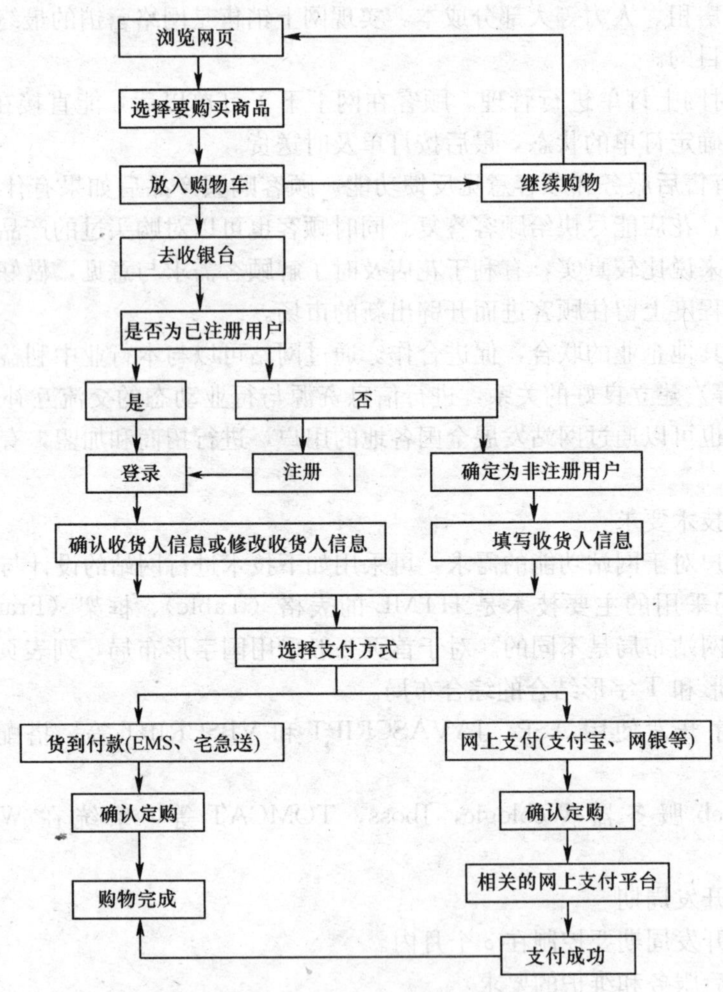

图 1—1—3　鲜花网经营流程图

二、“花样年华网上鲜花超市”网站的整体规划

1.“花样年华网上鲜花超市”网站用户定位

要进行网站用户定位，首先应该了解目前的网上花卉销售情况。包括现实消费者的层

次、消费习惯和已有花店的分布、经营特色等，还要对潜在消费者的情况和花店业发展的态势进行预测，然后结合自身的条件，最终找到切入点。

通过前面的需求分析可以知道，目前市场上有相当大的一批顾客想购花但却没时间逛花店，而且消费能力强。所以用户就是工作比较忙，消费能力强的白领阶层。服务人群确定后，经营活动就可以有的放矢地展开。比如宣传方面，广告可以打在白领阶层喜欢浏览的网站或者爱看的休闲杂志上，促销活动可以和大商场、高级酒吧、咖啡厅联合展开。总之，做好定位，许多经营活动将会变得针对性强而更有效果。

2."花样年华网上鲜花超市"网站的主题和名称

（1）网站主题

网站主题的确定也就是说要给自己的网站一个准确的定位。所谓的定位就是指找到自己在市场上的位置，以特定的经营特色，明确服务于某一个消费群。近年花卉消费渐成庞大的市场，花卉消费群覆盖方方面面，花店需要先有定位，才会避免因面向大众而做不出特色。

1）现在的鲜花网普遍存在的问题

①商品价格太高，消费者望而却步。

②网站仅限于鲜花的零售和简单的花艺制作，谈不上花卉艺术。

③网站上只销售鲜花，如果顾客在送花的时候还想送其他礼品，如蛋糕、巧克力等，还需要到其他地方买，比较麻烦。

④订单数额小，配送费用高，配送不及时。

2）通过前面问题的分析，可以找到"花样年华网上鲜花超市"网站的切入点：

①网站产品的技术含量要高，如具备一定花卉艺术的成品花束或花篮。

②网站除了鲜花以外还要做礼品、蛋糕、巧克力等和鲜花有关的商品。

③要保证商品的质量和价格像超市一样，物美价廉。

④因为是成品花束，所以订单额度就比较高，配送费用没有问题，只要保证配送及时就可以了。

通过以上的分析，再结合花店经营者对于网站的需求和确定网站主题时遵循的基本原则，确定网站的主题是"鲜花和相关产品的销售"，并且保证商品物美价廉和配送的及时性。

（2）网站名称

围绕"鲜花和相关产品的销售"这个主题，确定网站的名称为"花样年华"，如图1—1—4所示，它的全称是"花样年华网上鲜花超市"。在确定网站名称时主要从以下几方面考虑：

1）要体现网站的主题。因为网站主题是"鲜花和相关产品的销售"，所以网站名称里要有"花"。

2）名称要易记。"花样年华"是一个成语，大家耳熟能详。

3）要体现网站特色。"花样年华"代表青春年少，给人无限希望，这正是网站想在广大消费者心目中留下的印象。

4）要体现网站商品的物美价廉。加上“鲜花超市”，目的就是告诉消费者花店的商品像大型超市里所售的商品一样物美价廉，质量有保证。

图 1—1—4　花样年华网上鲜花超市

3.“花样年华网上鲜花超市”网站结构规划

（1）网站的结构层次

花样年华网上鲜花超市网站结构分为 3 级：首页、列表页和内容页。

（2）网站的布局

“花样年华网上鲜花超市”网站布局采用的主要技术是 HTML 的表格（Table）和框架（Frame）。网页前台用表格技术布局，后台用框架技术布局。另外不同层级的网页布局也是不同的：首页采用国字形布局，列表页采用 T 形布局，内容页采用国字形和 T 字形结合的综合布局。

（3）网站原型系统创建

为了更好地规划“花样年华网上鲜花超市”网站结构，先建立原型系统。如针对列表页和内容页建立一个原型网页（见图 1—1—5），然后再根据不同目标进行详细设计，最后正式实施。

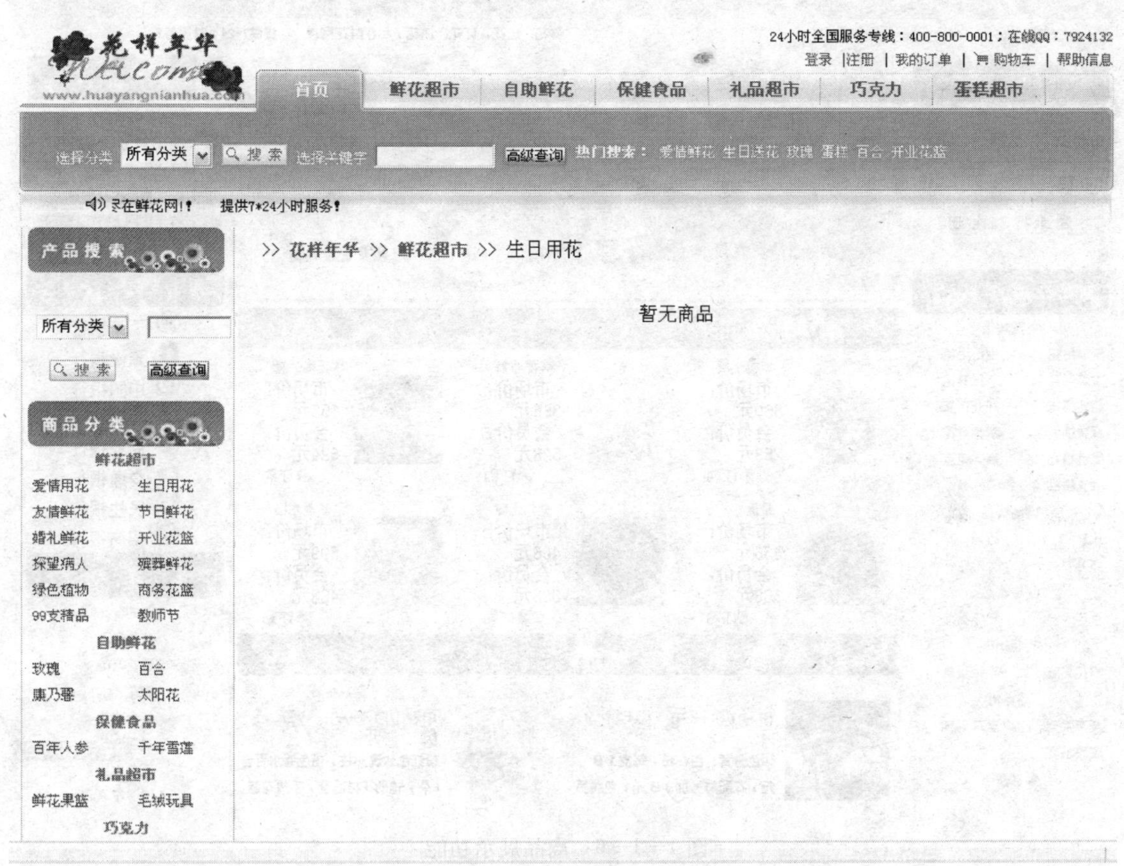

图 1—1—5　“花样年华网上鲜花超市”原型页

4. 网站功能和内容规划

（1）网站前台模块

根据“花样年华网上鲜花超市”网站的需求分析，确定网站前台主要用于显示商品内容和与浏览者交互等。具体包含以下功能模块：

1）商品展示模块。该模块用于各类产品的实时发布，前台浏览者可以通过页面浏览查询商品信息。包含“首页”“鲜花超市”“自助鲜花”“保健食品”“礼品超市”“巧克力”和“蛋糕超市”。其中“首页”还包含“本站新品”和“精品热卖”。这样可以使浏览者全方位了解商品的情况，并选择适合浏览者的商品，如图 1—1—6 所示。

2）注册模块。对于“花样年华网上鲜花超市”网站来说，注册模块是必不可少的。因为需要记录购买商品的用户，并需要了解注册用户的地址等信息以方便发货，同时也有利于加强网站与用户之间的长期合作，如图 1—1—7 所示。

图 1—1—6 商品展示功能

3）购物车模块。“购物车”用来记录用户需要购买的商品，如同在商场中使用的购物篮、购物车一样。“购物车”用于暂时存放商品信息，并帮助用户记录购买的数量及金额等，如图 1—1—8 所示。

在选购商品的过程中，用户还可以通过购物车查看所选购商品的信息。确定选购商品无误后，可以单击“去收银台”按钮进行结账，并确定送货的方式、支付方式和提交订单，如图 1—1—9 所示。

4）会员管理模块。在会员管理模块中，用户可以管理自己的信息：“我的信息”“我的订单”和“修改密码”等，如图 1—1—10 所示。

（2）网站后台模块

网站后台主要用于管理商品、用户、订单以及查看网站状况，它可以根据不同的管理内容进行划分。

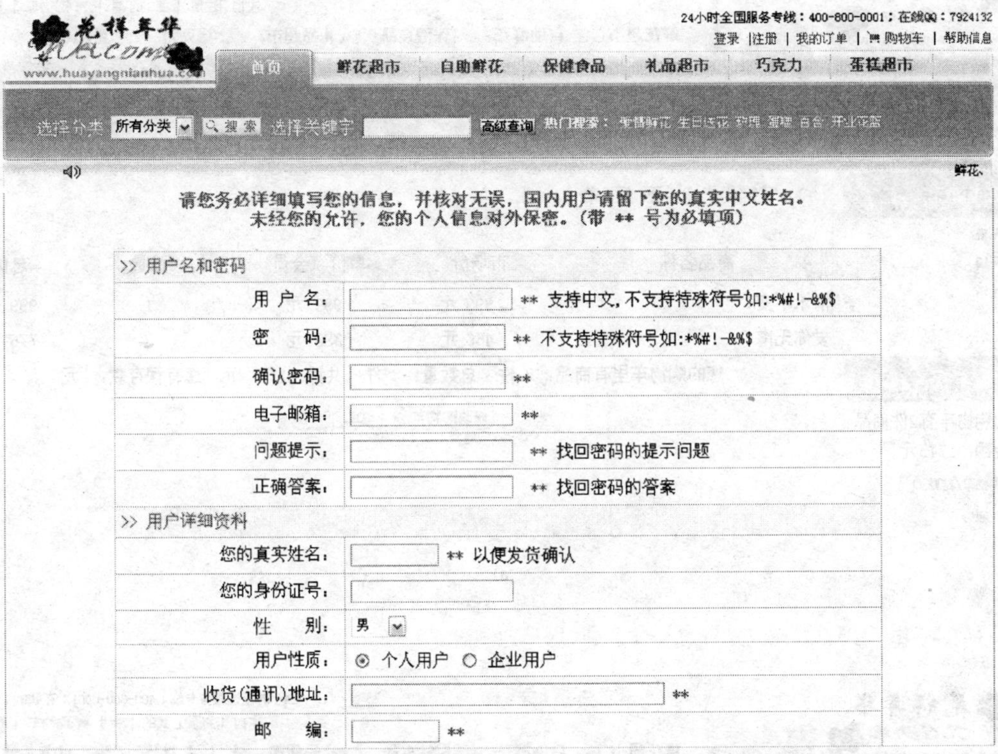

图 1—1—7　注册页面

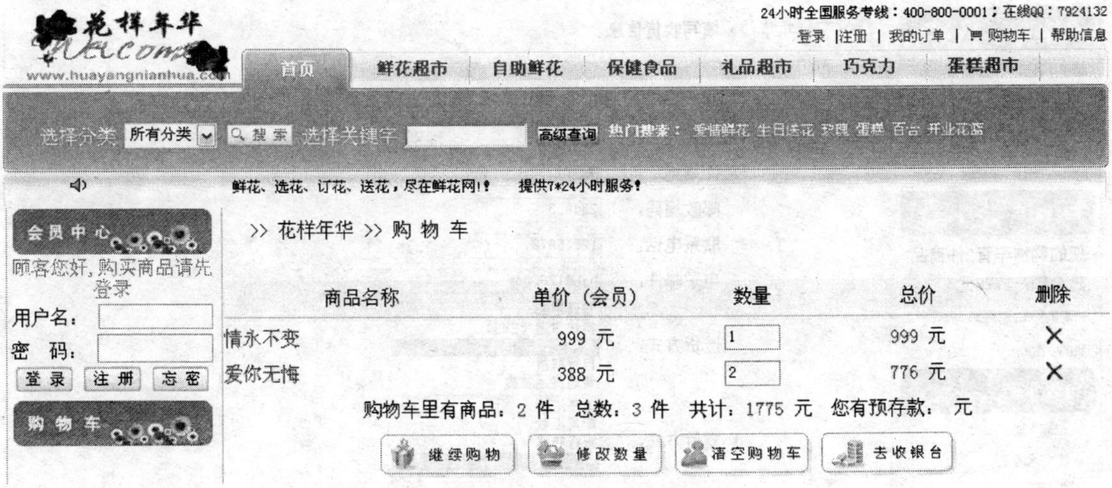

图 1—1—8　购物车

花样年华
Welcome
www.huayangnianhua.com
24小时全国服务专线：400-800-0001；在线QQ：7924132
注销 |注册 | 我的订单 | 购物车 | 帮助信息
首页
鲜花超市
自助鲜花
保健食品
礼品超市
巧克力
蛋糕超市
选择分类 所有分类 搜索 选择关键字 高级查询 热门搜索： 爱情鲜花 生日送花 玫瑰 蛋糕 百合 开业花篮
鲜花、选花、订花、送花，尽在鲜花网!! 提供7*24小时服务!
最近浏览
情永不变
爱你无悔
幸福生活
最爱
购物车
您的购物车有2件商品
总金额：1775元
查看购物车/结账>>
我的收藏>>
>> 花样年华 >> 下 订 单
商品名称 市场价 单价（会员） 数量 总价
情永不变 999 元 999 元 1 999 元
爱你无悔 466 元 388 元 2 776 元
您的购物车里有商品：2 件 总数量：3 件 共计：1775 元 您有预存款： 元
修改购物车
OK,下一步

a)

花样年华
Welcome
www.huayangnianhua.com
24小时全国服务专线：400-800-0001；在线QQ：7924132
注销 |注册 | 我的订单 | 购物车 | 帮助信息
首页
鲜花超市
自助鲜花
保健食品
礼品超市
巧克力
蛋糕超市
选择分类 所有分类 搜索 选择关键字 高级查询 热门搜索： 爱情鲜花 生日送花 玫瑰 蛋糕 百合 开业花篮
鲜花、选花、订花、送花，尽在鲜花网!!
最近浏览
情永不变
爱你无悔
幸福生活
最爱
购物车
您的购物车有2件商品
总金额：1775元
查看购物车/结账>>
我的收藏>>
销售排行
幸福生活
爱你无悔
爱相随
想念来临的时候
无悔的爱
>> 花样年华 >> 填写收货信息
请正确填写以下收货信息
收货人真实姓名： 胡计虎 性别： 男
详细地址： 芜湖市
邮政编码： 234003
联系电话： 12345678
电子邮件： hjh@126.com
送货方式： 普通平邮 特快专递（EMS） 送货上门 自行取货 普通货运发货
支付方式： 电子汇款 邮局汇款 银行转账 网上支付
上一步
OK,下一步

b)

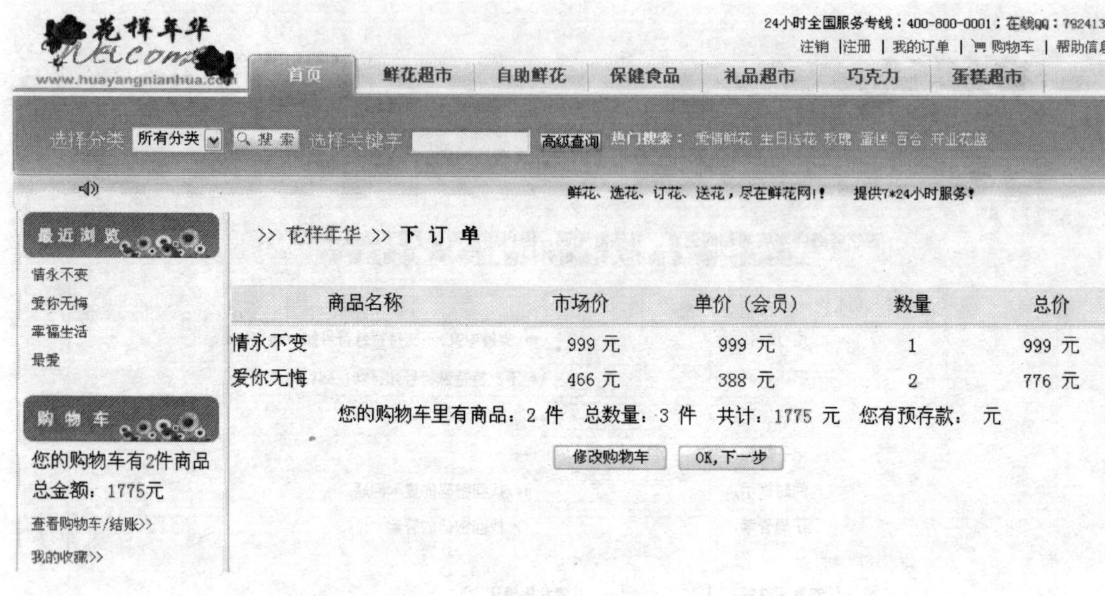

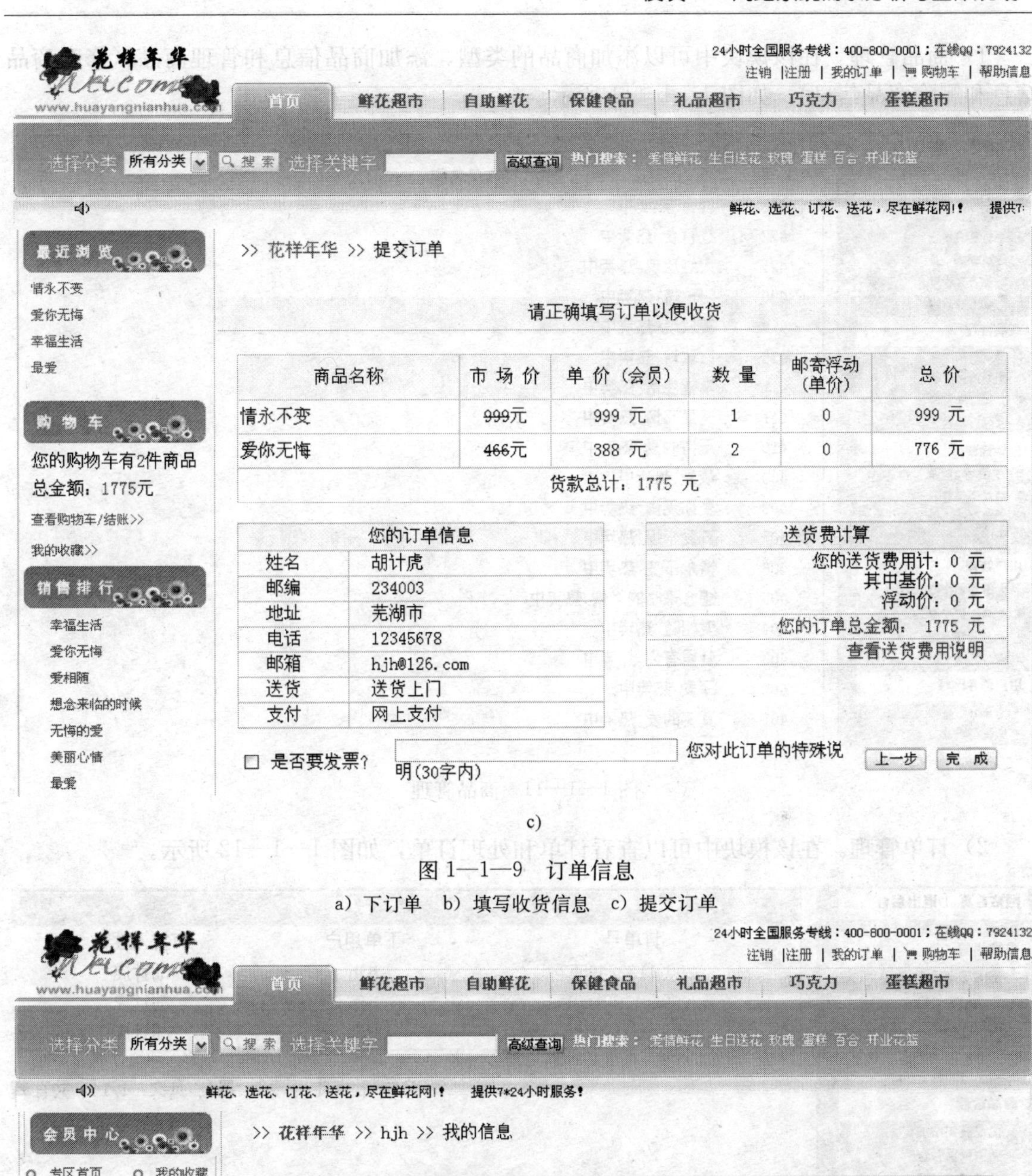

c)

图 1—1—9　订单信息

a) 下订单　b) 填写收货信息　c) 提交订单

图 1—1—10　会员管理

1）商品管理。在该模块中可以添加商品的类型、添加商品信息和管理商品（修改商品信息和删除商品信息），如图 1—1—11 所示。

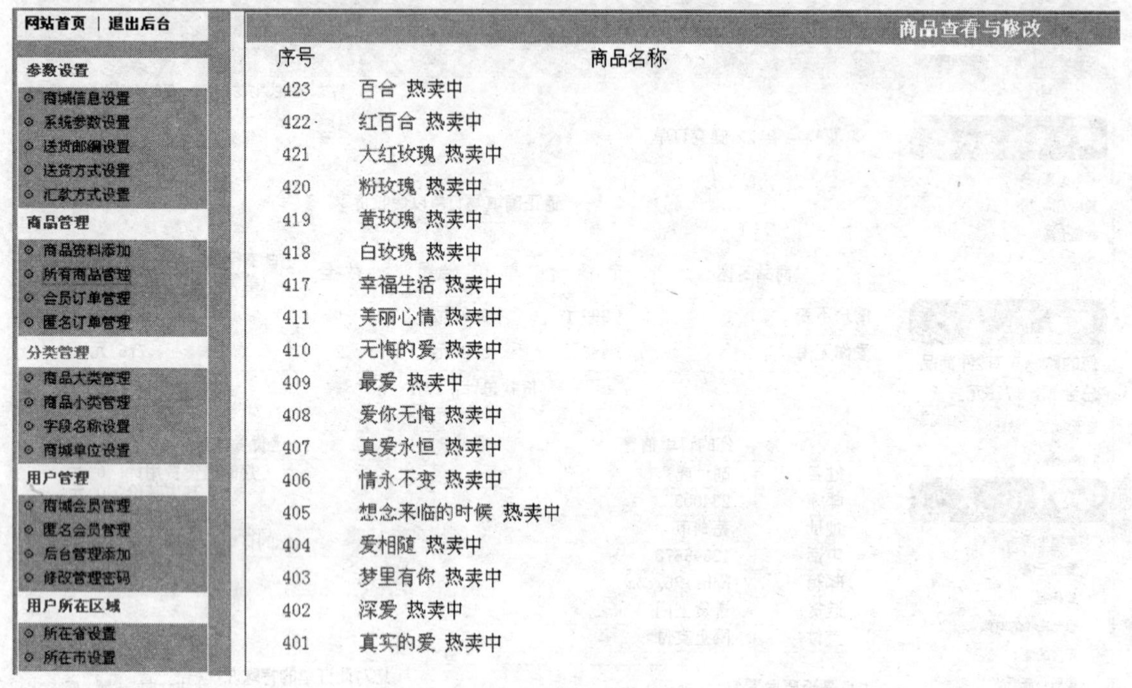

图 1—1—11　商品管理

2）订单管理。在该模块中可以查看订单和处理订单，如图 1—1—12 所示。

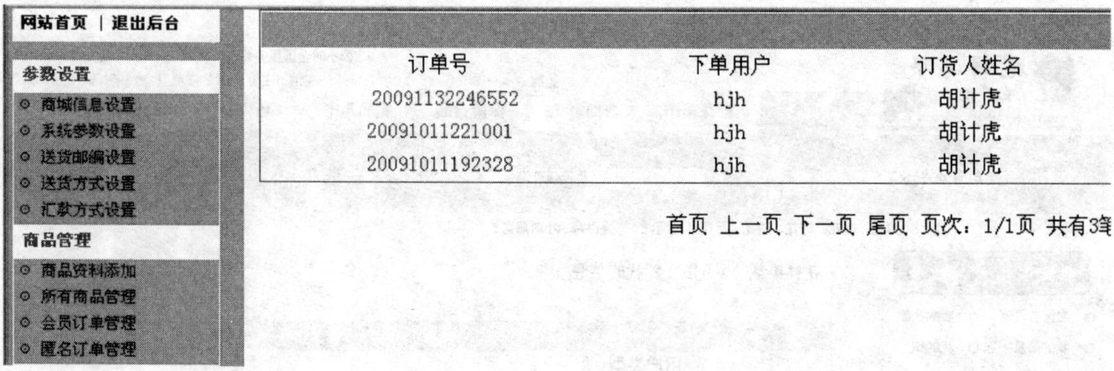

网站首页 | 退出后台

参数设置
- 商城信息设置
- 系统参数设置
- 送货邮编设置
- 送货方式设置
- 汇款方式设置

商品管理
- 商品资料添加
- 所有商品管理
- 会员订单管理
- 匿名订单管理

订单号	下单用户	订货人姓名
20091132246552	hjh	胡计虎
20091011221001	hjh	胡计虎
20091011192328	hjh	胡计虎

首页 上一页 下一页 尾页 页次：1/1页 共有3笔

图 1—1—12　订单管理

3）用户管理。该模块用于管理注册的会员信息和登录后台的管理人员的信息内容，如图 1—1—13 所示。

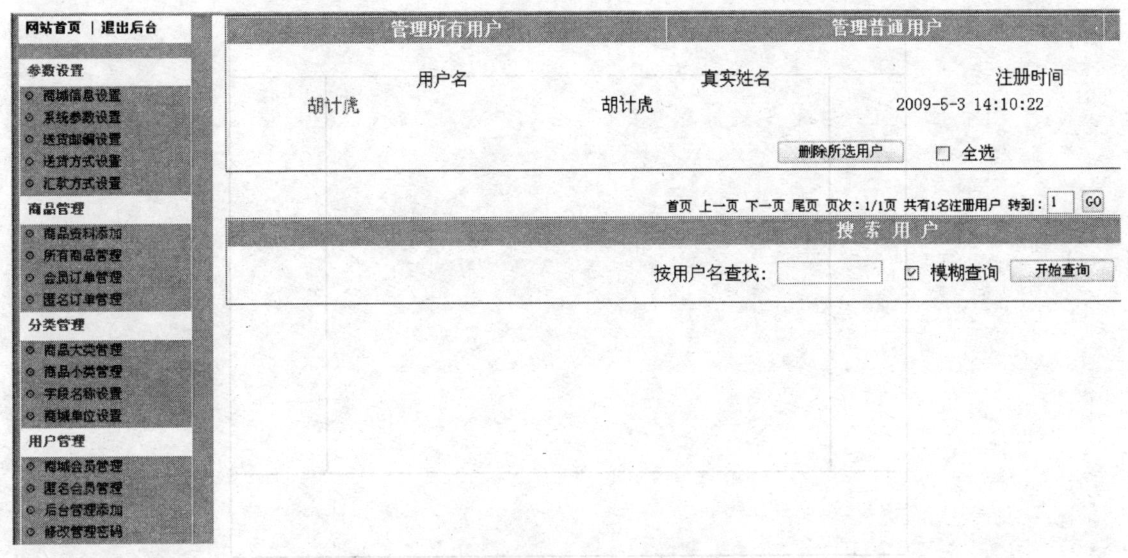

图1—1—13　用户管理

为了实现上述的商品发布、展示与更新，用户注册、查询与管理，在线订购与处理等动态功能，需要设计、搭建该鲜花网站的数据库。通过数据库方便地进行商品的分类和管理，使产品更有条理、更清晰地展示给用户，便于进行订单的管理和交易的处理及注册会员的管理，使网站的经营、管理、维护工作得到简化。

5. 网页设计

(1) 网页布局

网页布局不只是合理地安排网页图像，还包括网页中的文本、声音、视频等资源以及网页中所有的元素。针对“花样年华网上鲜花超市”网站分为前台和后台两种。

1) 网站前台布局。网站的前台主要用于显示信息和与浏览者交互。其布局主要有国字形结构（见图1—1—14）和拐角形结构（见图1—1—15）。

2) 网站后台布局。后台就是通过一个制作好的页面程序添加更新网站内容，在网站的前台显示。“花样年华网上鲜花超市”网站后台为垂直拆分形结构，如图1—1—16所示。

(2) 网站配色

在网页配色中，尽量控制在3种色彩以内，以避免网页花、乱、没有主色，而且背景色和文字的颜色、重点展示的商品颜色和其他部分颜色对比要强烈，以突出重点。“花样年华网上鲜花超市”网站主色调是红色和绿色，也体现了红花需要绿叶衬托这一思想。

6. 网站测试与发布

(1) 网站测试

在“花样年华网上鲜花超市”网站建设完成后，还需要一系列的测试工作，以确保本地网页上传到服务器能正常地运营。具体测试包括以下内容：

图 1—1—14　国字形结构

花样年华
www.huayangnianhua.cn
24小时全国服务专线：400-800-0001；在线QQ：7924132
登录 | 注册 | 我的订单 | 购物车 | 帮助信息
首页
鲜花超市
自助鲜花
保健食品
礼品超市
巧克力
蛋糕超市
选择分类
所有分类
搜索
热门搜索：
鲜花、选花、订花、送花，尽在鲜花网！！ 提供7*24小时服务！
会员登录
用户名
密 码
登 录
注 册
商品分类
鲜花超市
自助鲜花
保健食品
礼品超市
巧克力
蛋糕超市
销售排行
本站新品
幸福生活
市场价：330元
会员价：288元
美丽心情
市场价：366元
会员价：328元
无悔的爱
市场价：655元
会员价：624元
最爱
市场价：436元
会员价：388元
爱你无悔
市场价：466元
会员价：388元
真爱永恒
市场价：599元
会员价：488元
订购
精品热卖
热点新闻
更多新闻>>
网上支付
工商银行
建设银行
中国银行
农业银行
商业银行
交通银行
民生银行
招商银行
送花宝典
友情链接
客服电话（7*24）：400-733-0056 | 在线QQ：7924132，点击在线咨询
Copyright@鲜花网 2009-2012.All Rights Reserved.

图 1—1—15　拐角形结构

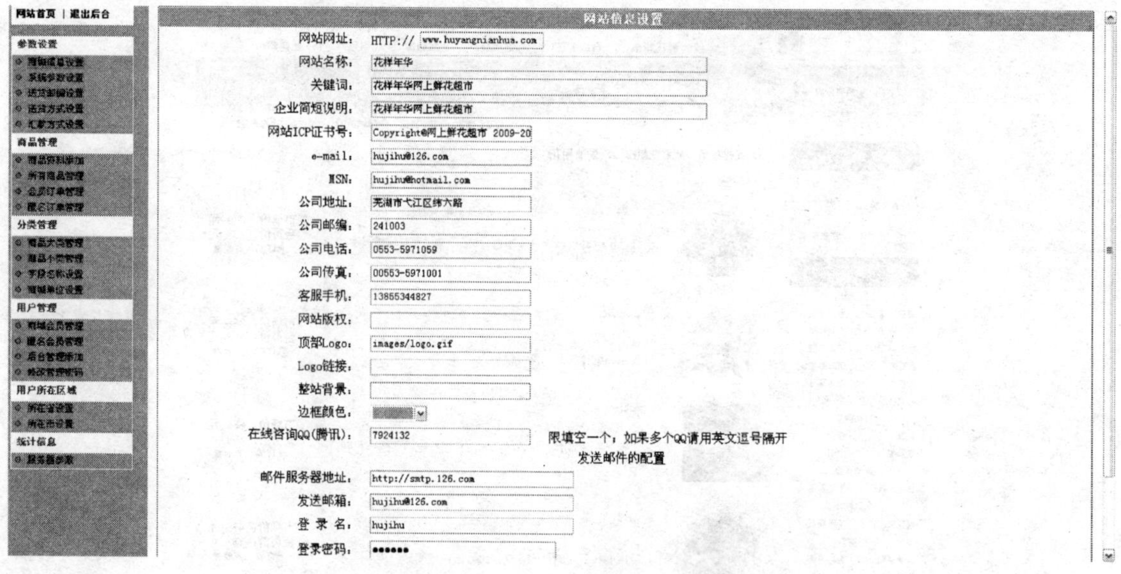

图 1—1—16　垂直拆分形结构

1）性能测试。网站的性能测试主要从三方面进行：连接速度测试、负荷测试（Load）和压力测试（Stress）。连接速度测试指的是打开网页的响应速度测试。负荷测试指的是进行一些边界数据的测试，压力测试更像是恶意测试，应该是倾向于致使整个系统崩溃的测试。

2）安全性测试。它需要对网站的服务器应用程序、数据、服务、网络、防火墙等进行测试。

（2）网站发布

申请域名和空间，利用软件把做好的“花样年华网上鲜花超市”网站发布到因特网上，供用户浏览。

思考与练习

某市光明书店创建于 2000 年，经过短短几年时间，现已发展到 8 家连锁店。力争第一是光明书店永远的追求，在读者困惑或迷茫时，把其最需要和最有帮助的书奉献给读者，是光明书店真诚的心愿。光明书店在广大消费者心目中树立了良好的品牌形象。光明书店便想进一步扩大自己的生意，但由于资金问题无法在其他城市开更多的连锁店。于是，光明书店想到了在网上开店，来吸引更多的消费者。

一、用你所学的知识对光明书店建设网上书店进行需求分析。

二、对书店网站进行整体规划。

模块二

网站整体框架及数据库设计

任务一　设计网站系统布局

教学目标

- 能够使用表格和框架设计系统布局
- 能够使用 CSS 样式美化系统设计

任务引入

在明确客户的需求，确定网站建设的总体设计方案后，花店的经营者希望尽快确定网站的整体结构和网站的风格，以方便对网站有个大致的了解，有利于双方的进一步沟通和修改网站，同时也能保证网站布局和风格的统一。请根据该商家的要求，完成“花样年华网上鲜花超市”网站的系统布局。

任务分析

要完成“花样年华网上鲜花超市”网站的系统布局，首先应该分析花店经营者对于网站系统布局的要求，然后使用表格和框架按要求设计出网站系统布局，最后使用 CSS 样式美化“花样年华网上鲜花超市”网站系统设计。

实现上述任务需要解决以下问题：

1. 如何使用表格和框架设计出“花样年华网上鲜花超市”网站的系统布局。

2. 如何使用CSS样式美化“花样年华网上鲜花超市”网站的系统设计。

相关知识

一、商务网站的系统布局

1. 什么是网站系统布局

网页是网站构成的基本元素，所以网站系统布局也就是网页布局。在因特网上大量的产品和服务网页中，怎样才能使自己的网页从其他同类产品或服务中脱颖而出，成为浏览者的首选呢？仅仅有好的内容是远远不够的，网站的外观同样重要。内容再好，没有一个赏心悦目并具一定视觉冲击力的外观，必定会影响浏览者的阅读兴趣。人们称因特网经济为注意力经济，如何吸引大众的注意力、增强画面的视觉效果则成为设计的首要工作。

网页布局同报纸杂志等平面媒体的版面设计有很多相通之处。所谓网页的布局，是在有限的屏幕空间上将多媒体元素进行有机组合，将传达内容所必要的各种构成要素（这些构成要素包括均衡、调和、律动的视觉导向以及空白等）根据主题的要求予以必要的关系设计，进行一种视觉的关联和合理配置。

2. 如何做商务网站系统布局

一个成功的网页布局设计不仅能提高版面的注意价值，而且有利于该网页主题的信息传达并能加强浏览者的视觉留存。具体的商务网站的系统布局如下：

（1）网页布局的原则

1）平衡。一个好的网页布局应该给人一种安定、平稳的感觉，它不仅表现在文字、图像等要素的空间占用上分布均匀，而且还有色彩的平衡，要给人一种协调的感觉。

2）对称性。对称是一种美，生活中有许多事物都是对称的。但过度的对称就会给人一种呆板、死气沉沉的感觉，因此要适当地打破对称，制造一点变化。

3）对比性。让不同的形态、色彩等元素相互对比，形成鲜明的视觉效果。例如黑白对比，圆形与方形对比等，它们往往能够创造出富有变化的效果。

4）疏密度。网页要做到疏密有度，即平常所说的“密不透风，疏可跑马”。不要让整个网页只有一种样式，要适当进行留白，运用空格改变行间距、字间距等，制造一些变化的效果。

5）比例。比例适当，这在布局当中非常重要，虽然不一定都要做到黄金分割，但比例一定要协调。

（2）网页布局结构

1）国字形。也可以称为同字形，是一些大型网站所喜欢的类型，即最上面是网站的标题以及横幅广告条，接下来就是网站的主要内容，左右分列两小条内容，中间是主要部分，与左右一起罗列到底，最下面是网站的一些基本信息、联系方式、版权声明等。这种结构是在网上见到的最多的一种结构类型，如图 2—1—1 所示。

图 2—1—1　国字形网站

2）拐角形。有时也被称为 T 字形。这种结构与上一种只有些许形式上的区别，上面是标题及广告横幅，接下来的左侧是一窄列链接等，右列是很宽的正文，下面也是一些网站的辅助信息，如图 2—1—2 所示。

3）三字形。这种类型最上面是标题或类似的一些东西，中间是正文，下面是网站的一些基本信息、联系方式、版权声明等。比如一些文章页面或注册页面等，如图 2—1—3 所示。

4）左右框架形。这是一种左右分为两页的框架结构，一般左面是导航链接，有时最上面会有一个小的标题或标志，右面是正文。大部分的大型论坛都是这种结构，有一些企业网站也喜欢采用。这种类型结构非常清晰，一目了然。如图 2—1—4 所示。

5）上下框架形。与左右框架形类似，区别仅仅在于是一种上下分为两页的框架。

6）封面形（POP 布局）。这种类型常出现在一些网站的首页，大部分为一些精美的平面设计结合一些小的动画，放上几个简单的链接或者仅是一个“进入”的链接甚至直接在首

图 2—1—2　拐角形网站

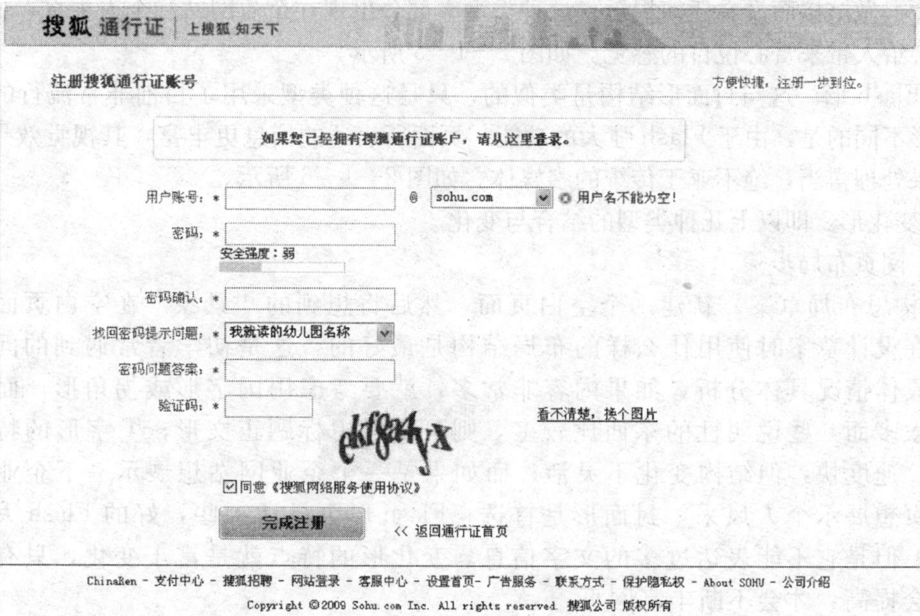

搜狐 通行证 | 上搜狐 知天下

注册搜狐通行证账号　　方便快捷，注册一步到位。

如果您已经拥有搜狐通行证账户，请从这里登录。

用户账号：* @ sohu.com 用户名不能为空!

密码：*

安全强度：弱

密码确认：*

找回密码提示问题：* 我就读的幼儿园名称

密码问题答案：*

验证码：*　　看不清楚，换个图片

同意《搜狐网络服务使用协议》

完成注册　　<< 返回通行证首页

ChinaRen - 支付中心 - 搜狐招聘 - 网站登录 - 客服中心 - 设置首页 - 广告服务 - 联系方式 - 保护隐私权 - About SOHU - 公司介绍

Copyright © 2009 Sohu.com Inc. All rights reserved. 搜狐公司 版权所有

图 2—1—3　三字形网站

图 2—1—4　左右框架形网站

页的图片上做链接而没有任何提示。这种类型大部分出现在企业网站和个人主页，如果处理得好，会给人带来赏心悦目的感觉。如图 2—1—5 所示。

7）Flash 形。这与封面形结构是类似的，只是这种类型采用了目前非常流行的 Flash。与封面形不同的是，由于 Flash 强大的功能，页面所表达的信息更丰富，其视觉效果及听觉效果如果处理得当，绝不亚于传统的多媒体。如图 2—1—6 所示。

8）变化形。即以上几种类型的结合与变化。

（3）网页布局步骤

1）构思布局草案。新建一个空白页面，然后将想到的“景象”在空白页面上勾画出来。在设计草案时使用什么样的布局结构是最好的，这是初学者常遇到的问题。其实这要具体情况具体分析。如果内容非常多，就要考虑用国字形或拐角形；而如果内容不算太多而一些说明性的东西比较多，则可以考虑标题正文形；T 字形的特点是浏览方便，速度快，但结构变化不灵活；而如果是一个企业网站想展示一下企业形象或个人主页想展示个人风采，封面形是首选；Flash 形更灵活一些，好的 Flash 大大丰富了网页，但是它不能表达过多的文字信息。变化形的特点就是富于变化，只有不断的变化才会提高，才会不断丰富网页。

图 2—1—5　封面形网站

图 2—1—6　Flash 形网站

网页布局草案属于创造阶段，不必考虑细节功能，只以粗略的线条勾画出创意的轮廓即可。尽可能多画几张，最后选定一个满意的作为继续创作的范本。

2）粗略布局，初步填充内容。在选定的草案上首先将需要设置的功能模块安排到页面上，主要包括网站 Logo、导航栏、新闻、搜索、友情链接和版本信息等。这时必须突出重点，将网站 Logo、导航栏和商品信息等重要模块放在最显眼、最突出的位置，然后再考虑次要模块的排放。如导航栏能让访问者在浏览时方便地到达不同的页面，是网页元素非常重要的部分，所以导航栏一定要清晰、醒目，一般来讲，导航栏要在“第一屏”显示出来。所谓的“第一屏”就是到达一个网站在不拖动滚动条时能够看到的部分。如 800×600 屏幕分辨率下，第一屏的宽度和高度为 778px×435px。但是有时第一屏可能会小于 435px，出于这个原因，那种横向放置的导航栏要优于纵向的导航栏考虑。原因很简单：如果浏览者的第一屏很短，横向的仍能全部看到，而纵向的就不一定，因为窗口的宽度一般是不会受浏览器设置影响的，而纵向的则不确定性要大得多。

3）布局细化，定案。网页布局确定之后，接下来要做的是对其进行量化描述，即把网页设计方案中的视觉元素的各项参数确定下来。量化描述的对象如下：

①网页外形尺寸的确定。一般来说网页页面高度原则上不超过 3 屏，宽度不超过 1 屏。也就是说，垂直滚动条可以有，但内容不宜太多；而水平滚动条则不能出现，因为没有几个浏览者看网页的时候会拖动下面的水平滚动条，看屏幕外面的内容。一般网页外形尺寸参考以下数据：

800×600 屏幕分辨率下，网页宽度保持在 778 px 以内，就不会出现水平滚动条，高度则视版面和内容决定。

1 024×768 屏幕分辨率下，网页宽度保持在 1 002 px 以内，如果满框显示的话，高度在612～615 px 就不会出现水平滚动条和垂直滚动条。

在 Photoshop 里面做网页可以在 800×600 状态下显示全屏，页面的下方也不会出现滑动条，尺寸为 740×560 左右。

②图形图像尺寸和位置的确定。图像在网页中占据的面积大小能直接显示其重要程度。一般地，大图像容易形成视觉焦点，感染力强，传达的情感较为强烈；小图像常用来穿插在字群中，显得简洁而精致，有点缀和呼应页面主题的作用。在一个页面中，如果只有大图像而无小图像或细密的文字，就会显得空洞，但只有小图像而无大图像又使页面缺乏视觉冲击力。

图像的大小不仅决定着主从关系，也控制着页面的均衡与运动。大小对比强烈，给人跳跃感，使主角更突出；大小对比减弱，则页面稳定、安静。这是因为，访问者在浏览页面时，首先会注意到大图像，然后再看到较小的图像，这种由大到小的引导，使浏览者的视线在页面上流动，便造成一种动势，使页面活泼起来。具体图像尺寸可参考以下数据：

按钮 120×60（必须用 gif），7 K 左右；

通栏 760×100，25 K 左右，静态图片或减少运动效果；

超级通栏 760×100～760×200，40 K 左右，静态图片或减少运动效果；

巨幅广告 336×280 或 585×120，35 K 左右；

竖边广告 130×300，25 K 左右；

全屏广告 800×600，40 K 左右，必须为静态图片，Flash 格式；

图文混排尺寸根据网页内容要求而定，15 K 左右；

弹出窗口 400×300（尽量用 gif），40 K 左右；

导航栏 468×60（尽量用 gif），18 K 左右；

悬停按钮 80×80（必须用 gif），7 K 左右；

流媒体 300×200（可做不规则形状但尺寸不能超过 300×200），30 K 左右，播放时间小于 5 s 60 帧（12 帧/s）。

因此，在网页设计时，应首先确定主要形象与次要形象，扩大主要图像的面积，使次要角色缩小到从属地位。只有大小图像主次得当地穿插组合，才能构成最佳的页面视觉效果。

二、表格布局

目前大多数的网页仍然采用嵌套表格来进行页面布局。嵌套表格就是在一个表格中再插入另一个表格。如设计的页面分成几个大部分，可以先利用表格的行数和列数来控制它们的布局，如果某一个单元格中的内容又要分成几部分，则可以继续在这个单元格中插入表格进行布局，以此类推，直到完成整个网页的布局。

在进行页面布局时，之所以运用多个嵌套表格来布局是因为如果网页的布局采用多个表格并排向下，则浏览器可以多线程下载，页面加载速度会很快。浏览器在解释 HTML 代码时，遇到一个 Table 标签时，会将对应的</table>读取完成后，才会显示在界面上，所以常用的布局思路是一般整个网页为一个表格，然后再分别用表格来划分布局。否则网页代码比较冗长，需要全部读取完成后才显示，会导致最终浏览时网页下载特别慢，浏览者失去耐心而最终离开网站。

在运用表格进行网页布局时，有以下技巧：

1. 先插入一个表格，设置好宽度（注意单位一般不用百分比，要用 px），高度不用设置，然后令这个表格居中。以后所有的内容都限制在这个表格中。

2. 熟练使用表格嵌套。采用表格中插入表格，多个表格并排向下的方法进行布局。

3. 表格的边框一定要为 0，即 Table 中的 border 属性值为“0”。也就是让表格在网页预览中不可见，这样才能实现表格布局的目的。

三、框架布局

1. 框架的概念

框架是比较常用的网页技术。使用框架技术可以让不同的网页文档在同一个浏览器窗口中显示出来。框架的功能有点像 Windows 操作系统的“资源管理器”，在窗口的一边显示目录，另一边显示内容，因此，框架技术经常被用于实现页面文档的导航。用户可以直接通过导航条切换到想要浏览的页面，而不必每一次都翻一个页面。且各个框架之间不存在互相干扰问题。

2. 框架的特点

框架实际上由两部分组成，即框架与框架集。框架是浏览器窗口中的一个区域，它可以显示与浏览器窗口的其余部分中所显示内容相关或无关的网页文件。每一个框架都是一个独立的网页文件；框架集是框架的集合，是一个定义了一组框架结构的网页。框架集文档本身不在浏览器中显示，它只是向浏览器提供如何显示框架以及在框架中显示哪些文档的信息，是一个用于存储框架的容器。图 2—1—4 所示是一个包含了左右 2 个框架页的框架集。左栏用于显示栏目分类，右栏用于显示栏目内容。当在左栏单击某一个具体栏目的时候，在右栏将会显示出该栏目的具体内容。

3. 框架的使用技巧

使用框架最常见的用途就是导航，在使用了框架以后，用户的浏览器不需要为每个页面重新加载与导航相关的图形。而且每个框架可以独立设计，具有独立的功能和作用，可以实现一个浏览器窗口显示多个网页的目的。但是有的浏览器对框架不支持，因此，在使用框架设计网页时要设计 noframes 部分，为那些不能查看框架的用户提供支持。

四、商务网站美化

1. 什么是商务网站的美化

商务网站美化好比装修房子，总体结构并不改变，而只是对网站的界面、模板、文字、色彩、边框等做相应的修改调整，使网站整体风格和谐统一，突出网站自身的特点，加深用户对网站的印象。

2. 商务网站美化的具体内容

（1）模板美化

包含形象页、首页、栏目页、内容页及其他页面的美化。

（2）风格美化

主要是使用 CSS 样式对字体和边框的大小、色彩、粗细等进行修改调整，使整体风格统一。

1）什么是 CSS。CSS 是 Cascading Style Sheets（层叠样式表单）的简称。它是一种设计网页样式的工具。采用 CSS 技术，可以有效地对页面的布局、字体、颜色、背景和其他效果实现更加精确的控制。用 CSS 不仅可以做出美观工整令浏览者赏心悦目的网页，还可以结合 JavaScript 等浏览器端脚本语言做出许多动态的效果。

2）CSS 基本语法。CSS 基本语法由三部分组成，即选择器、属性、属性值。例如：h1 {font - size：12px;}。

其中 h1 是选择器，{font - size：12px;} 是定义的样式。属性和属性值之间用“：”分开。在这个语句中将页面上所有的标题一的字体大小属性改为 12 像素。

如果要为一个选择器同时定义多个样式，样式之间只需用“;”隔开即可，如 h1 {font - size：12px；color：green;} 修改标题一的字体大小为 12 像素，颜色为绿色。

也可以同时为几个标签同时定义一组样式，标签之间用“,”隔开，例如，h2，h4 {font - size：12px；color：green;} 同时为 h2 和 h4 两个标签定义了两个样式。

任何一个 html 标记都可以作为选择器，但是有时想要定义更为具体和确切的样式，这时使用 class 和 id 就很方便。定义了 class 和 id 后，就可以把它附加于任何 html 标记中来定义样式，能够把相同的元素分类定义成不同的风格。

以定义 class 为例，先自定义 class 类的名称，以一个点号“.”开头（可以使用任何名称命名类，但通常应使用有具体含义的名称），然后把属性和值写在大括号中，即为“.类名{样式}”，再在网页中需要使用该类处用 class 属性引用这些类，即<指定标签 class="类名">。

如定义了类 .bright{color：#ff0000}

在需要应用类的标签上修改 class 属性：

<font class=" bright " >文字改为红色</font>

注意：这种省略 HTML 标记的类选择符是最常用的 CSS 方法，使用这种方法，可以很方便地在任意元素上套用预先定义好的类样式。

id 的用法和 class 类同，id 的定义方法为：#id 名{样式}

id 的应用方法：<指定标签 id="id 名" >

3）CSS 的类型和使用方法。将编辑好的 CSS 样式应用在网页上有 4 种基本方法。

①使用 style 属性（内联式）。将 style 属性直接加在个别的标签里，<标签　style="属性 1：值 1；属性 2：值 2；..." ></标签>

例如：

<TD style="color：red；font - size：12pt；font - family：" 宋体"；line - height：150%" ></TD>

这种用法的优点是可灵巧应用样式于各标签中，并且内联式只包含在与它有关的标记内，对页面上其他的标记不起作用。缺点则是没有整篇文件的统一性，修改起来比较麻烦。

②使用 style 标签（嵌入式）

```
<STYLE type=" text/css" >
    <! --
    样式规则表
    -->
</STYLE>
```

例如：

```
<STYLE type=" text/css" >
    <! --
    body {
                color：red；
                background：#ffffff；
                font - size：9pt；
```

```
        }
    td, p {
            color: white;
            font-size: 9pt;
          }
    -->
</STYLE>
```

通常是将整个的 <STYLE>...</STYLE>结构写在网页的<HEAD> </HEAD>部分之中。并且在调用时，在标签里加上 class="样式名称"。

这种用法的优点是整篇文件有统一性，只应用该样式规则；缺点是个别元件的灵活度不足。

③使用 LINK 标签（外部样式）。将样式规则写在 .css 的样式档案中，再以<LINK>标签引入。假设把样式规则存为一个 example.css 的档案，只要在网页中加入 <LINK rel=stylesheet type="text/css" href="example.css" > 即可套用该样式档案中所制定好的样式。通常是将 LINK 标签写在网页的<head></head>部分之中。并且在调用时，在标签里加上 class="样式名称"。

这种用法的优点在于可以把要套用相同样式规则的数篇文件都指定到同一个样式档案。缺点是在个别文件或元件的灵活度不足。

④使用@import 引入（导入式）。和 LINK 用法很像，但必须放在<STYLE>...</STYLE> 中。

```
<STYLE type="text/css" >
<! --
    @import url（引入的地址、路径与档名）;
-->
</STYLE>
```

例如：

```
<STYLE type="text/css" >
<! --
    @import url (example.css);
-->
</STYLE>
```

注意事项：

在书写 CSS 样式属性的时候行末的分号是绝对不可少的。

4 种应用方法各有其优缺点，可以综合地使用，并不会相互抵触。但是如果相同的标记属性遇上重复声明的话，就要考量套用优先权的问题了。一般来讲，优先权的顺序有以下几点原则：

网页设计者的样式设定＞使用者的样式设定＞浏览器的样式设定

内联式的样式设定＞嵌入式的样式设定＞外联式（或导入式）的样式设定

后面声明的样式设定＞前面的样式设定

至于CSS的设置在这里就不提了，可以专门打开一个记事本或使用专门的设计工具如DW等。CSS在设置网页时功能是非常强大的，希望大家在制作网页时要熟练运用，以使页面更加漂亮和统一。

（3）布局调整

包括网站页面文字、图片编排调整，使内容排版更加合理，增加页面的易读性。

（4）色彩调整

包括网站页面、文字色彩搭配协调，使页面色彩和谐统一。

打开一个网站，给用户留下第一印象的既不是网站丰富的内容，也不是网站合理的版面布局，而是网站的色彩。色彩对人的视觉效果非常明显，一个网站设计成功与否，在某种程度上取决于设计者对色彩的运用和搭配。因为网页设计属于一种平面效果设计，排除立体图形、动画效果后，在平面图上，色彩的冲击力是最强的，它很容易给用户留下深刻的印象。因此，在设计网页时，必须高度重视色彩的搭配。

1）色彩的基础知识。色彩五颜六色、千变万化。平时所看到的白色光，经过分析在色带上可以看到，它事实上包括红、橙、黄、绿、青、蓝、紫等七色，各颜色间自然过渡。其中，红、黄、蓝是三原色，三原色通过不同比例的混合可以得到各种颜色。色彩有冷暖色之分，冷色（如蓝色）给人的感觉是安静、冰冷；而暖色（如红色）给人的感觉是热烈、火热。冷暖色的巧妙运用可以让网站产生意想不到的效果。

色彩与人的心理感觉和情绪也有一定的关系，利用这一点可以在设计网页时形成自己独特的色彩效果，给浏览者留下深刻的印象。一般情况下，各种色彩给人的感觉是：

红色代表热情、活泼、热闹、温暖、幸福、吉祥；

橙色代表光明、华丽、兴奋、甜蜜、快乐；

黄色代表明朗、愉快、高贵、希望；

绿色代表新鲜、平静、和平、柔和、安逸、青春；

蓝色代表深远、永恒、沉静、理智、诚实、寒冷；

紫色代表优雅、高贵、魅力、自傲；

白色代表纯洁、纯真、朴素、神圣、明快；

灰色代表忧郁、消极、谦虚、平凡、沉默、中庸、寂寞；

黑色代表崇高、坚实、严肃、刚健、粗莽。

2）色彩搭配的原则。色彩搭配既是一项技术性工作，同时它也是一项艺术性很强的工作。因此，设计者在设计网页时除了考虑网站本身的特点外，还要遵循一定的艺术规律，从而设计出色彩鲜明、性格独特的网站。

①特色鲜明。一个网站的用色必须要有自己独特的风格，这样才能显得个性鲜明，给浏览者留下深刻的印象。

②搭配合理。网页设计虽然属于平面设计的范畴，但它又与其他平面设计不同，它在遵循艺术规律的同时，还要考虑人的生理特点，色彩搭配一定要合理，给人一种和谐、愉快的感觉，避免采用纯度很高的单一色彩，这样容易造成视觉疲劳。

③讲究艺术性。网站设计也是一种艺术活动，因此它必须遵循艺术规律，在考虑到网站本身特点的同时，按照内容决定设计的原则，大胆进行艺术创新，设计出既符合网站要求，又有一定艺术特色的网站。

3）网页颜色的使用风格。不同的网站有着自己不同的风格，也有着自己不同的颜色。网站使用颜色大概分为几种类型。

①公司色。在现代企业中，公司的CI形象显得尤其重要，每一个公司的CI设计必然要有标准的颜色。比如新浪网的主色调是一种介于浅黄和深黄之间的颜色，同时形象宣传、海报、广告使用的颜色都和网站的颜色一致。

②风格色。许多网站使用颜色秉承的是公司的风格。比如海尔使用的颜色是一种中性的绿色，既充满朝气又不失自己的创新精神。女性网站使用粉红色的较多，大公司使用蓝色的较多。这些都是在突出自己的风格。

③习惯色。这些网站的颜色使用很大一部分是凭自己的个人爱好，以个人网站较多使用，比如自己喜欢红色、紫色、黑色等，在做网站的时候就倾向于这种颜色。每一个人都有自己喜欢的颜色，因此这种类型称为习惯色。

任务实施

一、使用表格和框架设计出“花样年华网上鲜花超市”网站的系统布局

1. 使用表格设计出“花样年华网上鲜花超市”网站前台布局

网站的前台是用于显示信息和与浏览者交互的页面。其布局主要有国字形结构（见图2—1—7）和拐角形结构（见图2—1—15）。

（1）国字形结构

1）使用Dreamweaver8菜单【文件】→【新建】（在常规中选择动态页，ASP VBScript)，创建本站主页index. asp，如图2—1—8所示。

2）然后选择主菜单中的【修改】→【页面属性】命令，将网页的上、下、左、右边距全部设置为“0”。如图2—1—9所示。

3）单击【常用】工具栏上的【表格】按钮，打开【插入表格】对话框，将【行数】设为“3”，【列数】设为“1”，【宽度】设置为“930像素”，其他选项都设置为“0”。如图2—1—10所示。

4）选定表格，在【属性】面板的【对齐】选项上选择“居中对齐”。背景颜色设置为白色“FFFFFF”。

5）把光标定位于第一行，然后插入网页头部文件webtop. asp，页眉就制作好了，如图2—1—11所示。

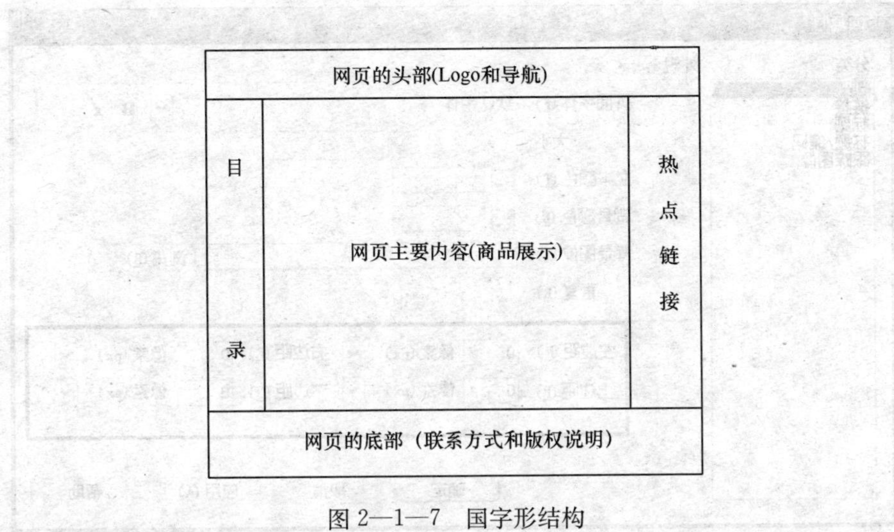

图 2—1—7　国字形结构

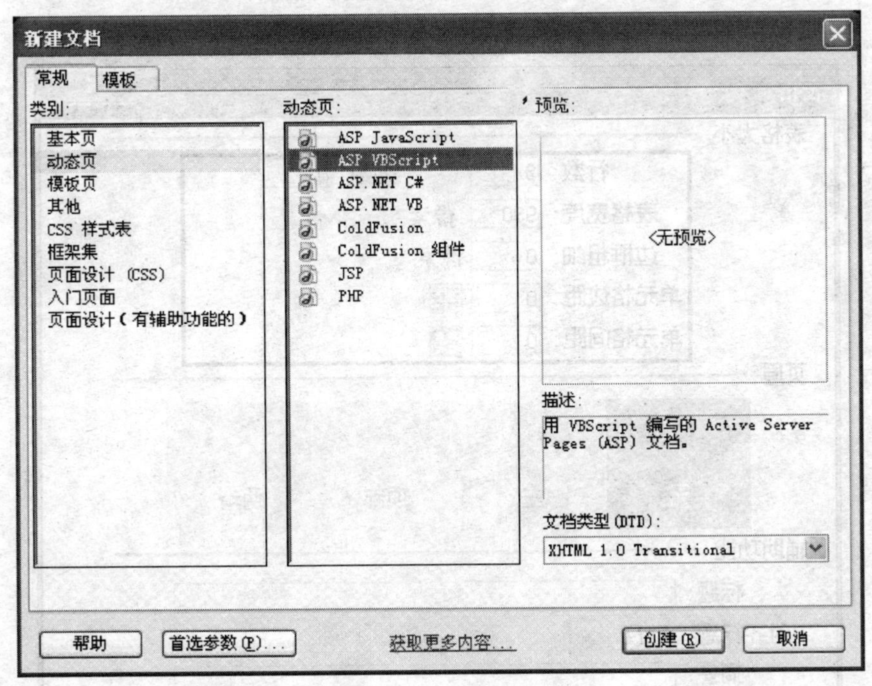

图 2—1—8　新建页面

6）选中表格第二行，继续插入表格（1 行、3 列、宽 930，填充为 0，边框、间距均为 0）。选定刚插入的表，左边一列再继续插入表格（3 行、1 列、宽 185，填充为 0，边框、间距均为 0），三行分别插入登录页面 xinxi. asp、商品分类 info _ class2. asp 和销售排行 xiaoshourank. asp；中间一列继续插入表格（3 行、1 列、宽 557，填充为 0，边框、间距均为 0），三行分别插

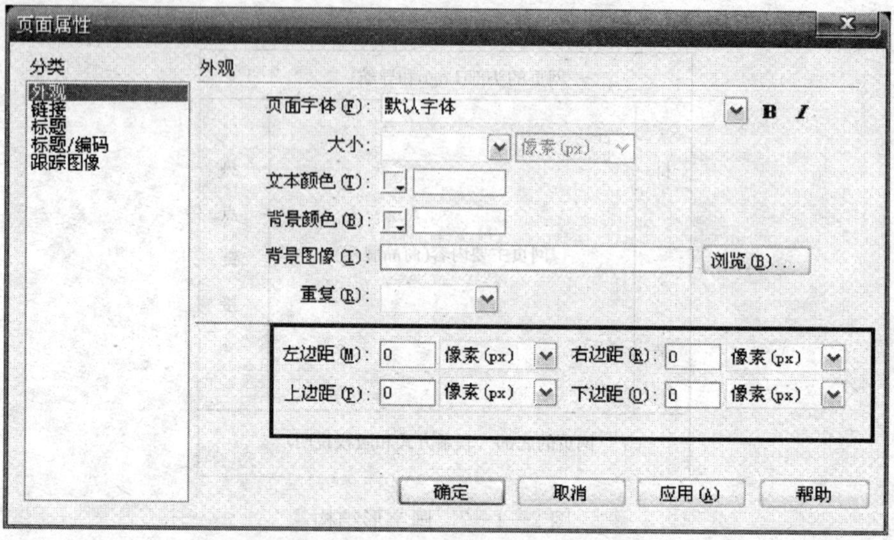

图 2—1—9 【页面属性】对话框

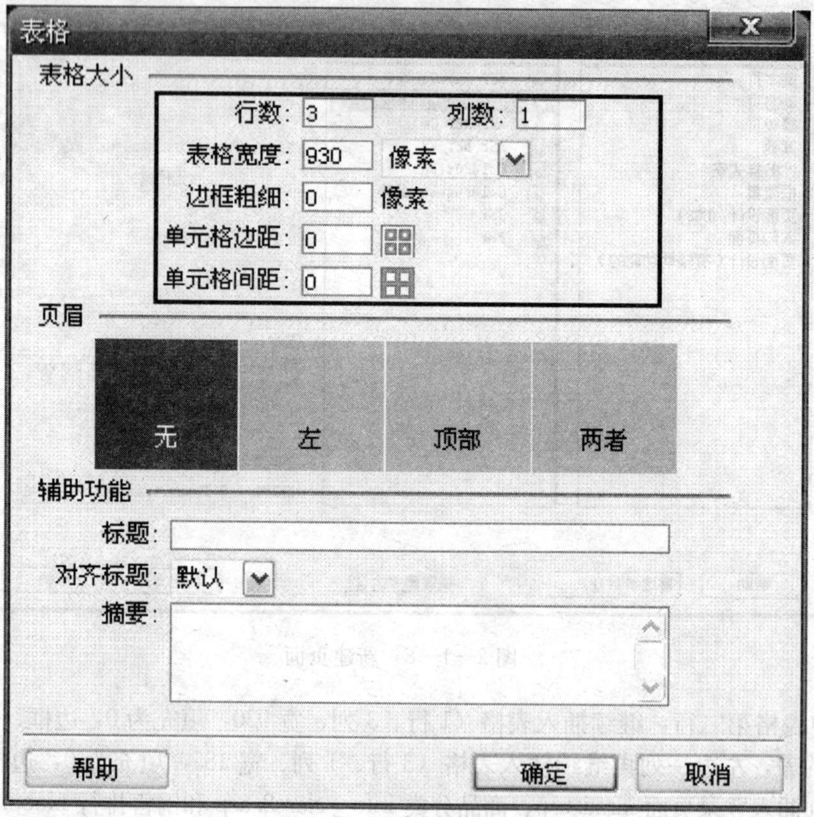

图 2—1—10 【插入表格】对话框

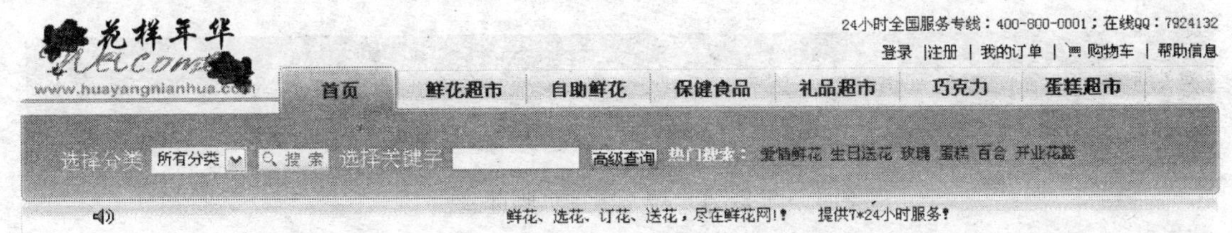

图 2—1—11　主页的页眉部分

入热点图片的 Flash、本站新品 info _ newly. asp 和精品热卖 info _ prime. asp；右边一列再继续插入表格（4 行、1 列、宽 185，填充为 0，边框、间距均为 0），四行分别插入热点新闻 info _ newshou. asp、网上支付、送花宝典和友情链接。网页主体部分就制作好了，如图 2—1—12 所示。

图 2—1—12　主页主体部分

7）选中表格第三行，插入网页底部文件 webbottom. asp，页脚就制作好了，如图 2—1—13 所示。

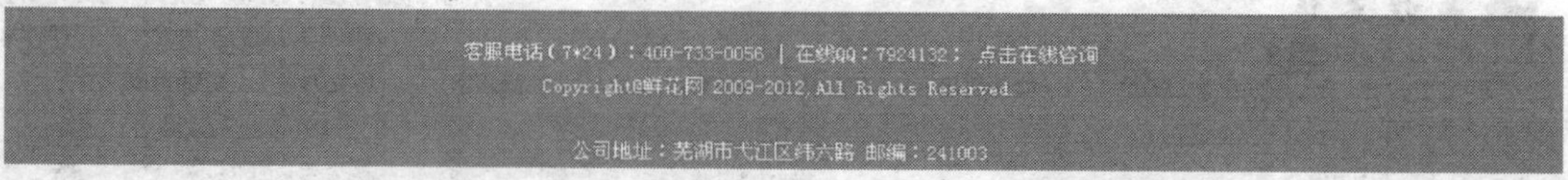

客服电话（7*24）：400-733-0056 | 在线QQ：7924132； 点击在线咨询
Copyright©鲜花网 2009-2012,All Rights Reserved
公司地址：芜湖市弋江区纬六路 邮编：241003

图 2—1—13　主页页脚部分

整个效果如图 2—1—14 所示。

首页
鲜花超市
自助鲜花
保健食品
礼品超市
巧克力
蛋糕超市
会员登录
用户名
密 码
登 录
注 册
商品分类
本 站 新 品
精 品 热 卖
热点新闻
网上支付
工商银行
建设银行
中国银行
农业银行
商业银行
交通银行
民生银行
招商银行

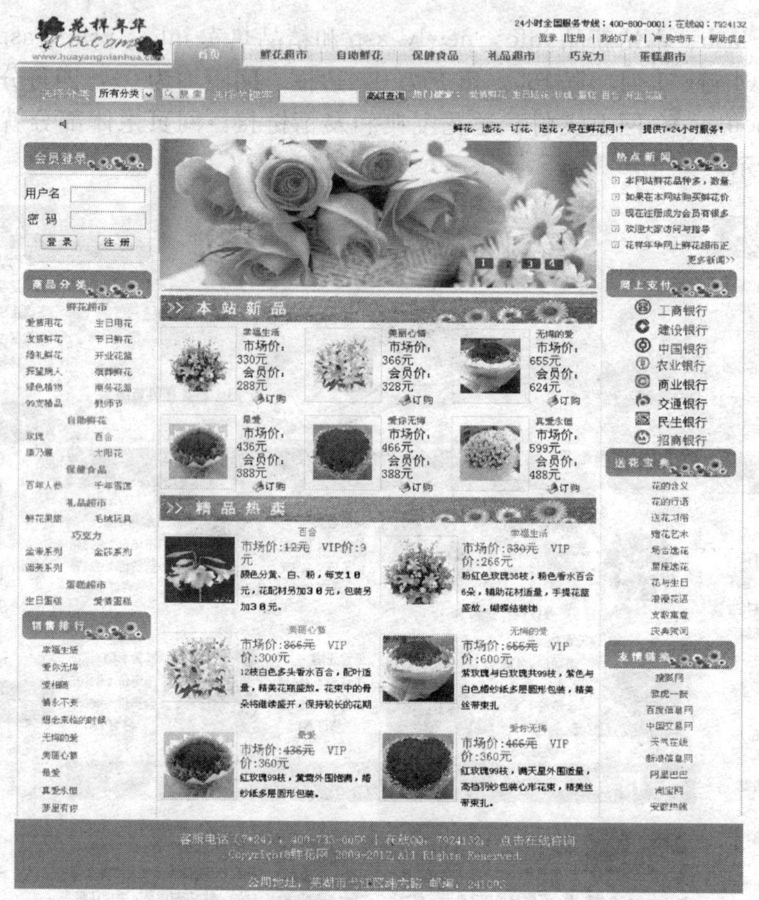

图 2—1—14　首页效果

（2）拐角形结构

1）使用 Dreamweaver8 菜单【文件】→【新建】（在常规中选择动态页，ASP VB-Script），创建本站商品分类页面 class. asp。

2）然后选择主菜单中的【修改】→【页面属性】命令，将网页的上、下、左、右边距全部设置为“0”。

3）单击【常用】工具栏上的【表格】按钮，打开【插入表格】对话框，将【行数】设为“3”，【列数】设为“1”，【宽度】设置为“930 像素”，其他选项都设置为

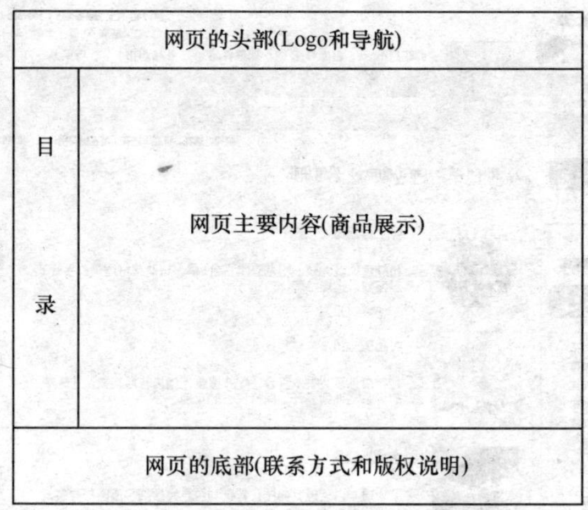

图 2—1—15　拐角形结构

“0”。

4）选定表格，在【属性】面板的【对齐】选项上选择“居中对齐”。背景颜色设置为白色“FFFFFF”。

5）把光标定位于第一行，然后插入网页头部文件 webtop. asp。

6）选中表格第二行，继续插入表格（1 行、2 列、宽 930，填充为 0，边框、间距均为 0）。选定刚插入的表，左边一列再继续插入表格（3 行、1 列、宽 185，填充为 0，边框、间距均为 0），三行分别插入产品搜索页面 searchinfo. asp、商品分类页面 info _ class2. asp 和热门产品页面 renqirank. asp；右边一列继续插入表格（8 行、1 列、宽 100%，填充为 0，边框、间距均为 0），插入商品分类页面相关信息。商品分类主体部分就制作好了。

7）选中表格第三行，插入网页底部文件 webbottom. asp。

整个效果如图 2—1—16 所示。

2. “花样年华网上鲜花超市”网站后台布局

后台就是通过一个制作好的页面程序添加更新网站内容，在网站的前台显示。“花样年华网上鲜花超市”网站后台为左右框架型结构，如图 2—1—17 所示。在 Dreamweaver8 中框架（Frame）是除了表格以外另一种常用的网页布局排版工具。左右框架结构就是把浏览器窗口划分为 2 个区域，每个区域都可以分别显示不同的网页。

1）使用 Dreamweaver8 菜单【文件】→【新建】（在常规中选择框架集，垂直拆分），创建网站后台主页面 index. asp，如图 2—1—18 所示。

2）然后弹出框架辅助功能属性，为每一框架指定一个标题，单击“确定”按钮。如图 2—1—19所示。

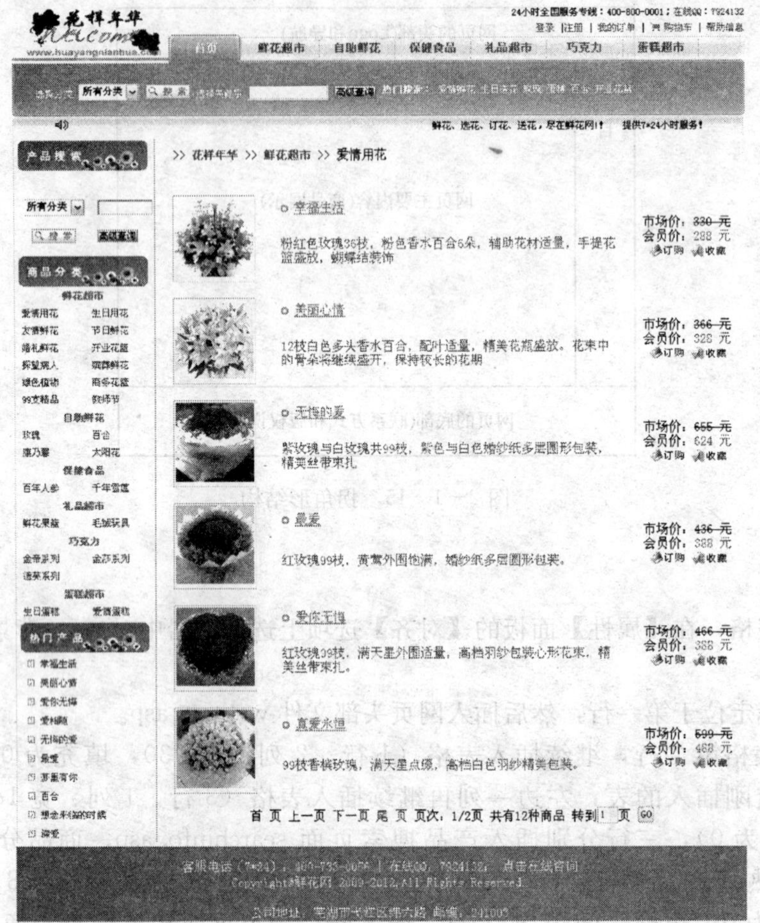

图 2—1—16　拐角形结构首页

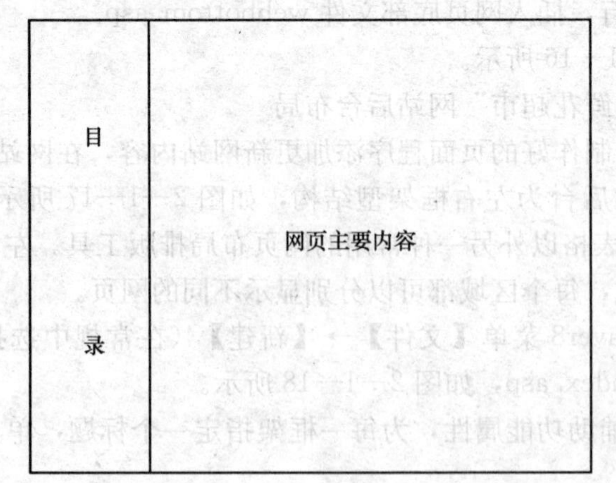

图 2—1—17　左右框架型结构

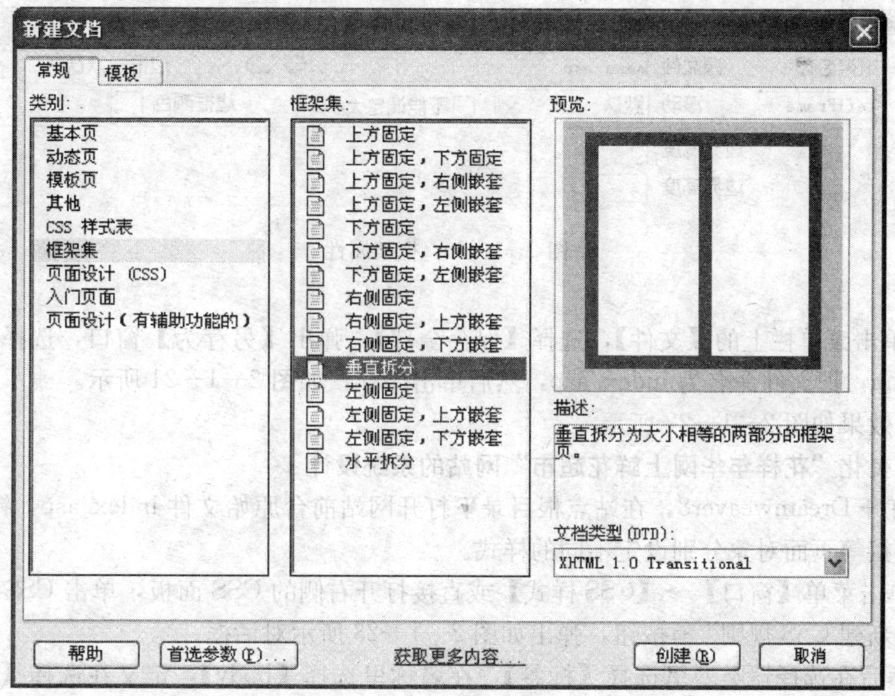

图 2—1—18　新建框架网页

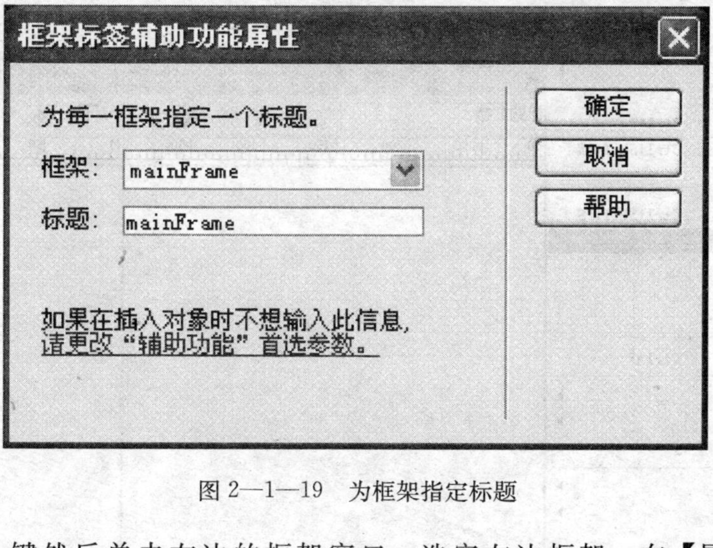

框架标签辅助功能属性

为每一框架指定一个标题。

框架：mainFrame

标题：mainFrame

确定　取消　帮助

如果在插入对象时不想输入此信息，请更改“辅助功能”首选参数。

图 2—1—19　为框架指定标题

3）按住 Alt 键然后单击左边的框架窗口，选定左边框架，在【属性】面板找到【源文件】选项，单击后面的“浏览”按钮，在弹出的窗口“文件类型”中选择“所有文件”，找到 menu. asp（见图 2—1—20）；按住 Alt 键然后单击右边的框架窗口，选定右边框架，在【属性】面板找到【源文件】选项，单击后面的“浏览”按钮，选择admin. asp。

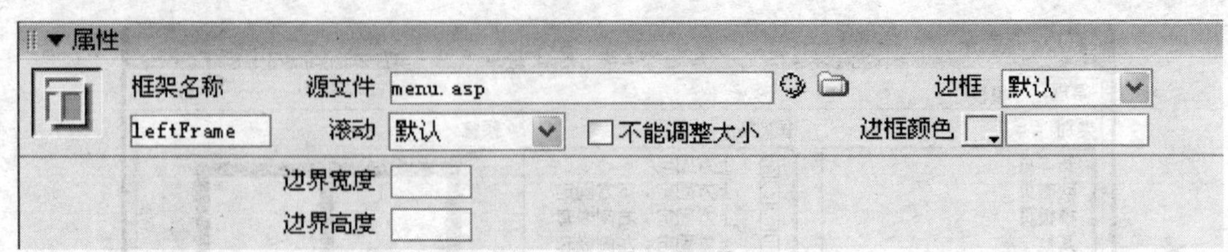

图 2—1—20　框架属性

4）单击菜单栏上的【文件】，选择【保存全部】，弹出【另存为】窗口，选择指定的文件夹 admin，把文件命名为 index.asp，然后单击保存，如图 2—1—21 所示。

整个效果如图 2—1—22 所示。

二、美化“花样年华网上鲜花超市”网站的系统设计

1. 打开 Dreamweaver8，在站点根目录下打开网站前台原始文件 index.asp，针对文字、图片和链接等页面对象分别设定不同的样式。

2. 单击菜单【窗口】→【CSS 样式】或直接打开右侧的 CSS 面板，单击 CSS 样式面板下方的“新建 CSS 规则”按钮，弹出如图 2—1—23 所示对话框。

3. 然后在选择器类型里选择【标签】，在名称里选择【body】，定义在选择【新建样式表文件】，如图 2—1—24 所示。

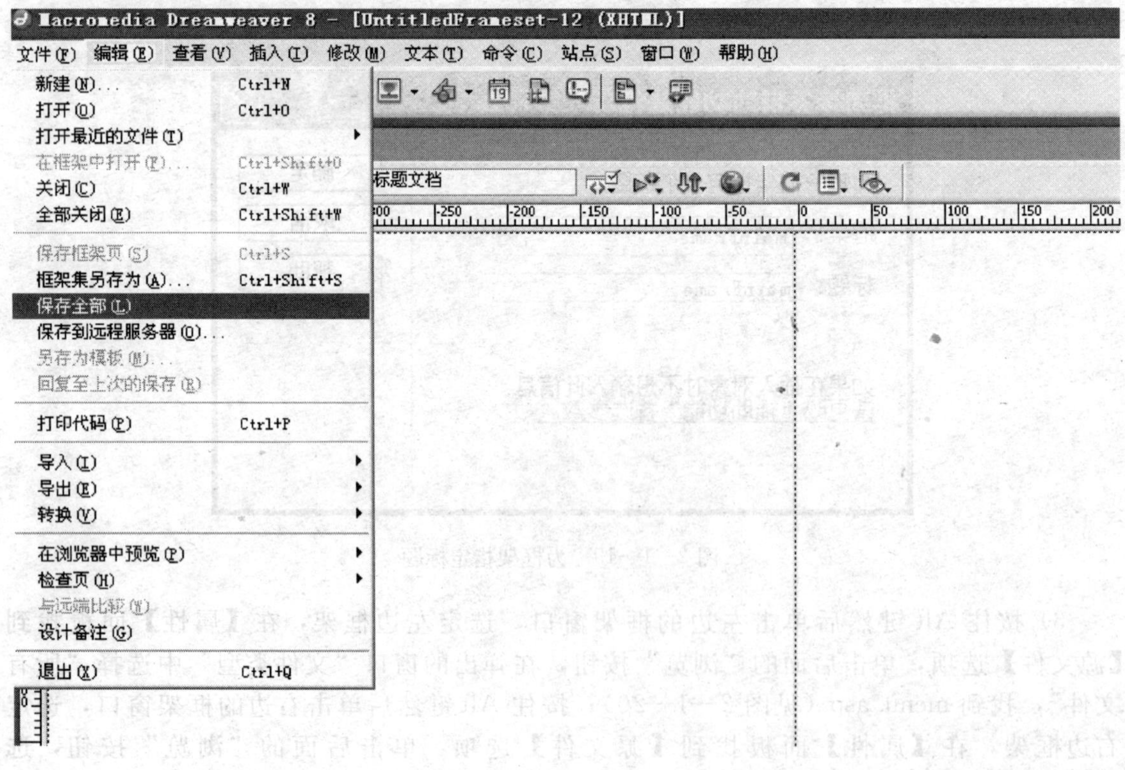

图 2—1—21　文件保存

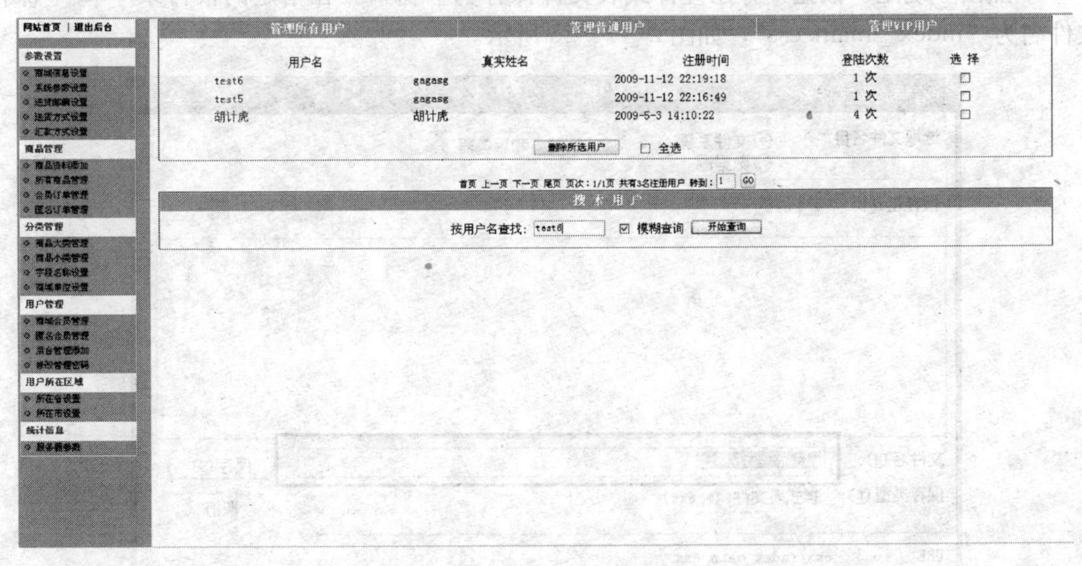

图 2—1—22　左右框架型结构

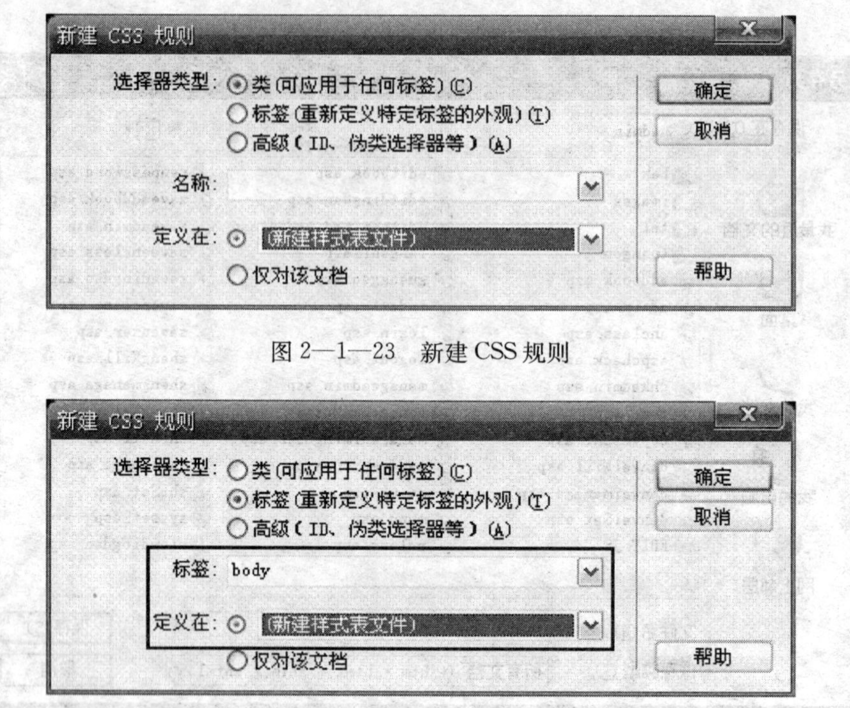

图 2—1—23 新建 CSS 规则

图 2—1—24 命名标签

4. 点击“确定”按钮，弹出［样式表文件保存为］窗口，在指定的根目录 CSS 下保存文件名为“index _ main. css”，如图 2—1—25 所示。

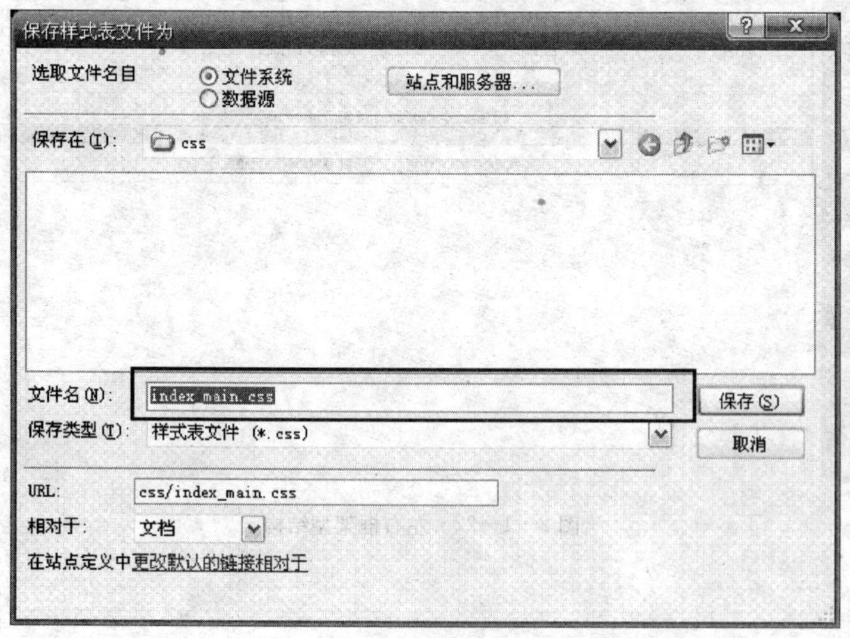

图 2—1—25 样式表保存

5. 点击“保存”按钮，打开CSS编辑器即定义已有标签body。在【body的CSS规则定义】对话框中，【类型】选项详细设置页面默认的字体、大小、行高和颜色等，如图2—1—26所示。

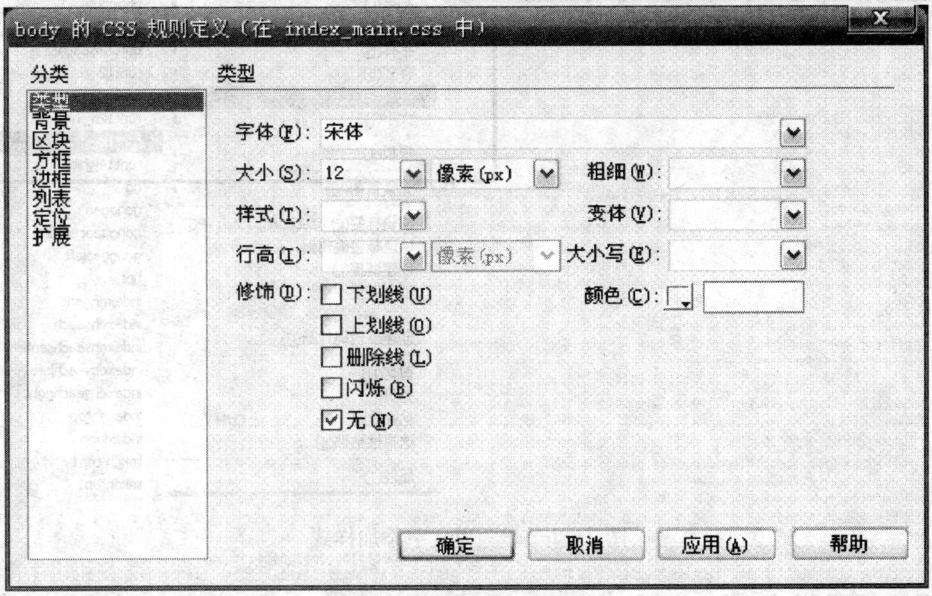

图2—1—26　CSS规则定义

6. 继续点击CSS样式面板下方的“新建CSS规则”按钮，选择【类】并将名称定义为“.font _ 12 _ white”，如果不加前面的小圆点，系统会自动添加；定义在选择“index _ main. css”，单击“确定”按钮，如图2—1—27所示。在弹出的【.font _ 12 _ white的CSS规则定义】对话框中，设置颜色（＃ffffff）和行高（20px），依次类推再设置“.font _ 12 _ b _ white”和“.font _ 12 _ 666”的样式。分别选择不同的文字对象，单击右键找到“CSS样式”，套用指定的样式，如图2—1—28所示。

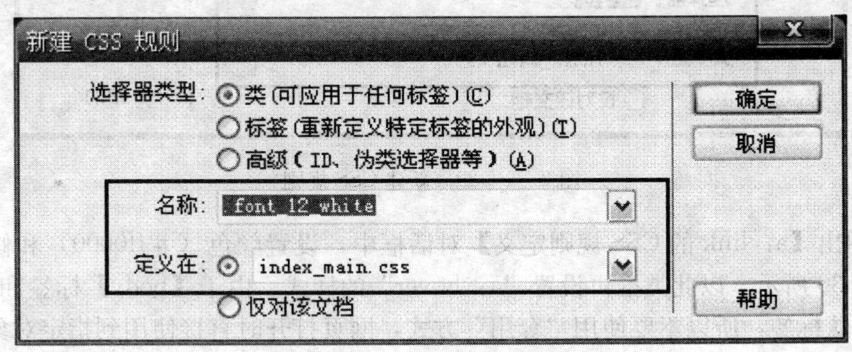

图2—1—27　新建CSS规则

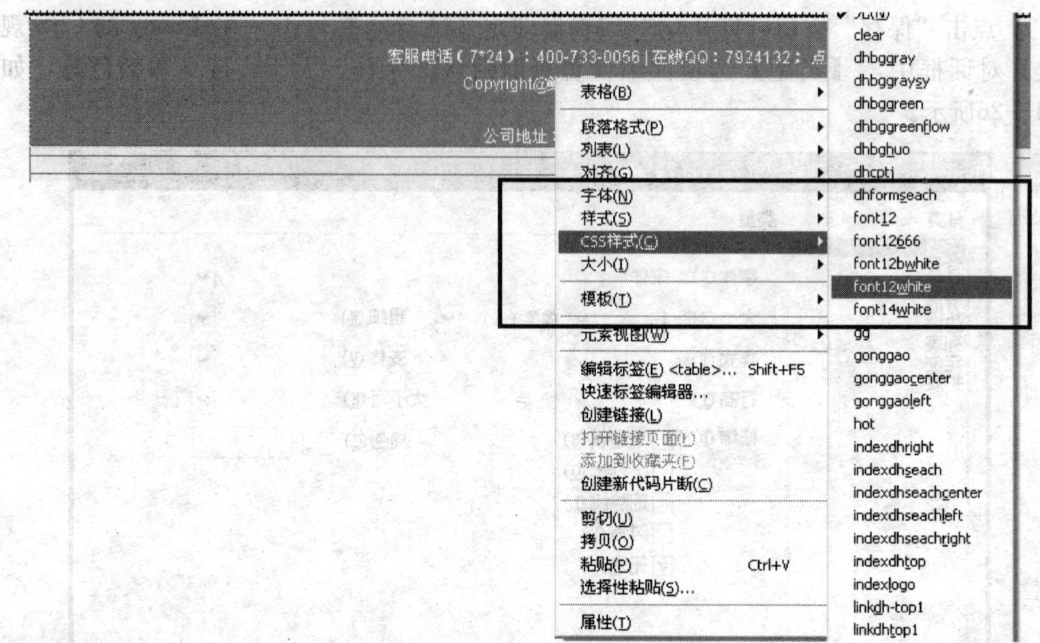

图 2—1—28　为文字添加样式

7. 单击 CSS 样式面板下方的“新建 CSS 规则” 按钮，创建动态链接 CSS 样式，在弹出的窗口中选择【高级】，并在选择器右边的下拉列表中选择“a：link”，定义在选择“index _ main. css”，单击“确定”按钮创建“a：link”规则。如图 2—1—29 所示。

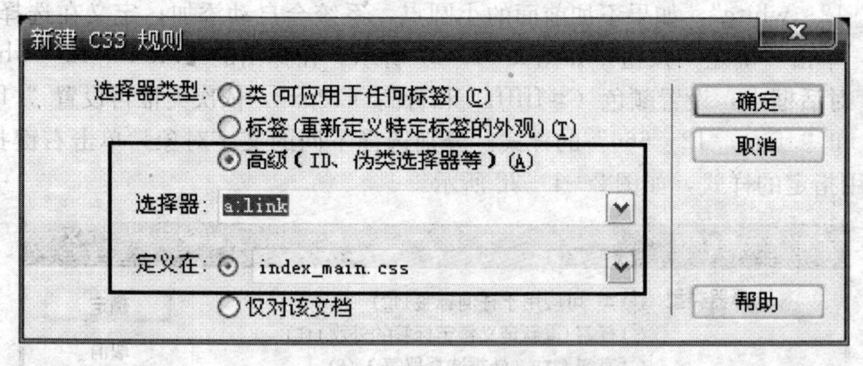

图 2—1—29　新建 CSS 规则

8. 在弹出【a：link 的 CSS 规则定义】对话框中，设置颜色（＃ff0000）和修饰（无），如图 2—1—30 所示。以此类推再设置“a：hover”的样式。由于【body】标签和【a】标签是网页的默认标签，所以不要使用“套用”方式，网页打开时直接使用到指定对象上。

9. 继续设置动态链接 CSS 样式。为了区别不同地方链接的样式，可以在链接样式前再加个“类”的名称，如“. link _ dh _ top1 a：hover”，这样就可以重新定义新的链接样式了，从而在不同的部分“套用”就显示不同的效果。具体包括：

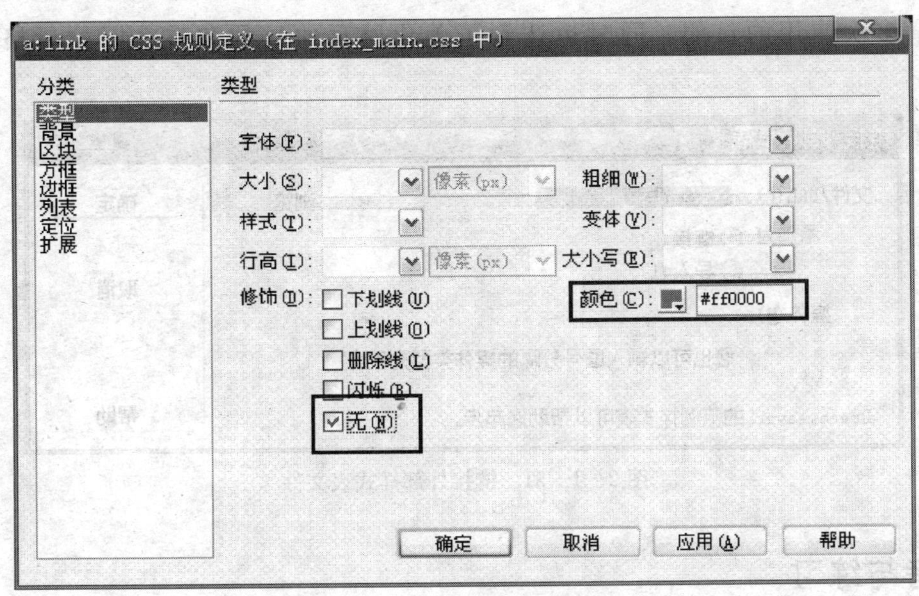

图 2—1—30　CSS 规则定义

```
.link_dh top1 a{color:#ffffff;font-size:14px;font-weight:bold;text-decoration:none;}
.link_dh_top1 a:hover{color:#ffffff;font-size:14px;font-weight:bold;text-decoration:underline;}
.link_dh_top2 a{color:#666666;font-size:14px;font-weight:bold;text-decoration:none;}
.link_dh_top2 a:hover{color:#ea376e;font-size:14px;font-weight:bold;text-decoration:underline;}
.link_dh_top3 a{ color:#666666;font-size:12px;line-height:22px;text-decoration:none;}
.link_dh_top3 a:hover{ color:#ea376e;font-size:12px;line-height:22px;text-decoration:underline;font-weight:bold;}
.link_dh_top4 a{ color:#ffffff;line-height:20px;text-decoration:none;}
.link_dh_top4 a:hover{ color:#ffffff;line-height:20px;text-decoration:underline;}
.link_dh_top5 a{ color:#ff0000;text-decoration:none;}
.link_dh_top5 a:hover{ color:#ea376e;text-decoration:underline;}
```

10. 新建网页文件，插入相关页面元素并调整好布局后，打开 CSS 样式面板，单击下方“附加样式表”按钮，弹出如图 2—1—31 所示对话框，选择保存的 CSS/index_main.css 样式表，采用链接方式将 CSS 样式置于当前的网页中，真正达到一次创建、多次使用的目的，同时也达到了美化网页的目的和整个网站风格的协调统一。

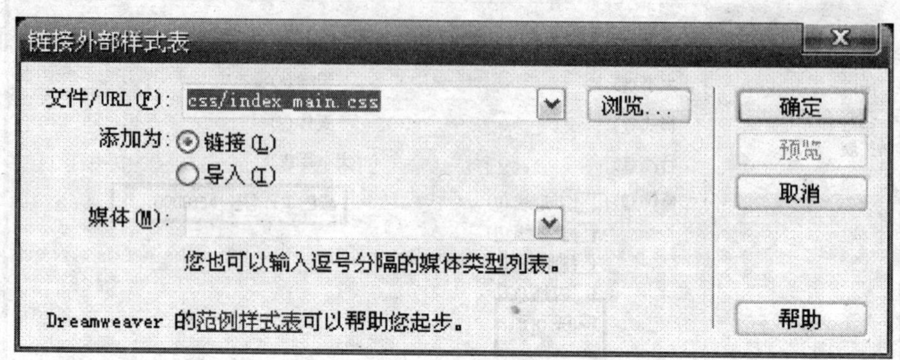

图 2—1—31 链接外部样式表文件

思考与练习

一、如何使用表格和框架设计出网上书店的系统布局。

二、如何使用 CSS 样式美化网上书店的系统设计。

任务二 设计网站的数据库

教学目标

- 能够对商务网站数据库进行需求分析
- 能够对商务网站数据库进行概念设计
- 能够使用 SQL Server 2000 创建数据库、表和视图

任务引入

确定网站的系统布局和风格后，为了满足可以随时更新、修改和管理网站上的内容（如商品信息和客户信息等）等动态商务功能的要求，同时又不影响网站的正常运营，必须有专门的数据库来处理网站后台信息的更新和修改，然后网站前台才能在不影响正常运营的情况下从数据库读取更新和修改的内容。试使用 SQL Server 2000 完成“花样年华网上鲜花超市”网站的数据库设计。

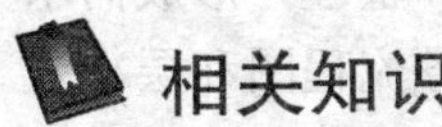

任务分析

要使用 SQL Server 2000 完成“花样年华网上鲜花超市”网站的数据库设计，首先应该分析网站具体需要哪些数据，然后进行网站概念设计，最后使用 SQL Server 2000 建立“花样年华网上鲜花超市”网站数据库、表和视图，完成网站的数据库设计。

实现上述任务需要解决以下问题：

1. 如何进行“花样年华网上鲜花超市”网站数据库需求分析。
2. 如何进行“花样年华网上鲜花超市”网站数据库概念设计。
3. 如何使用 SQL Server 2000 完成“花样年华网上鲜花超市”网站的数据库设计。

相关知识

一、商务网站数据库的需求分析

数据库需求分析简单地说就是要充分地收集和了解客户的要求，即了解客户需要数据库做些什么，实现什么功能。需求分析是进行数据库设计的第一步，也是最重要、最困难的一步，是数据库后续阶段设计的基础和首要条件。如果第一步做不好，将直接影响到以后的数据库设计以及数据库的稳定性、可靠性和可扩展性。

需求分析阶段的主要任务是通过详细调查现实世界中要处理的对象（组织、部门、企业等），在充分了解现行系统（手工系统或计算机系统）的工作概况、确定新系统的功能的过程中，收集支持系统目标的基础数据及处理方法。需求分析是在客户调查的基础上，通过分析，逐步明确客户对系统的需求，包括数据需求以及与这些数据有关的业务处理需求。

调查的重点是数据和业务处理，通过调查、收集与分析，从客户处得到对数据库的信息要求、处理要求以及安全性与完整性要求。

在需求分析中，可以采用自上向下、逐步分解的分析方法。

进行需求分析首先要通过调查确定客户的实际需求，与客户达成共识，然后分析与表达这些需求。需求分析大体可分为以下几步：

1. 系统调查

系统调查是需求分析的基础，目的是为了调查现行系统的业务情况、信息流程、经营方式、处理要求以及组织机构等，为当前系统建立模型。调查内容可以包括以下几方面：

（1）组织机构情况

了解该组织的机构组成和职能，如由哪些部门组成，各部门的规模、职责、现状、位置分布、存在问题、是否适合计算机管理等，绘制出组织结构图。

（2）各部门的业务活动状况

这是调查的重点，需要弄清各部门输入和处理的数据、加工处理数据的方法、对数据的格式要求等。在调查过程中应该尽量收集各种原始数据资料，如单据、报表、文档等。

（3）了解外部要求

如响应时间要求，数据完全性、完整性要求等。

（4）确定新系统的边界

对前面调查的结果进行初步分析，确定哪些功能由计算机完成或将来准备让计算机来完成，哪些活动由人工完成。由计算机完成的功能就是新系统应该实现的功能。

（5）了解今后可能会出现的新要求

在设计数据库时，尽可能留出接口，从而更好地满足今后用户提出的新要求。

在调查中，可以根据不同的问题和条件，使用不同的调查方法。常用的调查方法有跟班工作、开调查会、请专人介绍、询问、设计调查表请客户填写及查阅记录等。做需求调查时，往往需要同时采用上述多种方法。但无论使用何种调查方法，都必须有客户的积极参与和配合。

2. 分析整理

对调查阶段所收集到的原始资料，还必须进行深入细致的综合、分析和整理，形成需求分析说明书，为下一阶段的工作打下基础。分析工作的目的是通过系统业务流程图和层次数据流图，将系统模型化。分析整理的主要工作如下：

（1）业务流程分析

业务流程能够反映各业务部门的信息联系、输入输出和中间信息的关系、各处理环节之间的操作顺序。描述管理业务流程的图表一般有管理业务流程图和表格分配图两种方法。

（2）绘制数据流图，编制数据字典

业务流程图反映数据流的能力不强，因此还需要同时绘制数据流图。数据流图描述了数据的处理和流向，但数据与信息的细节则无法描述，需要补充说明。这些补充信息构成了系统的数据字典。数据字典存放有数据库所用的有关信息，对客户说是一组只读的表。数据字典的内容包括数据库中所有模式对象的信息，如表、视图、簇及索引等。

（3）处理要求分析

根据用户的处理要求以及计算机系统实现的可能性，确定系统应由计算机处理的范围、内容和方式，并进一步确定事务处理的范围和内容。调查中可以用功能层次图来描述从系统目标到各项功能的层次关系，为以后的应用程序设计打下基础。

（4）其他各种限制和要求分析

如响应时间、吞吐量、安全性、完整性、成本和经济效益、地理分布、与其他系统的兼容性或系统发展与向上的兼容性等。

3. 客户复查

对客户需求进行分析与表达后，必须提交给客户进行检查，看是否能满足客户的需求，是否能得到客户的认可。如果客户不满意，则需要对客户的需求进行再次的分析，直至得到客户的认可。

4. 编写需求分析说明书

在调查与分析的基础上，依据一定的规范要求编写数据需求分析说明书是需求分析阶段所做工作的总结。编写需求分析说明书需要依据一定的规范，其中不仅有国家标准与部委标准，一些大型软件企业也有自己的标准。但不论何种标准，需求分析说明书大致包括以下内容：

（1）需求调查原始资料。

(2) 数据边界、环境及数据内部关系。

(3) 数据数量分析。

(4) 数据流图。

(5) 数据字典。

(6) 数据性能分析。

根据不同的规范与标准，需求分析说明书在细节上可以有所不同，但总体上不外乎上述几点，其中数据流图和数据字典是最重要的两个部分。

二、商务网站数据库概念设计

概念模型是数据库系统的核心和基础。由于各个机器上实现的DBMS（数据库管理系统）软件都是基于某种数据模型的，且在具体机器上实现的模型都有许多严格的限制。而现实应用环境是复杂多变的，如果把现实世界中的事物直接转换为机器中的对象，又非常不方便。因此，人们研究把现实世界中的事物抽象为不依赖于具体机器的信息结构，既接近人们的思维，又具有丰富语义的概念模型，然后再把概念模型转换为具体的机器上DBMS支持的数据模型。概念模型的描述工具通常是使用E—R模型图。该模型不依赖于具体的硬件环境和DBMS。

概念结构是对现实世界的一种抽象。所谓抽象是对实际的人、物、事和概念进行人为处理，抽取所关心的共同特性，忽略非本质的细节，并把这些特性用各种概念精确地加以描述，这些概念组成了某种模型。通过概念设计得到的概念模型是从现实世界的角度对所要解决的问题的描述，不依赖于具体的硬件环境和DBMS。

在需求分析和逻辑设计之间增加概念设计阶段，可以使设计人员仅从客户的角度看待数据及处理要求和约束。

1. 对数据库概念模型的要求

表达概念设计的结果称为概念模型，对概念模型有以下要求：

(1) 有丰富的语义表达能力，能表达客户的各种需求。

(2) 易于交流和理解，从而可以用它和不熟悉计算机的客户交换意见。

(3) 要易于更改。当应用环境和应用要求改变时，概念模型要能很容易地修改和扩充以反映这种变化。

(4) 易于向各种数据模型转换。

在数据库的概念设计中，通常采用E—R数据模型来表示数据库的概念结构。E—R数据模型将现实世界的信息结构统一用属性、实体以及它们之间的联系进行描述。

2. 数据库概念模型的设计方法

概念设计阶段一般使用语义数据模型描述概念模型。通常是使用E—R模型图作为概念设计的描述工具进行设计。用E—R模型图进行概念设计可以采用如下两种方法：

(1) 集中式模式设计法（centralized schema design approach）

首先设计一个全局概念数据模型，再根据全局数据模型为各个用户组或应用定义外模式。

(2) 视图集成法（view integration approach）

以各个部分的需求说明为基础，分别设计各自的局部模式。这些局部模式相当于各部分的视图，然后再以这些视图为基础，集成为一个全部模式。

视图是按照某个用户组、应用或部门的需求说明，用E—R数据模型设计的局部模式。现在的关系数据库设计通常采用视图集成法。

3. 采用E—R方法的概念模型设计步骤

概念结构设计的第一步就是对需求分析阶段收集到的数据进行分类、组织（聚集），形成实体、实体的属性，标志实体的码，确定实体之间的联系类型（1∶1，1∶N，M∶N），设计分E—R图。

用E—R数据模型进行概念设计，首先必须根据需求说明，确认实体、联系和属性。采用E—R方法进行数据库的概念设计，可以分成三步进行：

（1）首先设计局部E—R图。

（2）然后合并各局部E—R图，并解决可能存在的冲突，得到初步E—R图。

（3）最后修改和重构初步E—R图，消除其中的冗余部分，得到最终的全局E—R图，即概念模式。设计全局E—R模式的目的不在于把若干局部E—R模式形式上合并为一个E—R模式，而在于消除冲突，使之成为能够被全系统中所有用户共同理解和接受的统一的概念模型。

在初步E—R图中，可能存在一些冗余的数据和实体间冗余的联系。所谓冗余的数据是指可由基本数据导出的数据，冗余的联系是指可由其他联系导出的联系。冗余数据和冗余联系容易破坏数据库的完整性，为数据库的维护增加困难，应当予以消除。消除了冗余后的初步E—R图称为基本E—R图。

但并不是所有的冗余数据与冗余联系都必须加以消除，有时为了提高效率，不得不以保留冗余信息作为代价。因此在设计数据库概念结构时，哪些冗余信息必须消除，哪些冗余信息允许存在，需要根据客户的整体需求来确定。如果人为地保留了一些冗余数据，则应把数据字典中数据关联的说明作为完整性约束条件。

注意事项：

实体与属性之间并没有形式上可以截然划分的界限，但可以给出两条准则：

（1）作为“属性”，不能再具有需要描述的性质。“属性”必须是不可分的数据项，不能包含其他属性。

（2）“属性”不能与其他实体具有联系，即E—R图中所表示的联系是实体之间的联系。

三、SQL Server 2000 商务网站数据库详细设计

每个SQL Server 2000数据库（无论是系统数据库还是用户数据库）在物理上都由至少一个数据文件和至少一个日志文件组成。出于分配和管理目的，可以将数据库文件分成不同的文件组。

1. 数据文件

分为主要数据文件和次要数据文件两种形式。每个数据库都有且只有一个主要数据文件。主要数据文件的默认文件扩展名是.mdf。它将数据存储在表和索引中，包含数据库的

启动信息，还包含一些系统表，这些表记载数据库对象及其他文件的位置信息。次要数据文件包含除主要数据文件外的所有数据文件。有些数据库可能没有次要数据文件，而有些数据库则有多个次要数据文件。次要数据文件的默认文件扩展名是 .ndf。

2. 日志文件

SQL Server 2000 具有事务功能，以保证数据库操作的一致性和完整性。所谓事务就是一个单元的工作，该单元的工作要么全部完成，要么全部不完成。日志文件用来记录数据库中已发生的所有修改和执行每次修改的事务。SQL Server 2000 是遵守先写日志再执行数据库修改的数据库系统，因此如果出现数据库系统崩溃，数据库管理员（DBA）可以通过日志文件完成数据库的修复与重建。每个数据库必须至少有一个日志文件，但可以有不止一个。日志文件的默认文件扩展名是 .ldf。建立数据库时，SQL Server 会自动建立数据库的日志文件。

3. 文件组

一些系统可以通过控制在特定磁盘驱动器上放置的数据和索引来提高自身的性能。文件组可以对此进程提供帮助。系统管理员可以为每个磁盘驱动器创建文件组，然后将特定的表、索引或表中的 text、ntext 或 image 数据指派给特定的文件组。

SQL Server 2000 有两种类型的文件组：主文件组和用户定义文件组。主文件组包含主要数据文件和任何没有明确指派给其他文件组的文件，系统表的所有页均分配在主文件组中；用户定义文件组是在 CR E _ ATE DATA _ BASE 或 AI，TER DATA. BASE 语句中，使用 FII，EGROUP 关键字指定的文件组。SQL Server 2000 在没有文件组时也能有效地工作，因此许多系统不需要指定用户定义文件组。在这种情况下，所有文件都包含在主文件组中，而且 SQL Server 2000 可以在数据库内的任何位置分配数据。

每个数据库中都有一个文件组作为默认文件组运行。当 SQL Server 2000 给创建时没有为其指定文件组的表或索引分配页时，将从默认文件组中进行分配。一次只能有一个文件组作为默认文件组。如果没有指定默认的文件组，主文件组则成为默认的文件组。

4. 表

表是包含数据库中所有数据的数据库对象。表定义为列的集合。与电子表格相似，数据在表中是按行和列的格式组织排列的。每行代表唯一的一条记录，而每列代表记录中的一个域。例如，在包含公司雇员数据的表中每一行代表一名雇员，各列分别表示雇员的详细资料，如雇员编号、姓名、地址、职位及家庭电话号码等。

设计数据库时，应先确定需要什么样的表，各个表中都有哪些数据，以及各个表的存取权限等。在创建和操作表的过程中，将对表进行更为细致的设计。

创建一个表最有效的方法是将表中所需的信息一次定义完成，包括数据约束和附加成分。也可以先创建一个基础表，向其中添加一些数据并使用一段时间。这种方法使用户可以添加各种约束、索引、默认设置、规则和其他对象，在形成最终设计之前，发现哪些事务最常用，哪些数据经常输入。

设计表时应注意以下的问题：

(1) 表所包含的数据的类型。

(2) 表的各列及每一列的数据类型（如果必要，还应注意列宽）。

(3) 哪些列允许空值。

(4) 是否要使用以及何时使用约束、默认设置或规则。

(5) 需索引的类型，哪里需要索引，哪些列是主键，哪些是外键。

任务实施

一、“花样年华网上鲜花超市”网站的数据库需求分析

在“花样年华网上鲜花超市”网站的数据库系统设计中，需求分析是整个设计的基础。需求分析是通过详细调查要处理的对象（购物类型、网站新闻和网站所涉及的商品内容等），充分了解网站系统任务，明确客户的各种需求，然后在此基础上确定数据库系统的功能。系统必须充分考虑今后可能的扩充和改变，不能仅仅按当前应用需求来设计数据库。

“花样年华网上鲜花超市”网站商务数据库需求分析的重点是调查、收集与分析客户在数据管理中的信息要求、处理要求、安全性与完整性要求。

1.“花样年华网上鲜花超市”网站信息需求

信息需求是指客户需要从数据库中获得的信息的内容和性质。由客户的信息需求可以导出数据需求，即在数据库中应该存储哪些数据。通过对“花样年华网上鲜花超市”网站功能的分析，确定如下信息需求：

(1) 商品信息管理

1) 系统提供详细的商品信息，其中包括商品名称、商品编号、商品品牌、商品价格和商品单位等。

2) 用户能够利用检索功能查找商品、浏览商品信息和购买商品，但只有注册的用户在登录后，才能进行个人相关信息的修改、积分兑换和价格优惠等。

3) 按商品的销售数量进行显示，将销售量前十的产品列入排行榜中。

4) 在系统中及时发布各种商品信息，以便用户挑选。

(2) 客户信息管理

1) 用户注册。用户在注册时填写自己的真实数据，其中包括姓名、性别、地址、电话号码、邮编等。注册之后，由系统为用户分配一个注册号，并与个人信息绑定，加入用户列表。

2) 用户在挑选商品的同时，将自己欲购买的商品加入自己的购物车，在挑选完成后再对购物车里的物品进行筛选，然后提交，并选择送货方式和付款方式，生成订单。系统根据用户的地址和联系方式及用户所选择的送货方式生成送货单。

3) 用户在系统中的每次消费之后，都能够获得相应的积分，能凭借积分换算成预存款，同时预存款也可以换算成积分。

4) 当用户所收到的物品存在质量问题或者与订单上的商品不符合时，用户都能通过系统的服务电话咨询管理者，确认之后，如确实存在问题，用户能够选择将商品退回，由系统

付款再送一次或者是系统退还用户货款并扣除相应积分。

5）用户能够通过评论将意见反馈给系统管理者。

（3）订单信息管理

1）订单信息包括订单号、下单用户和订单状态等。

2）在统计商品的销售数量时，将销售数量排名前十位的商品放入销售排行榜。

2.“花样年华网上鲜花超市”网站处理要求

网站处理要求指客户要求完成的处理功能，对某种处理要求的响应时间、处理方式。通过对“花样年华网上鲜花超市”网站的分析，确定网站要满足以下处理要求：

（1）响应时间

要考虑用户访问高峰时的处理能力，如果系统响应时间过长，会令人感到很不愉快，势必降低用户对网站的使用频率，从而使用户流失。如果要保持快速的响应能力，一般处理用户要求不能超过 35 s，尽量控制在 10 s 以内。

（2）并发连接数目

这里要考虑并发连接数目和并发交易数目，虽然“花样年华网上鲜花超市”网站不是大型的 B to C 商务网站，但要求并发连接数目不能低于 150，并发交易数目不能低于 50。

明确用户的处理需求，将有利于后期应用程序模块的设计。

3. 安全性与完整性要求

（1）数据库中数据的安全性要求

作为“花样年华网上鲜花超市”网站系统的核心，数据库服务器上往往存放着大量重要和敏感的信息，因此网络数据库安全与否直接影响数据库中保存的数据的安全。为了保证数据库中数据的安全、完整和正确有效，要求对数据库实施保护，使其免受某些因素对其中数据造成的破坏。

（2）数据库中数据的完整性要求

“花样年华网上鲜花超市”网站数据库完整性是指数据库中数据的正确性和相容性。数据库完整性由各种各样的完整性约束来保证，所以数据库完整性设计就是数据库完整性约束设计。

1）实体完整性。不能存在相同的数据行。

2）域完整性约束。域完整性是指定列输入有效性。

3）引用完整性。在输入或删除数据行时，引用完整性用来保持表之间已定义的关系。

4）自定义完整性约束。用户定义完整性用来定义特定的规则。

“花样年华网上鲜花超市”网站数据库需求分析是数据库应用系统开发工作中一项重要的、繁杂的、工作量大的工作，它是整个网站数据库设计的基础。数据库设计得是否合理，直接影响到网站的质量，所以要合理设计好数据库，需求分析是关键，必须引起高度重视，只有需求分析工作做好了，才有可能设计出满足客户应用需求的数据库应用系统。

二、“花样年华网上鲜花超市”网站概念设计

概念结构设计就是将需求分析得到的用户需求抽象为信息结构，以便更真实、更充分地反映现实世界。“花样年华网上鲜花超市”网站概念设计部分主要包括实体的E—R图、联系的E—R图和系统总的E—R图。

1. 实体的E—R图

由需求分析得知，实体包括用户、商品、购物车、商品类型、订单。

（1）管理员的基本属性包括管理员编号、管理员用户名、管理员密码和管理员权限，如图2—2—1所示。

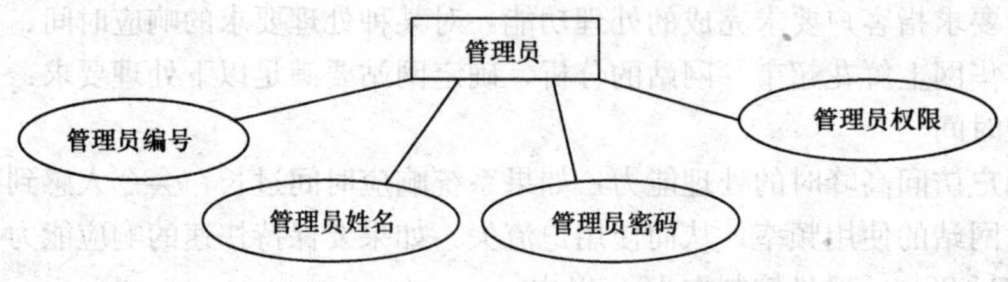

图2—2—1　管理员的基本属性

（2）用户的基本属性包括用户编号、姓名、密码、性别、地址、电话号码、邮政编码、积分等，如图2—2—2所示。

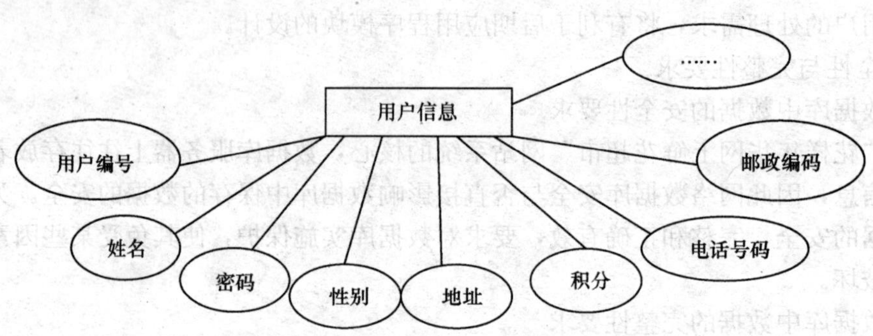

图2—2—2　用户信息的基本属性

（3）商品的基本属性包括商品编号、商品名称、商品品牌、商品单位、商品价格、商品图片和商品描述等，如图2—2—3所示。

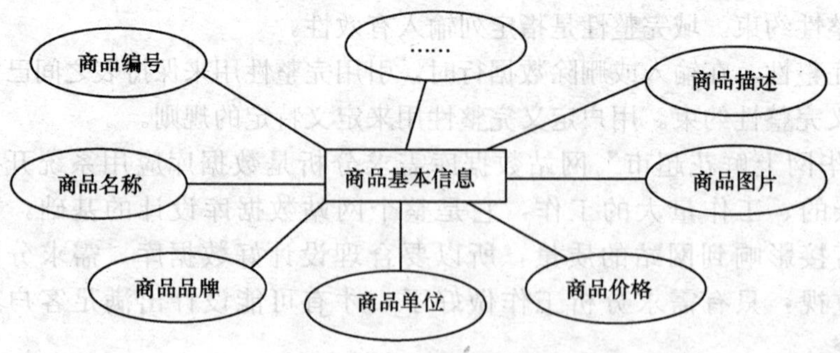

图2—2—3　商品的基本属性

（4）商品类型的基本属性包括类型编号、类型名称和浮动价格等，如图 2—2—4 所示。

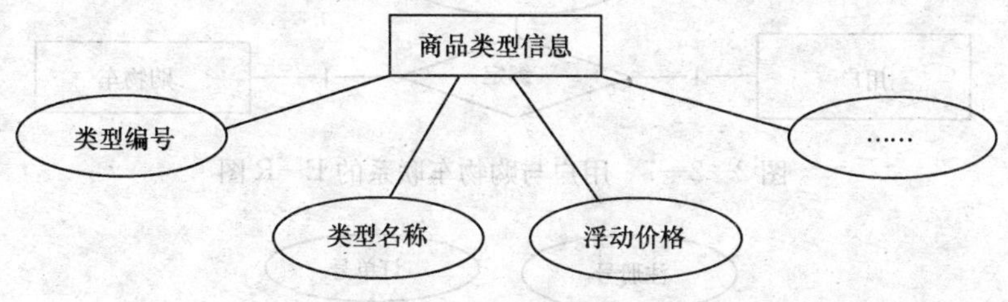

图 2—2—4　商品类型的基本属性

（5）购物车和订单的基本属性包括编号、购买日期、购买商品编号、购买商品数量、订单编号、订货状态、订货日期和付款方式等，如图 2—2—5 所示。

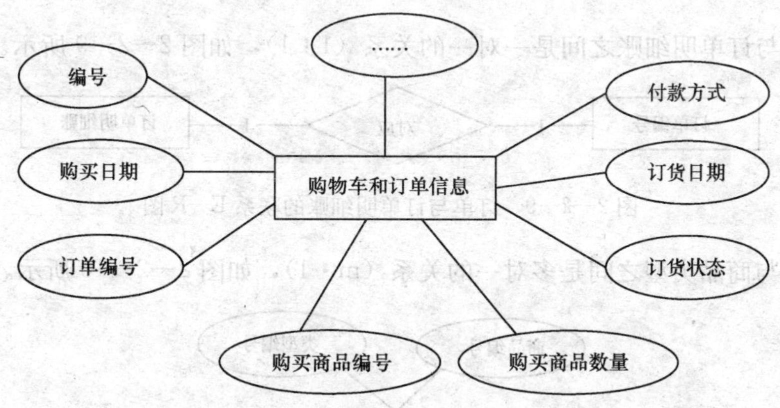

图 2—2—5　购物车和订单的基本属性

2. 实体之间联系的 E—R 图

实体之间的联系如下：

（1）用户与商品之间是多对多的关系（m∶n），如图 2—2—6 所示。

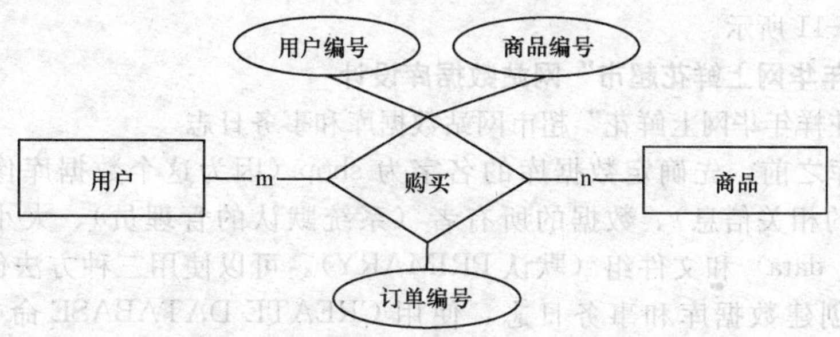

图 2—2—6　用户与商品联系的 E—R 图

（2）用户与购物车之间是一对一的关系（1∶1），如图 2—2—7 所示。

（3）购物车与订单之间是一对多的关系（1∶n），如图 2—2—8 所示。

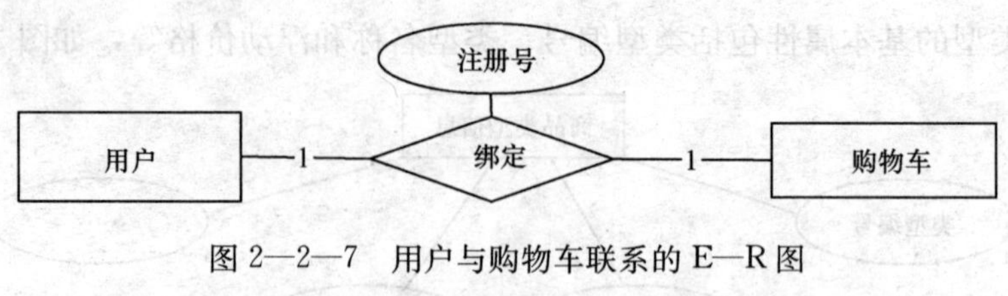

图 2—2—7　用户与购物车联系的 E—R 图

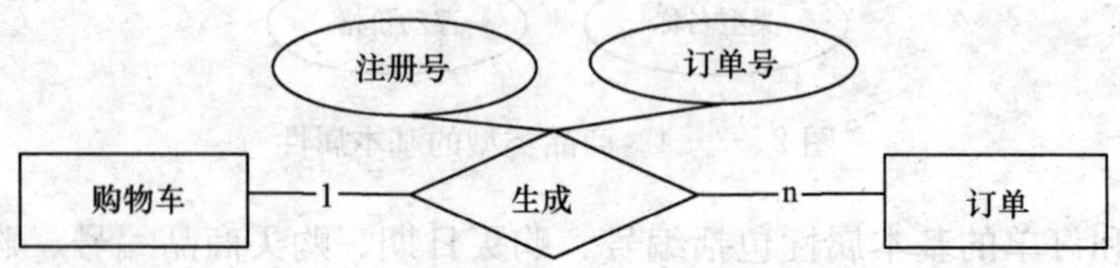

图 2—2—8　购物车与订单联系 E—R 图

（4）订单与订单明细账之间是一对一的关系（1∶1），如图 2—2—9 所示。

图 2—2—9　订单与订单明细账的联系 E—R 图

（5）商品与商品类型之间是多对一的关系（m∶1），如图 2—2—10 所示。

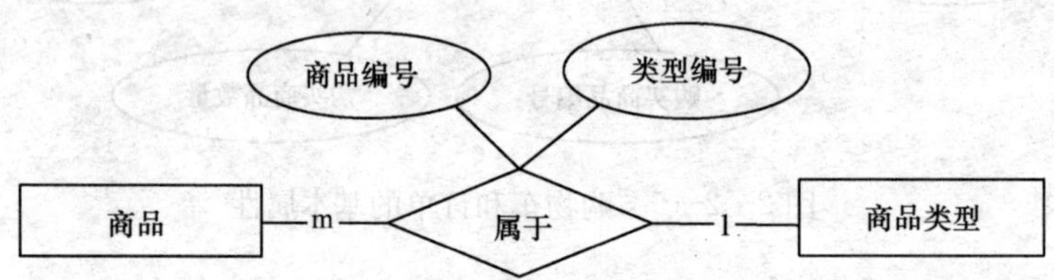

图 2—2—10　商品与商品类型的联系 E—R 图

3. 系统总的 E - R 图

如图 2—2—11 所示。

三、“花样年华网上鲜花超市”网站数据库设计

1. 创建“花样年华网上鲜花”超市网站数据库和事务日志

创建数据库之前，先确定数据库的名字为 shop（因为这个数据库像个商店，主要用来存储用户的相关信息）、数据的所有者（系统默认的管理员）、大小、存储数据库的文件（shop _ data）和文件组（默认 PRIMARY）。可以使用三种方法创建数据库：使用企业管理器创建数据库和事务日志，使用 CREATE DATABASE 命令创建数据库，使用向导创建数据库。这里使用企业管理器创建“花样年华网上鲜花超市”网站数据库和事务日志。

（1）启动 SQL Server 2000 企业管理器

选择【开始】→【程序】→【Microsoft SQL Server 2000】→【企业管理器】，然后启动企业管理器，如图 2—2—12 所示。

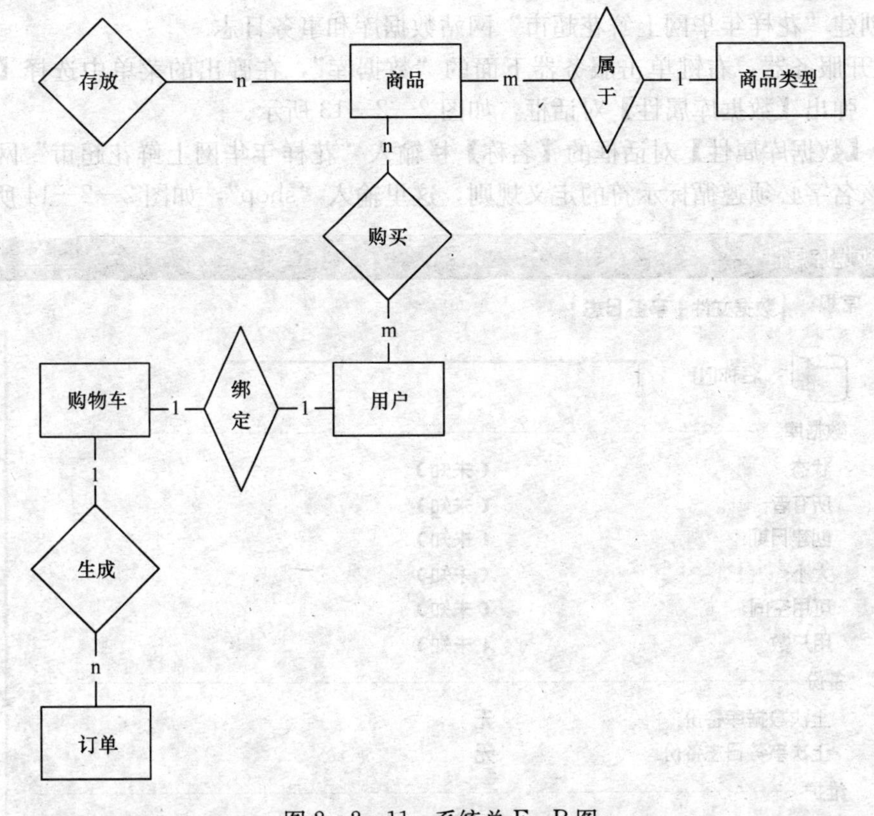

图 2—2—11　系统总 E—R 图

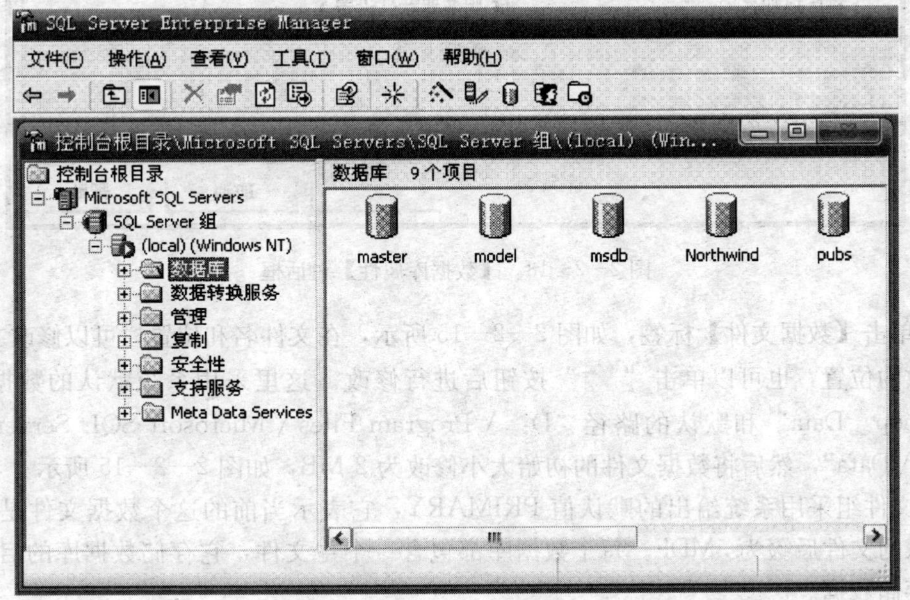

图 2—2—12　企业管理器

（2）创建"花样年华网上鲜花超市"网站数据库和事务日志

1）展开服务器，右键单击服务器下面的"数据库"，在弹出的菜单中选择【新建数据库】命令，弹出【数据库属性】对话框，如图 2—2—13 所示。

2）在【数据库属性】对话框的【名称】栏输入"花样年华网上鲜花超市"网站数据库的名字，该名字必须遵循标示符的定义规则，这里输入"shop"，如图 2—2—14 所示。

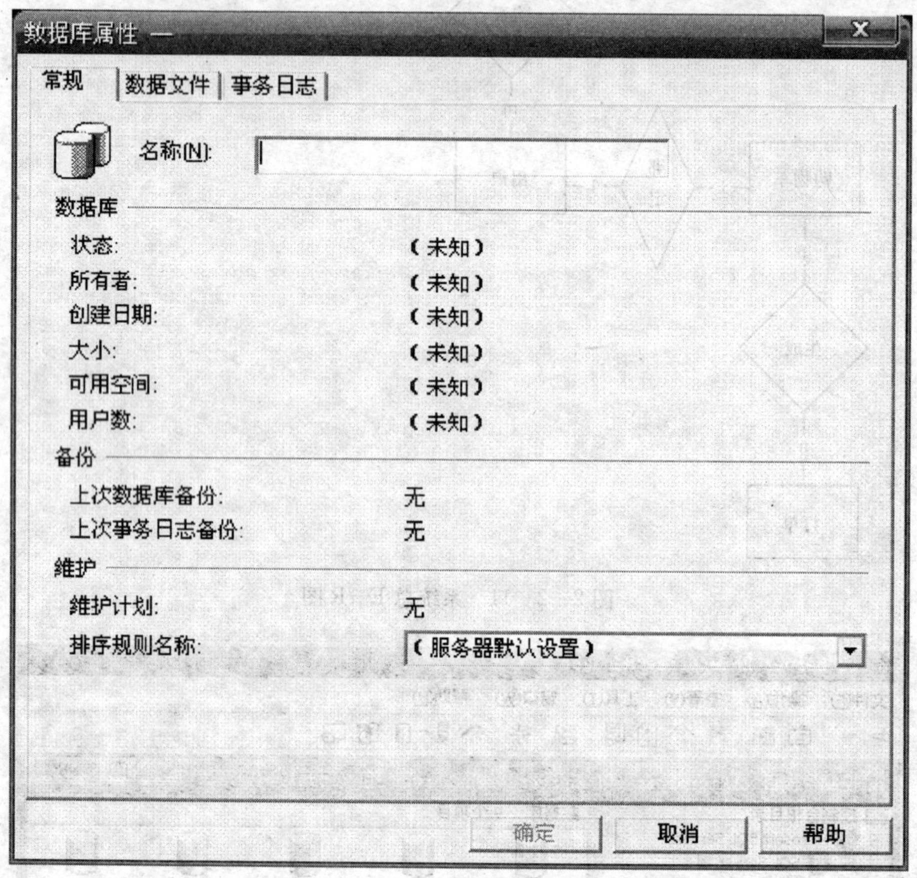

图 2—2—13　【数据库属性】对话框

3）单击【数据文件】标签，如图 2—2—15 所示，在文件名和位置栏可以修改文件名和文件存放的位置，也可以单击"…"按钮后进行修改。这里采用系统默认的数据库文件名字"shop _ Data"和默认的路径"D：\ Program Files \ Microsoft SQL Server 2000 \ MSSQL \ Data"，然后将数据文件的初始大小修改为 2 MB，如图 2—2—15 所示。

4）文件组采用系统给出的默认值 PRIMARY，它表示当前的这个数据文件是主文件，系统默认的文件后缀为 . MDF。每个数据库都包含一个主文件，它存储数据库的启动信息，还用于存储数据。

5）数据库文件增长采用"按百分比"，后面选择 10；最大文件大小设置为"文件增长不受限制"，设置结果如图 2—2—16 所示。

数据库属性 — shop
常规
数据文件
事务日志
名称(N):
shop
数据库
状态:
(未知)
所有者:
(未知)
创建日期:
(未知)
大小:
(未知)
可用空间:
(未知)
用户数:
(未知)
备份
上次数据库备份:
无
上次事务日志备份:
无
维护
维护计划:
无
排序规则名称:
(服务器默认设置)
确定
取消
帮助

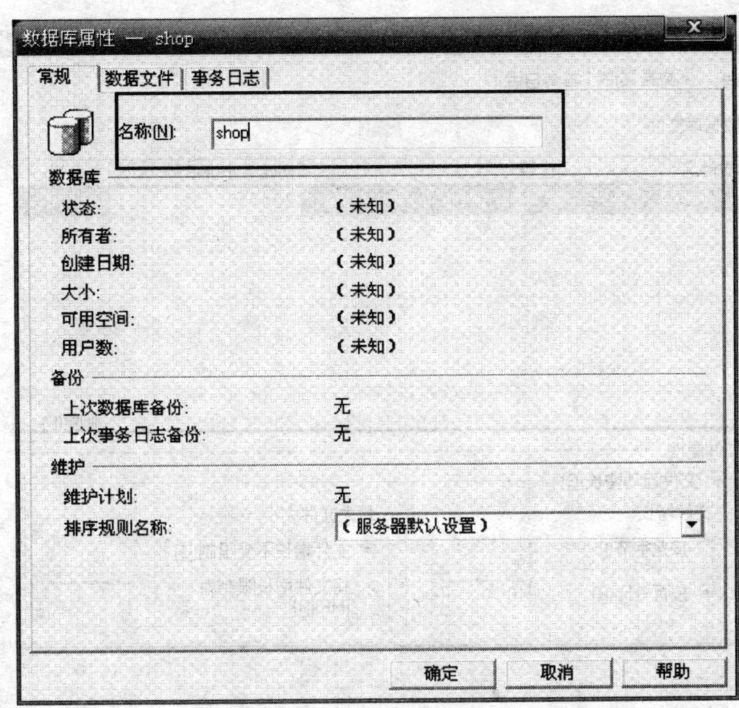

图 2—2—14　shop 数据库属性对话框

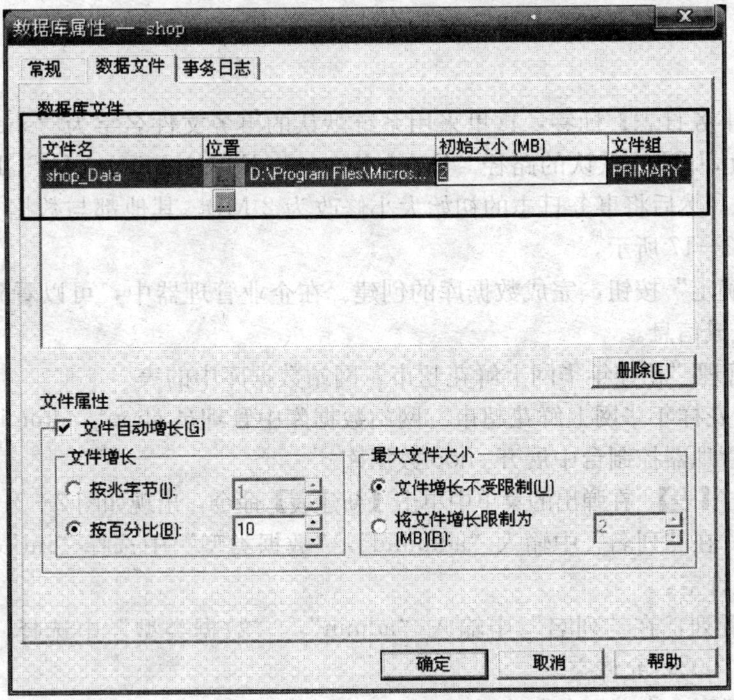

数据库属性 — shop
常规
数据文件
事务日志
数据库文件
文件名
位置
初始大小 (MB)
文件组
shop_Data
D:\Program Files\Micros...
2
PRIMARY
删除(E)
文件属性
文件自动增长(G)
文件增长
按兆字节(I):
1
按百分比(B):
10
最大文件大小
文件增长不受限制(U)
将文件增长限制为 (MB)(R):
2
确定
取消
帮助

图 2—2—15　“数据库文件”属性页

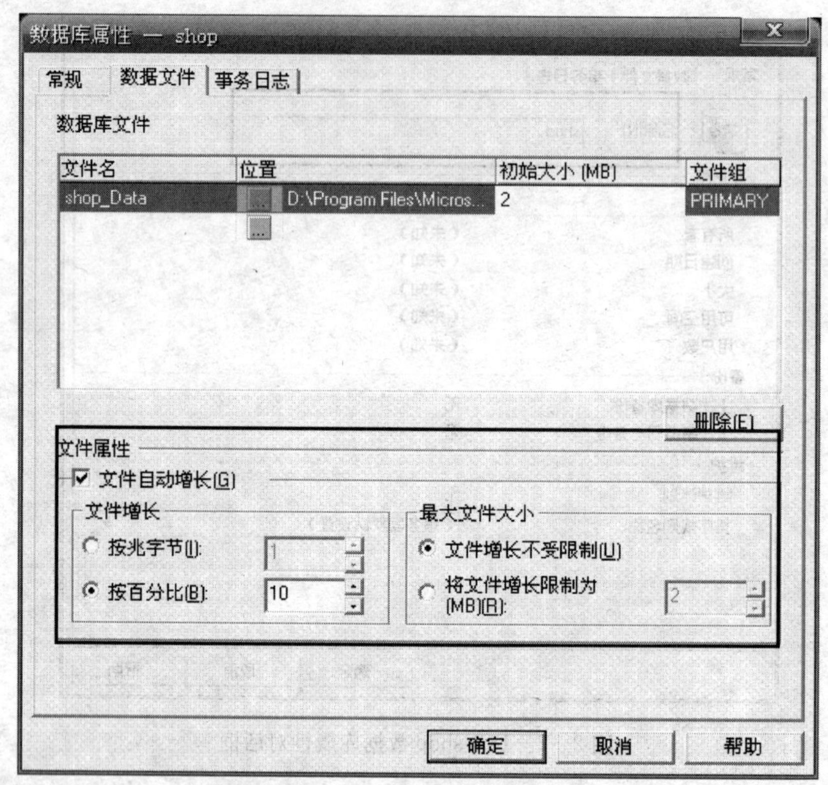

图 2—2—16　设置后的数据库文件属性

6）单击【事务日志】标签，这里采用系统默认的事务文件名字为“shop _ Log”，系统默认文件后缀为 .LDF；默认的路径“D：\ Program Files \ Microsoft SQL Server 2000 \ MSSQL \ Data”，然后将事务日志的初始大小修改为 2 MB。其他都与数据文件进行同样的设置，如图 2—2—17 所示。

7）单击“确定”按钮，完成数据库的创建。在企业管理器中，可以看到如图 2—2—18 所示的数据库组成信息。

2. 创建和管理“花样年华网上鲜花超市”网站数据库中的表

（1）创建“花样年华网上鲜花超市”网站数据库中管理员 shop _ administrator 的表

1）在企业管理器控制台中展开 shop 数据库。

2）右键单击【表】，在弹出的菜单中单击【新建表】命令，出现如图 2—2—19 所示对话框。

3）设置列，在“列名”中输入“adminid”，“数据类型”中选择“int”，在“长度”中输入“4”，不允许空。

4）继续设置列，在“列名”中输入“admin”，“数据类型”中选择“nvarchar”，在“长度”中输入“50”，允许空。

5）继续设置列，在“列名”中输入“password”，“数据类型”中选择“nvarchar”，在“长度”中输入“50”，允许空。

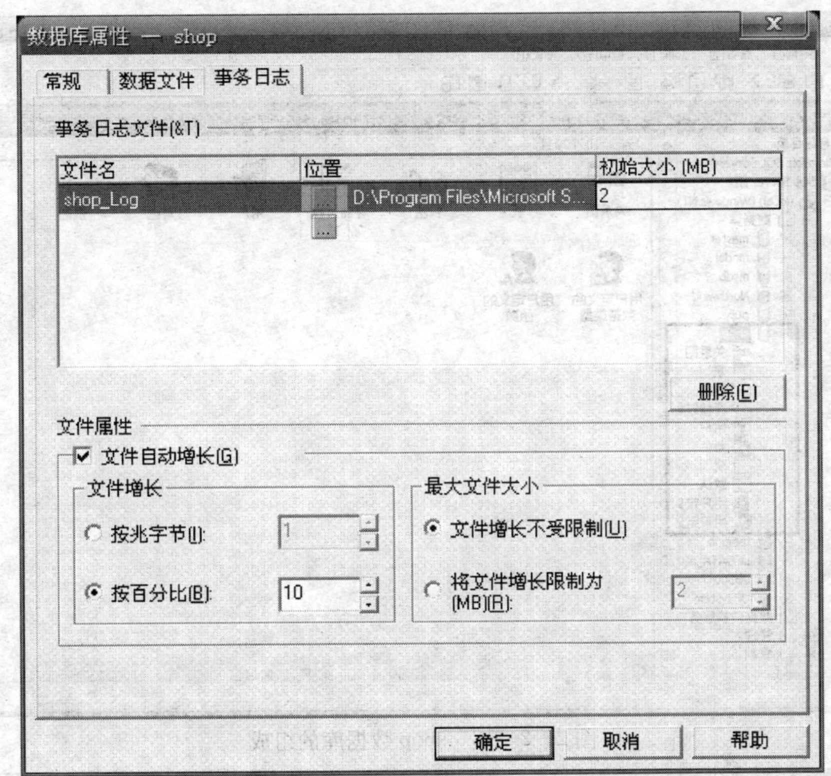

图 2—2—17　设置后的事务日志文件属性

6）继续设置列，在“列名”中输入“flag”，“数据类型”中选择“int”，在“长度”中输入“4”，允许空。

7）设置完成后如图 2—2—20 所示。

8）点击企业管理器工具栏上的“ 💾 ”按钮，出现如图 2—2—21 所示对话框，输入表名“shop _ administrator”，单击“确定”按钮完成表的创建。

(2) 使用以上创建表的方法创建“花样年华网上鲜花超市”网站数据库中的其他表。

1）用户表 user，如图 2—2—22 所示。还有更多的列没有显示出来，请根据自己的需要添加或删除相关列。

2）商品表 shop _ books，如图 2—2—23 所示。还有更多的列没有显示出来，请根据自己的需要添加或删除相关列。

3）商品类型表 shop _ anclass 如图 2—2—24 所示。

4）购物车和订单表 shop _ action 和 shop _ action _ jp，如图 2—2—25 和图2—2—26 所示。

本网站在数据库系统设计的过程中还应用了很多其他相关的表，在这里就不再赘述了，大家学习的过程中可以结合网站数据库的需要自己创建和设计。

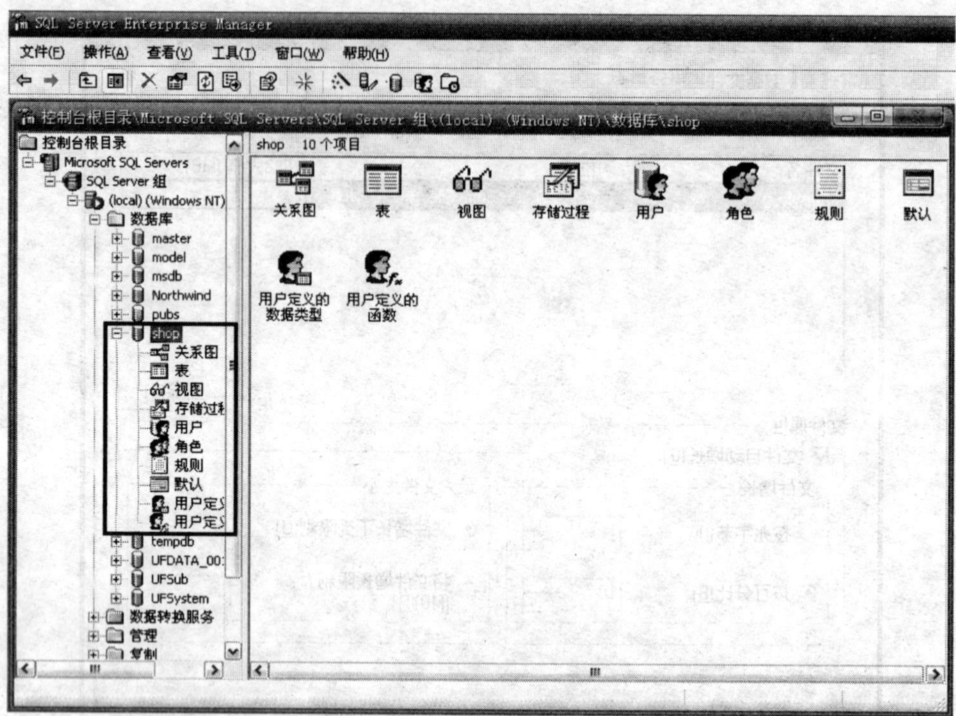

图 2—2—18 shop 数据库的组成

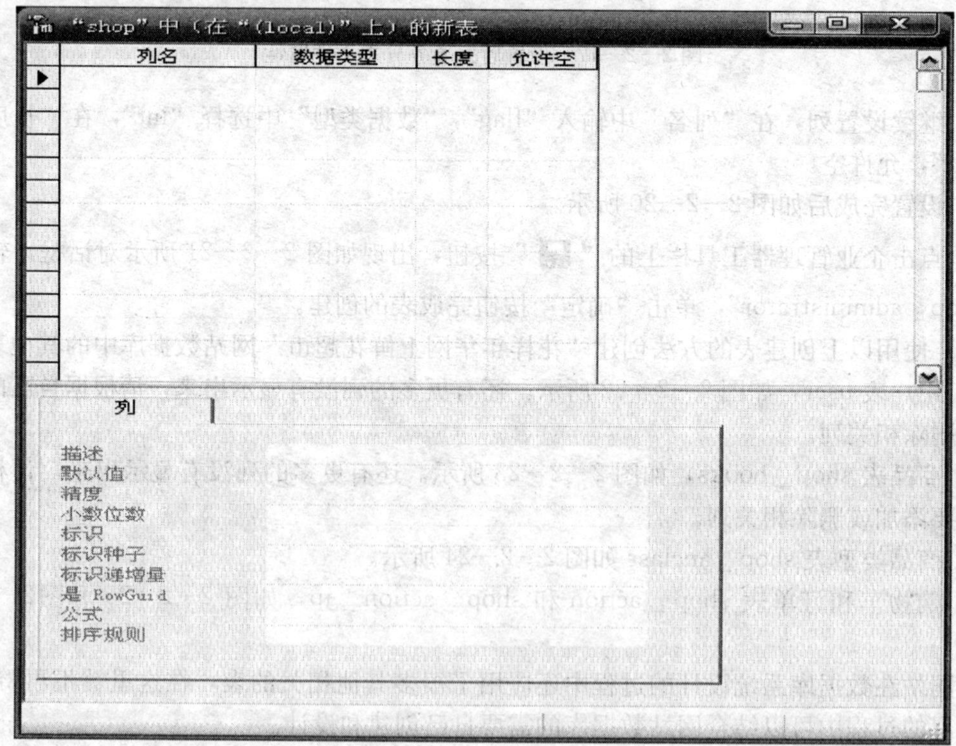

图 2—2—19 新建表

注意事项：

在设置数据表的 E—R 结构时，可以使用中文字段名称进行描述。但在网站中，数据表设计一般都使用拼音或者英文来描述，因为这要考虑到中文字段名称在网页中的兼容性问题。

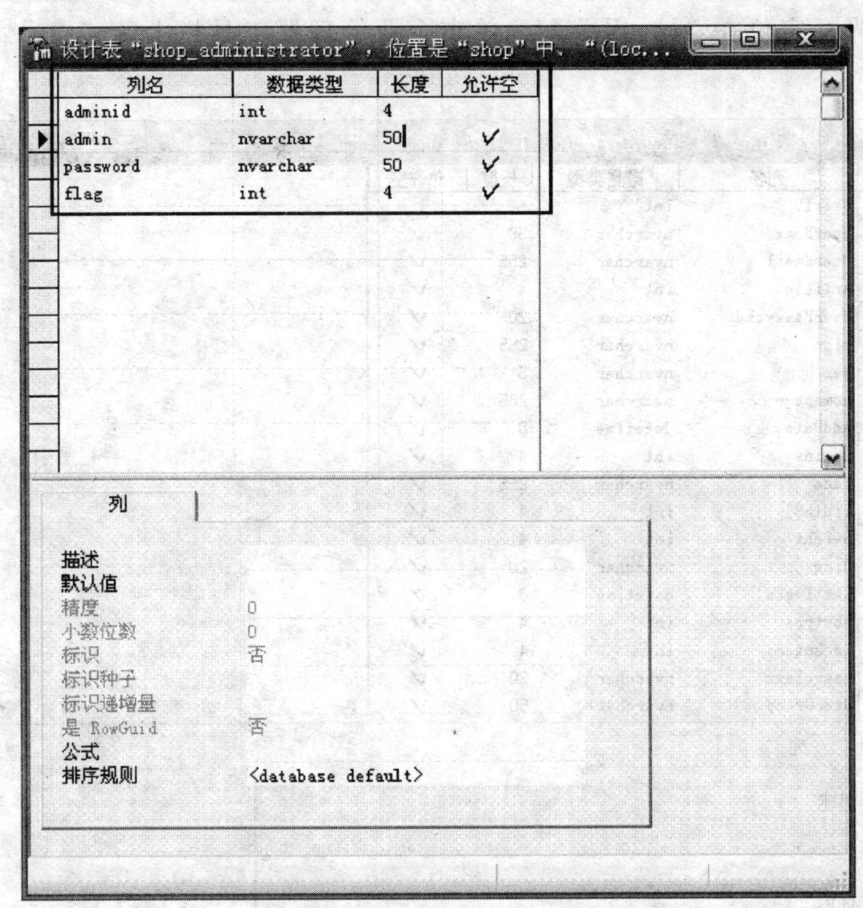

图 2—2—20 设置 shop _ administrator 表

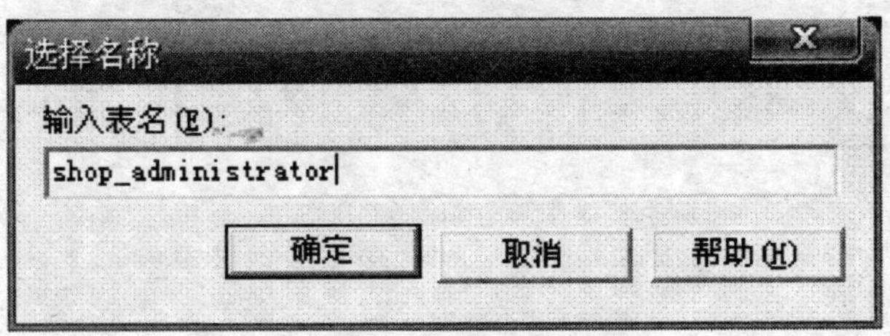

图 2—2—21 为创建的表命名

（3）使用企业管理器修改 shop 数据库中的表

使用企业管理器可以更改表的定义，包括添加、删除列，更改列的名称、类型和长度。也可以添加、删除、修改约束，启用或禁用约束和触发器等。

1）在企业管理器控制台中展开 shop 数据库，单击【表】，如图 2—2—27 所示。

2）在详细列表中右键单击“user”，在弹出的菜单中选【设计表】命令，如图 2—2—28 所示。

3）将光标定位在“UserID”行，单击企业管理器工具栏上的“ ”设置主键按钮。

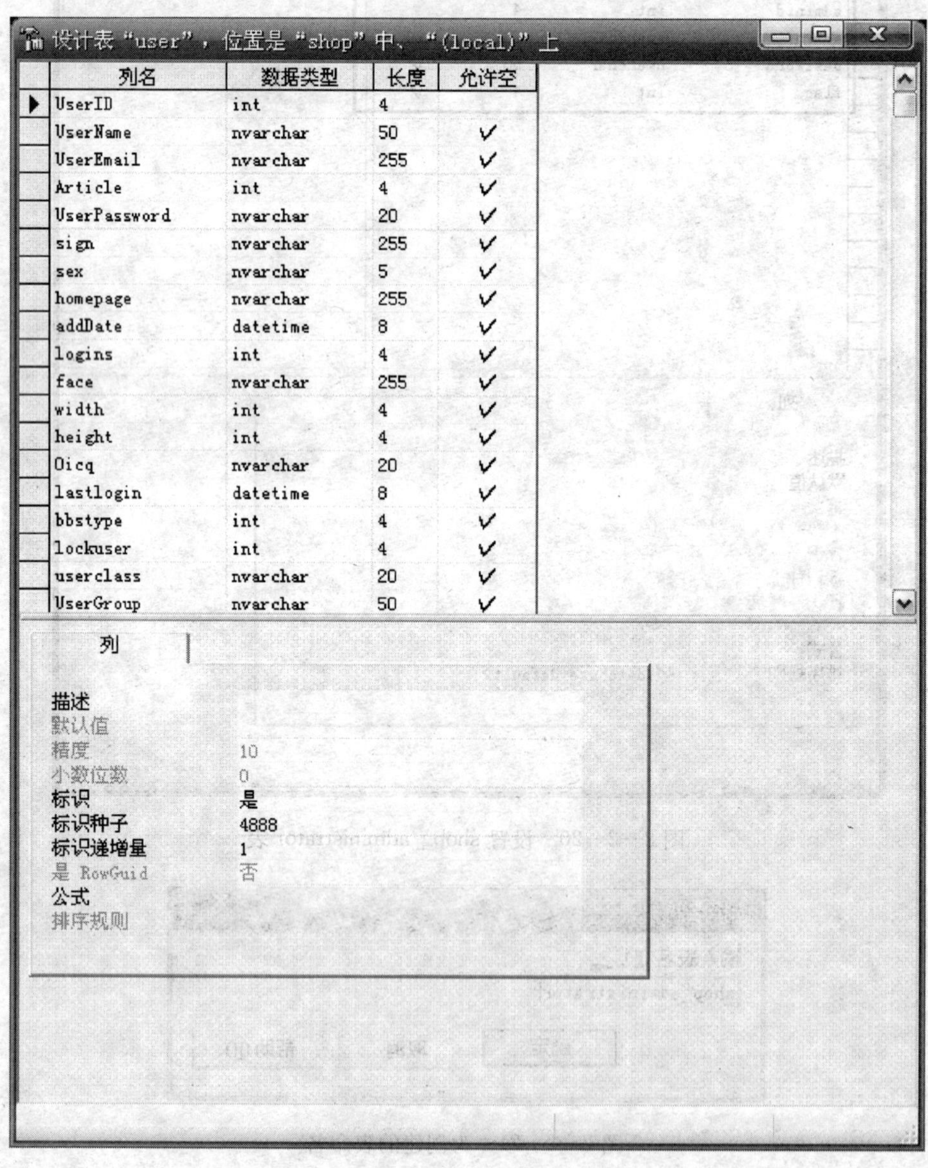

图 2—2—22 用户表 user

4）单击企业管理器工具栏上的“ ”按钮完成设置，如图 2—2—29 所示。

5）以此类推，修改其他表的主键。

（4）使用企业管理器删除 shop 数据库中多余、无用和创建错误的表。

1）在企业管理器控制台中展开 shop 数据库，单击【表】。

2）在详细列表中右键单击“shop _ user”，在弹出的菜单中选择【删除】命令。

3）单击“全部移去”按钮，删除完成。

4）以此类推，删除其他多余、无用和创建错误的表。

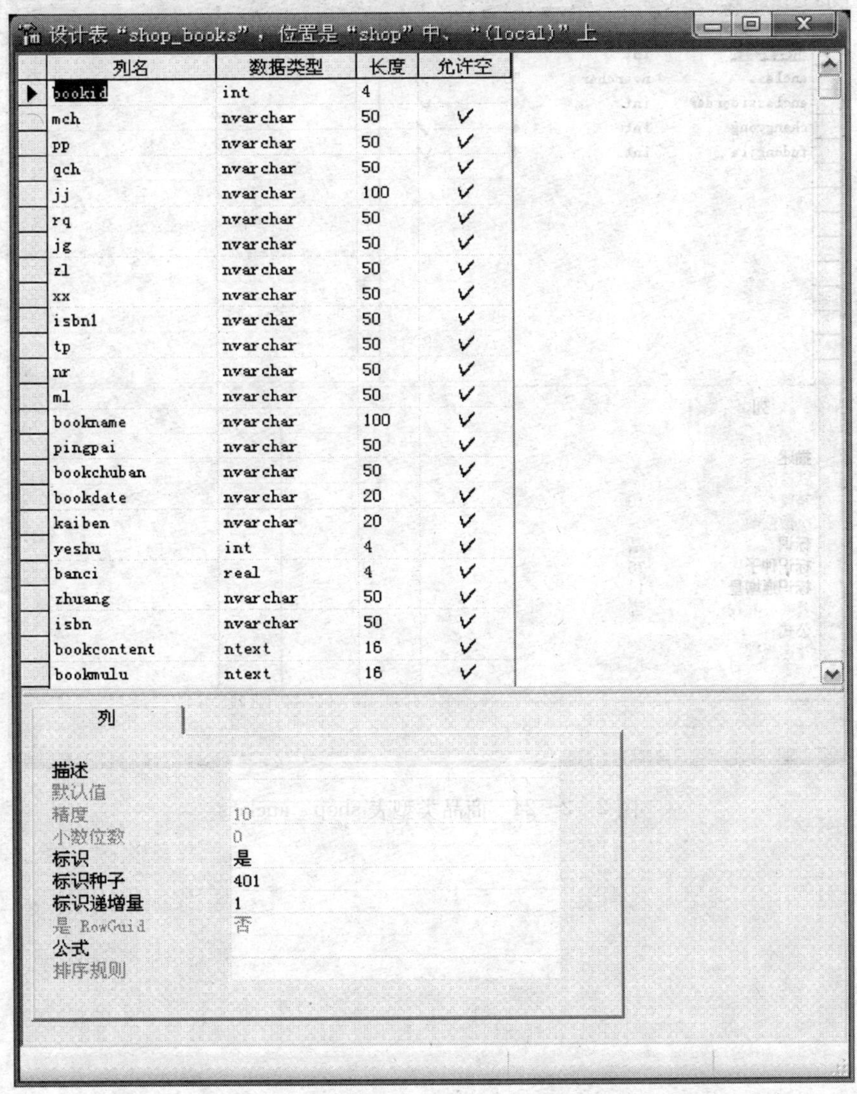

列名	数据类型	长度	允许空
bookid	int	4	
mch	nvarchar	50	✓
pp	nvarchar	50	✓
qch	nvarchar	50	✓
jj	nvarchar	100	✓
rq	nvarchar	50	✓
jg	nvarchar	50	✓
zl	nvarchar	50	✓
xx	nvarchar	50	✓
isbn1	nvarchar	50	✓
tp	nvarchar	50	✓
nr	nvarchar	50	✓
ml	nvarchar	50	✓
bookname	nvarchar	100	✓
pingpai	nvarchar	50	✓
bookchuban	nvarchar	50	✓
bookdate	nvarchar	20	✓
kaiben	nvarchar	20	✓
yeshu	int	4	✓
banci	real	4	✓
zhuang	nvarchar	50	✓
isbn	nvarchar	50	✓
bookcontent	ntext	16	✓
bookmulu	ntext	16	✓

图 2—2—23　商品表 shop _ books

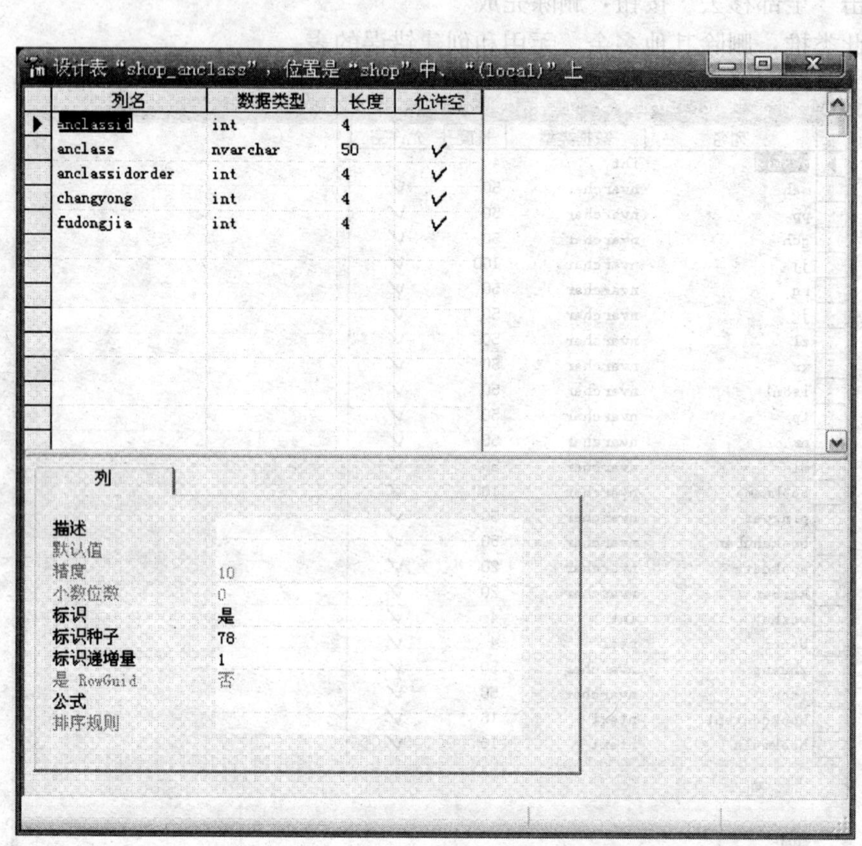

图 2—2—24 商品类型表 shop _ anclass

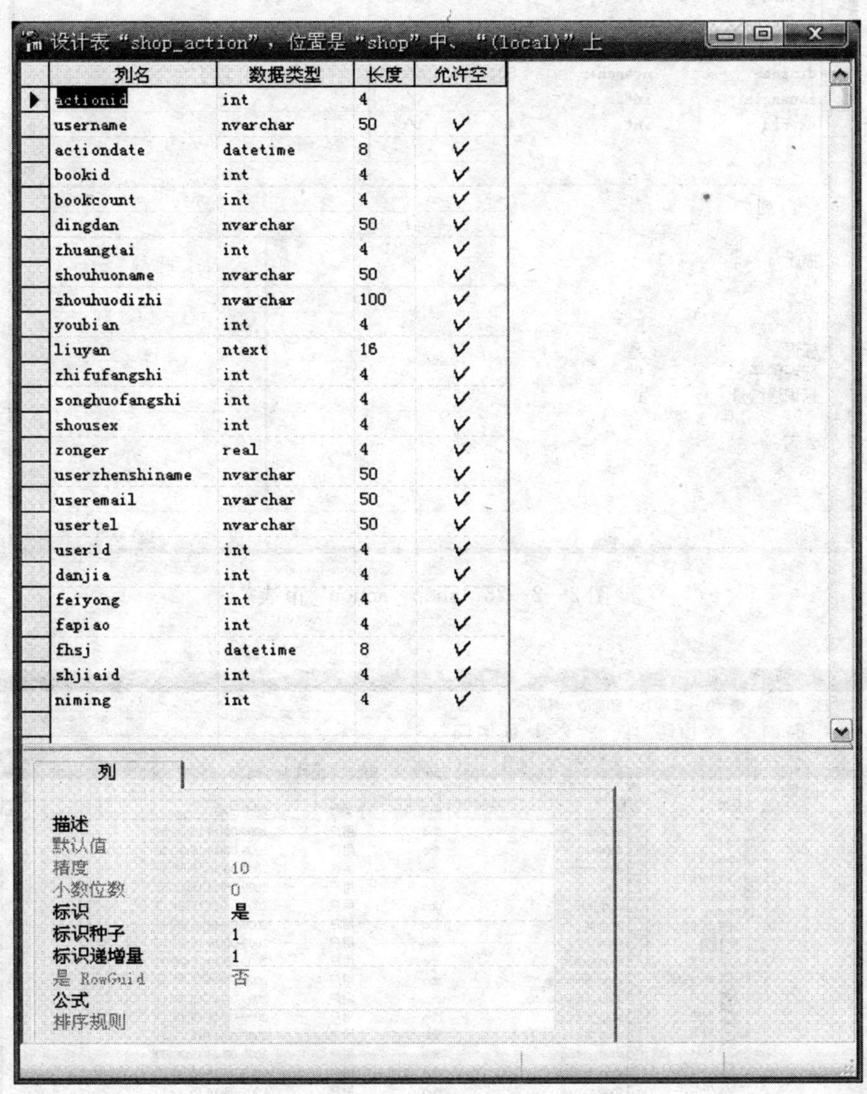

列名	数据类型	长度	允许空
actionid	int	4	
username	nvarchar	50	✓
actiondate	datetime	8	✓
bookid	int	4	✓
bookcount	int	4	✓
dingdan	nvarchar	50	✓
zhuangtai	int	4	✓
shouhuoname	nvarchar	50	✓
shouhuodizhi	nvarchar	100	✓
youbian	int	4	✓
liuyan	ntext	16	✓
zhifufangshi	int	4	✓
songhuofangshi	int	4	✓
shousex	int	4	✓
zonger	real	4	✓
userzhenshiname	nvarchar	50	✓
useremail	nvarchar	50	✓
usertel	nvarchar	50	✓
userid	int	4	✓
danjia	int	4	✓
feiyong	int	4	✓
fapiao	int	4	✓
fhsj	datetime	8	✓
shjiaid	int	4	✓
niming	int	4	✓

图 2—2—25　shop _ action 表

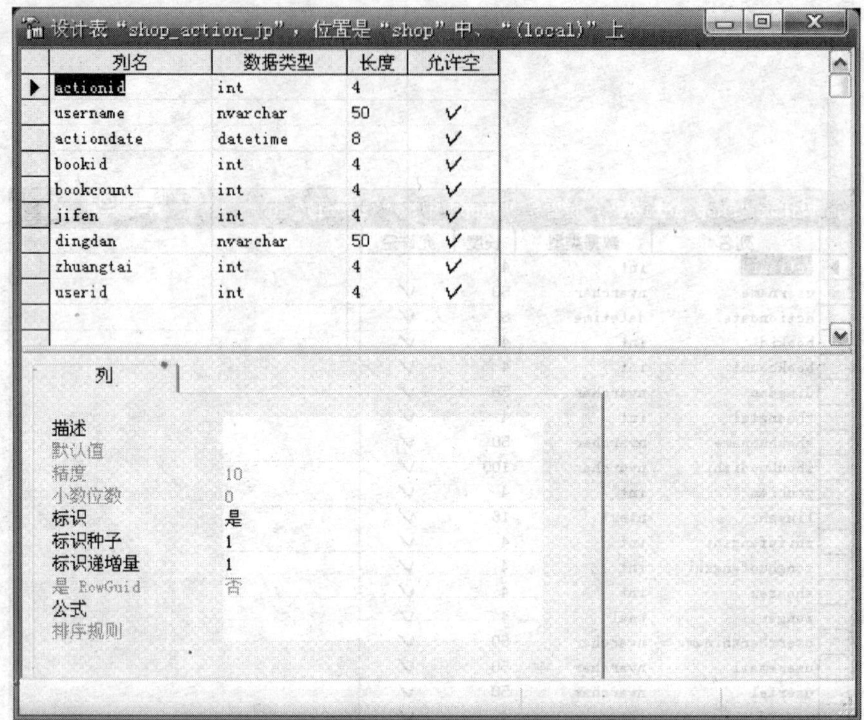

图 2—2—26　shop _ action _ jp 表

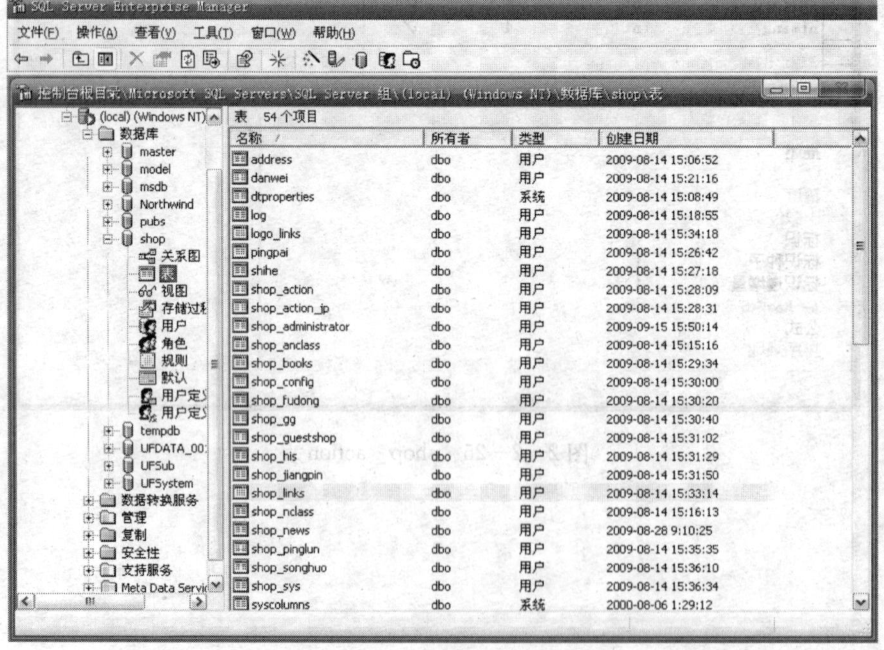

图 2—2—27　shop 数据库中的表

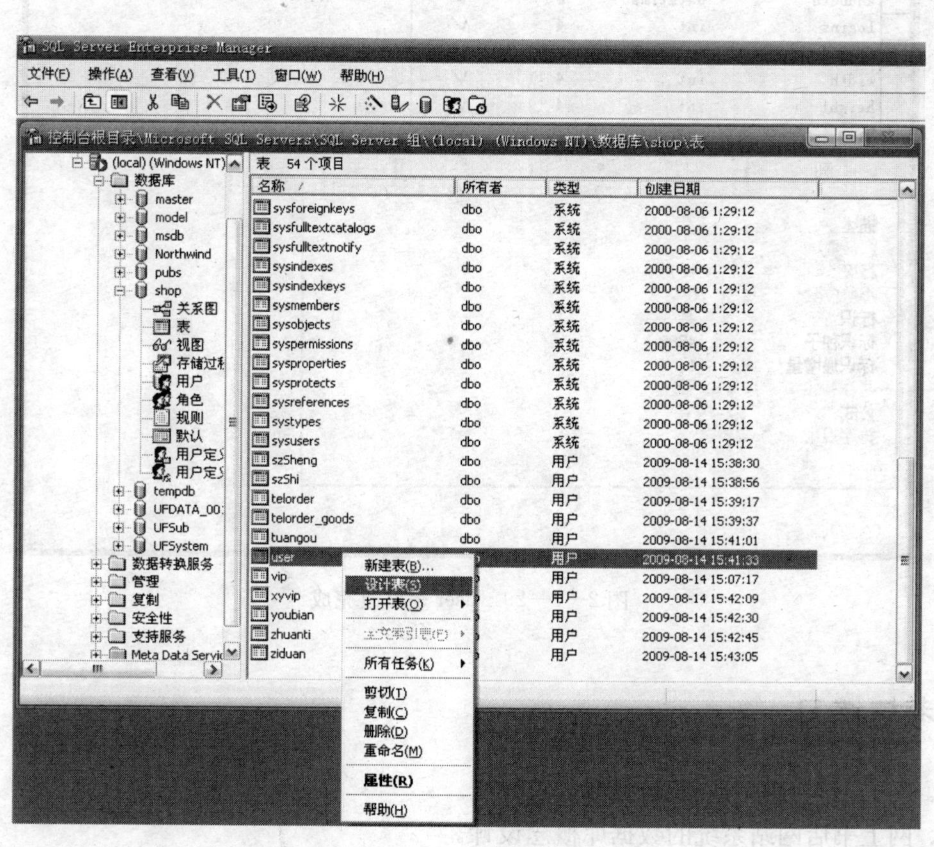

图 2—2—28　修改表 user

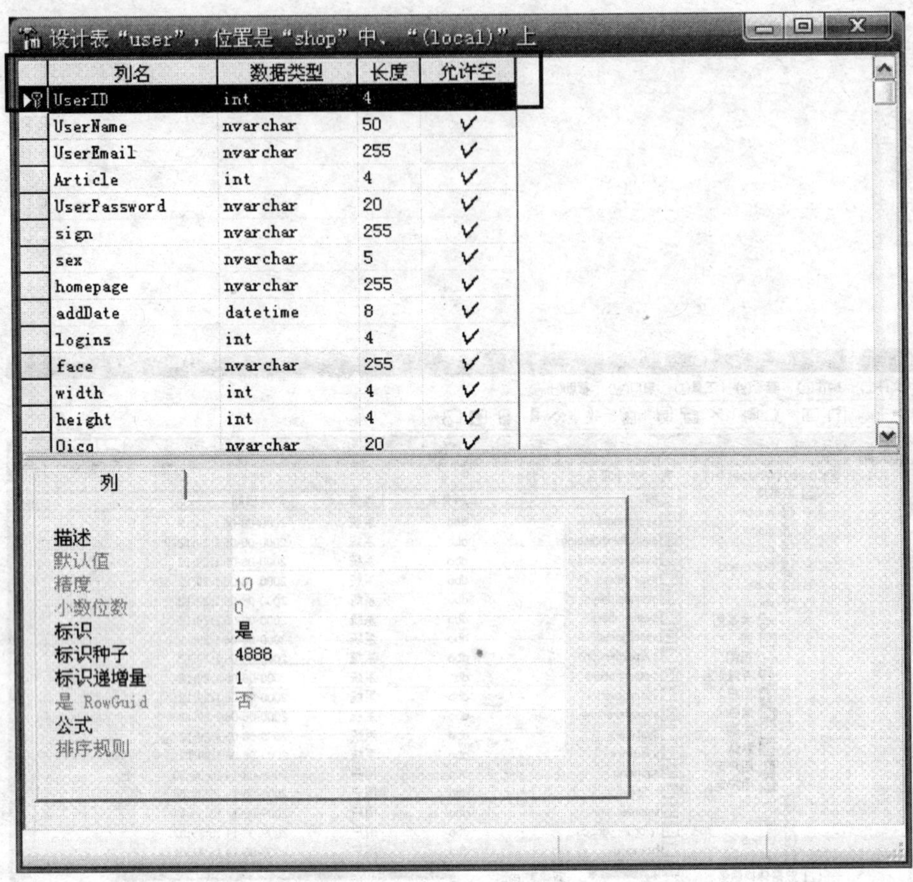

图 2—2—29　user 表修改完成

思考与练习

一、网上书店网站系统的数据库需求分析。

二、网上书店网站系统的数据库概念设计。

三、网上书店网站系统的数据库设计。

模块三

会员注册功能的设计与实现

任务一　会员注册页面的设计

教学目标

- 掌握利用表格进行页面布局的思想和方法
- 掌握注册表单的制作
- 掌握可视化软件编辑与代码编辑相结合的动态网页制作技术
- 掌握 select case 结构

任务引入

用户在访问大多数的商务网站进行购物时，一般都需要注册成为网站会员，然后享用网站的资源和服务，而对于商务网站的经营而言，发展会员一方面可以收集用户的信息，提供个性化的服务，进行针对性营销，另一方面也可以提高用户对网站的依赖性和忠诚度，是增加网站用户群体的有效手段。而当用户进入“花样年华网上鲜花超市”网站时，可以提供两个会员注册入口，一个是首页导航条上方的注册链接，如图 3—1—1 所示；另一个是首页专设的会员登录区，如图 3—1—2 所示。

点击任一注册入口，即会进入会员注册界面。首先是注册条约阅读页面，如图 3—1—3 所示；然后是注册信息填写页面，如图 3—1—4 所示。

本任务要求学生能够通过设计实现上述用户注册功能。

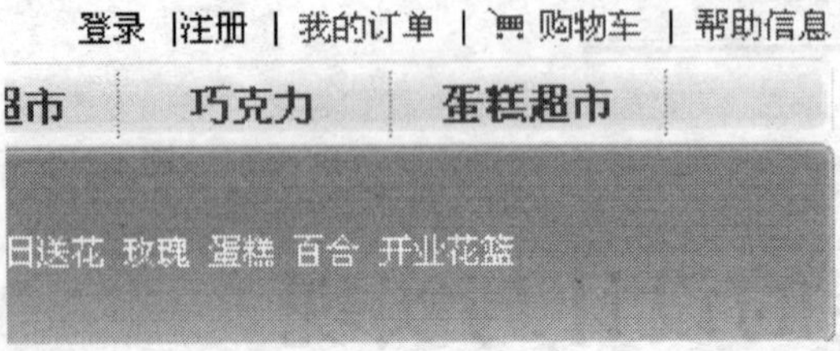

图 3—1—1　导航条上方注册入口

图 3—1—2　会员登录区注册入口

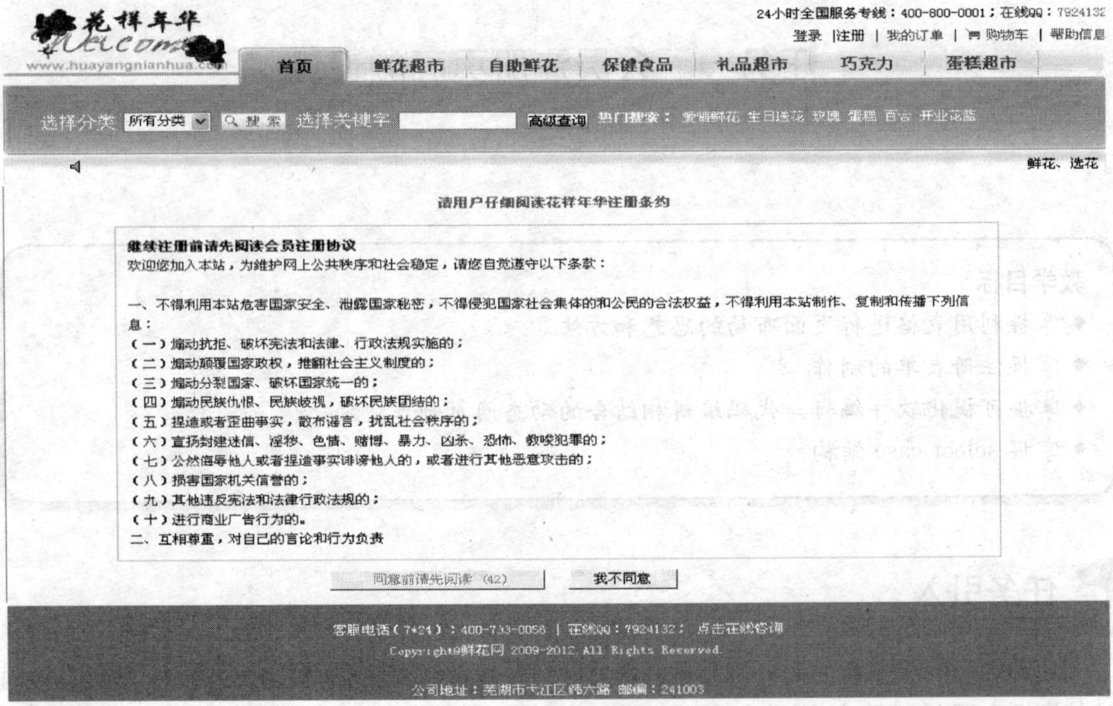

图 3—1—3　注册条约阅读页面

任务分析

要实现会员注册功能，首先就要进行会员注册界面的设计，包括注册条约阅读页面和注册信息填写页面。

为了提高开发效率，一般会利用网页制作软件的“所见即所得”的优势，先在“设计”

首页　鲜花超市　自助鲜花　保健食品　礼品超市　巧克力　蛋糕超市

选择分类　所有分类　搜索　选择关键字　高级查询　热门搜索：

鲜花、选花、订花、送花，尽在鲜花网!!　提供7*24小时服务!

请您务必详细填写您的信息，并核对无误，国内用户请留下您的真实中文姓名。

未经您的允许，您的个人信息对外保密。（带 ** 号为必填项）

>> 用户名和密码

用 户 名：　** 支持中文，不支持特殊符号如：*%#!-&%$

密　　码：　** 6-20位，不支持特殊符号如：*%#!-&%$

确认密码：　**

电子邮箱：　**

问题提示：　** 找回密码的提示问题

正确答案：　** 找回密码的答案

>> 用户详细资料

您的真实姓名：　** 以便发货确认

您的身份证号：

性　别：　男

用户性质：　个人用户　企业用户

收货(通讯)地址：　**

邮　编：　**

联系电话：　**

送货方式：　普通平邮 **

支付方式：　电子汇款 **

提交信息　重新填写

图 3—1—4　注册信息填写页面

视图中运用菜单和按钮进行网页布局，制作静态界面，然后再切换到代码视图，添加和修改网页元素的代码以实现具体功能。

以会员注册页面设计为例，先运用网页制作软件如 Dreamweaver 进行网页的布局，继而设计静态页面元素，然后在代码视图添加动态和脚本代码，同时修改相关标记属性，应用 CSS 样式美化页面。

相关知识

一、表单概述

所谓表单就是用户可以在线填写信息的网页，如会员注册表单、意见反馈表单等。使用表单可以与 Web 站点的访问者进行交互并从中收集信息，然后将这些信息提交给服务器进行处理。

常用表单一般有三个基本组成部分。

1. 表单标签<form></form>

在设计视图中表现为红色的表单标志。

其功能是用于申明表单，定义采集数据的范围，也就是<form>和</form>里面包含的数据将被提交到服务器或者发送到指定电子邮箱。

语法：<FORM NAME=" ..." ACTION=" URL" TARGET=" ..." METHOD=" GET | POST" >...</FORM>

form 标签的参数（可以打开属性面板来定义）如下：

(1)“表单名称”

NAME=" ..."，键入一个唯一名称以标志该表单。命名表单后，就可以使用脚本语言（如 JavaScript 或 VBScript）引用或控制该表单。

(2)“动作”

ACTION=" URL"，指定处理表单数据的服务器端脚本或应用程序的路径。它可以是一个 URL 地址或一个电子邮件地址。

(3)“目标”

TARGET=" ..."，指定一个窗口，在该窗口中显示调用程序所返回的数据。

_ blank ：在新的浏览器窗口调入指定的文档。

_ self ：在当前窗口中调入文档。

_ parent ：在当前窗口的父窗口中调入文档，这个值在当前框没有父框时等价于 _ self。

_ top ：表示顶级窗口，在整页窗口中调入文档。

(4)“方法”

METHOD=" GET | POST" 。指定在将数据从浏览器传输到服务器时要使用的 HTTP 方法。

Post 方法是通过 HTTP post 机制，将表单内各个字段与其内容放置在 HTML HEADER 内一起传送到 ACTION 属性所指的 URL 地址。Post 允许传送数据量大的信息，一般默认为不受限制；而 Get 方法是把参数数据队列加到提交表单的 ACTION 属性所指的 URL 后面，值和表单内各个字段一一对应，显示在地址栏中可以直接看到。Get 传送的数据量较小，不能大于 2 kB。因此当表单中有大量数据时 post 方法有更好的安全性。

2. 表单域

表单可以包含允许用户进行交互的各种对象。这些表单对象包括文本框、密码框、隐藏域、多行文本框、复选框、单选框、下拉选择框和文件上传框等。

3. 表单按钮

包括提交按钮、复位按钮和一般按钮。提交按钮用来将输入的信息提交到服务器，复位按钮用来重置表单，一般按钮用来控制其他定义了处理脚本的处理工作。

二、select case 结构

select case 结构是多分支控制结构，也称为多项判断，是从多个选项中选出一项执行，在功能上等于 lf... then ... else 语句。当列出内容较多时，用 select case 比用 lf... then ... else 更容易理解。select case 结构在其开始处使用一个仅计算一次的测试表达式，并将表达式的结果与每个 case 的值比较，如果匹配，则执行相关联的语句块，执行完跳到 End Select 后面的语句。注意，case else 子句是可选的，如果程序里面没有使用 case else 并且没有一个 case 子句的表达式和测试表达式相匹配，则会跳到 End Select 后面的语句，并且继续执行程序。select case 结构格式如下：

```
select case 测试表达式
case 表达式 1
    如果表达式 1 匹配测试表达式的语句
case 表达式 2
    如果表达式 2 匹配测试表达式的语句
case 表达式 N
    如果表达式 N 匹配测试表达式的语句
case else
    如果没有表达式匹配测试表达式要执行的语句
end select
```

任务实施

一、页面结构的设计

为了统一网站页面风格，同时简化代码并增加可读性，“花样年华网上鲜花超市”网站前台的网页基本由三个大块组成：页面头、主体内容区和页面脚。页面头即页面的上端部分，如图 3—1—5 所示，主要是网站的 Logo 标志、导航和商品搜索等，功能由网页文件 webtop. asp 提供；页面脚即页面的底端部分，如图 3—1—6 所示，主要是标注站点的公共服务信息、所属公司的信息及网站的版权等，功能由网页文件 webbottom. asp 提供；主体内容区随着各个模块功能的不同而显示不同（页面头和页面脚的具体设计见本任务第五部分）。

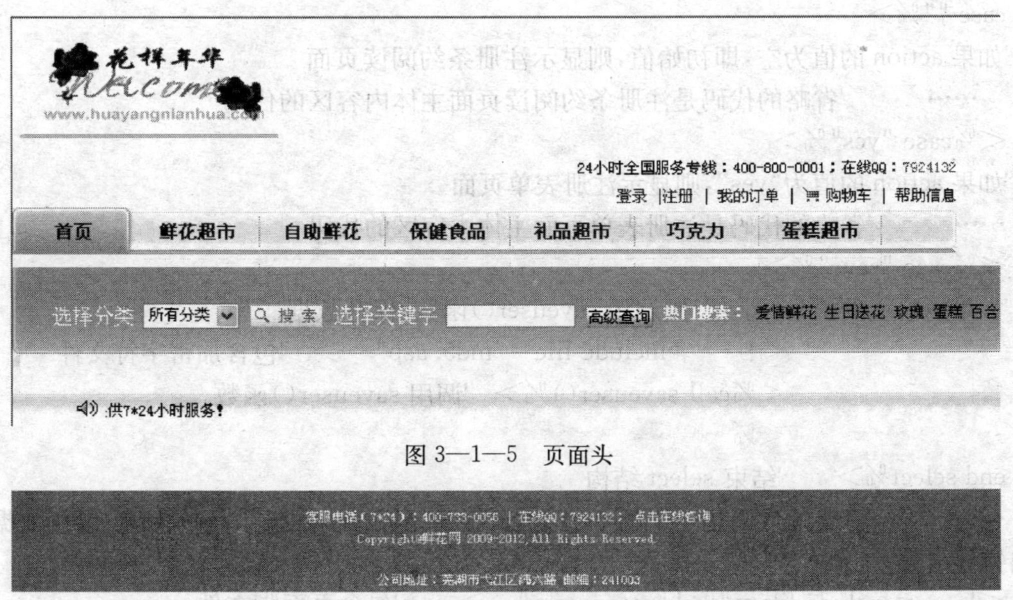

图 3—1—5　页面头

图 3—1—6　页面脚

首先是会员注册模块，该模块包括注册条约阅读、注册表单填写以及数据有效性验证、向后台添加数据等功能。注册模块对应的代码都包含在 reg. asp 文件中，因此 reg. asp 程序中采用了 select...case 结构来进行条件控制，以便在网页主体内容区显示不同的内容。reg. asp 代码如下：

```
<!--#include file="conn.asp"-->    '包含数据库连接文件
<!--#include file="webconfig.asp"-->  '包含初始化配置和检查文件
<%
' ASP 专用定界符,所有的 ASP 命令都必须包含在 <% 和 %> 之内
dim action      '定义 action 为变量名
action=request.QueryString("action")%>  '从浏览器获取 action 的值
<title><%=webname%>--新用户注册</title>
……         '省略的代码是定义的一些 JavaScript 函数
<!--#include file="webtop.asp"-->   '包含页面头文件
<TABLE cellSpacing=0 cellPadding=0 width=930 align=center border=0 class=table-zuoyou>
 '页面主体内容区的布局表格
   <TR>
     <td width="1"></td>
     <TD width=770 align=left vAlign=top bgcolor="#FFFFFF">
       <%select case action
          '根据 action 变量的值来判断执行 case 后相应的语句块
case ""%>
'如果 action 的值为空,即初始值,则显示注册条约阅读页面
  ……         '省略的代码是注册条约阅读页面主体内容区的代码
<%case "yes"%>
'如果 action 的值为"yes",则显示注册表单页面
……          '省略的代码是注册表单页面主体内容区的代码
<%case "save"%>
'如果 action 的值为"save",则调用 saveuser()函数,保存数据
             <!--#include file="md5.asp"-->  '包含加密字符文件
             <%call saveuser()%>  '调用 saveuser()函数
             <%
end select%>    '结束 select 结构
……         '省略的代码是定义的一些 JavaScript 函数,包括显示条约内容、保存数据、提示出错等函数
<!--#include file="webbottom.asp"-->    '包含页面脚文件
```

二、页面样式表的设计

在注册模块中，页面应用的是嵌入式 CSS 样式表，即将样式规则包含在<STYLE>...</STYLE>标记对中。通过在 webtop. asp 中嵌入控制整体页面格式的 CSS 代码，然后将 webtop. asp 作为文件包含在需要应用样式的页面中，再在页面内具体的标记中指定 class 属性以实现格式优化。具体过程如下：

1. 将插入点放在上述 webtop. asp 文档中，左键单击“面板组”中的“CSS”（如没有该面板则勾选“窗口”菜单下“CSS 样式”），选择“CSS 样式”，在“CSS 样式”面板中，点击面板右下角区域中的“新建 CSS 样式”按钮，如图 3—1—7 所示。

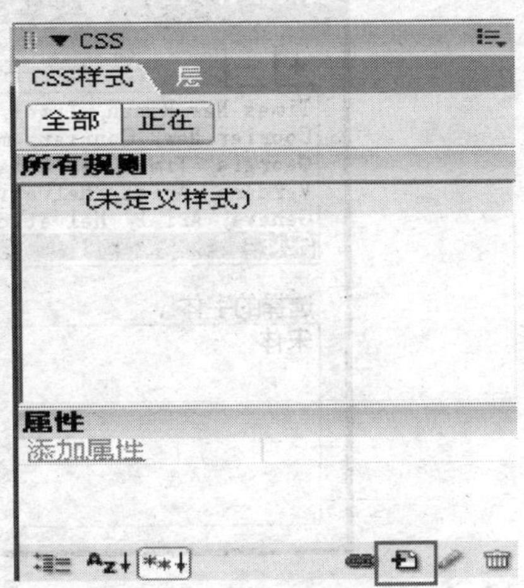

图 3—1—7　CSS 样式面板

2. 在出现的【新建 CSS 样式】对话框中，指定【选择器类型】为“类”，修改样式名称为“. wenbenkuang”，定义在“仅对该文档”，如图 3—1—8所示。

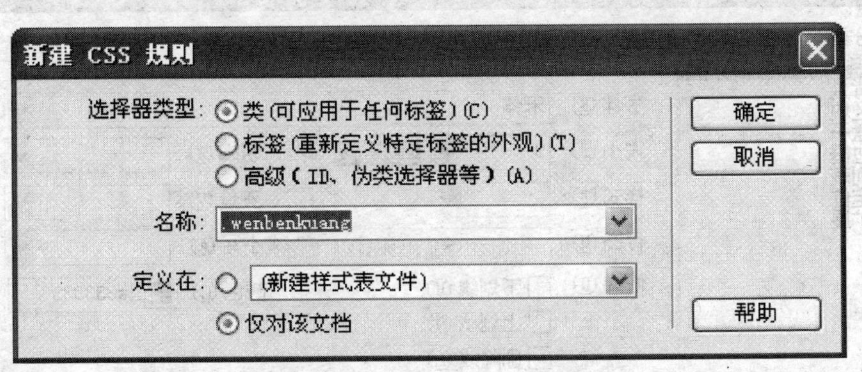

图 3—1—8　新建 CSS 样式对话框

注意：选择“定义在”后面的选择，就是选择将该 CSS 样式文件定义在什么位置，是当前文档还是独立文件。如要创建外部样式表，使站点内的其他文件也可以调用该样式文件，则选择“新建样式表文件”；如果要在当前文档中嵌入样式，则选择“仅对该文档”，其他文件不受影响。

3. 在上述对话框中点击“确定”按钮，弹出 CSS 样式定义对话框。根据需要，先选择左边的类别，再在该类别下设置具体的格式。

以 . wenbenkuang 样式为例，先选择“类型”分类，然后通过编辑字体列表（见图 3—1—9）设置字体为宋体，修改文字大小为 9pt，颜色为＃333333，如图 3—1—10 所示。

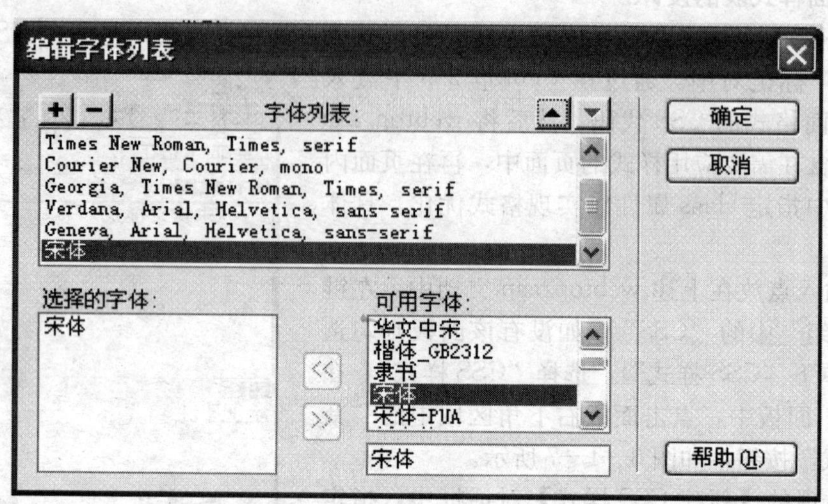

图 3—1—9　编辑字体列表对话框

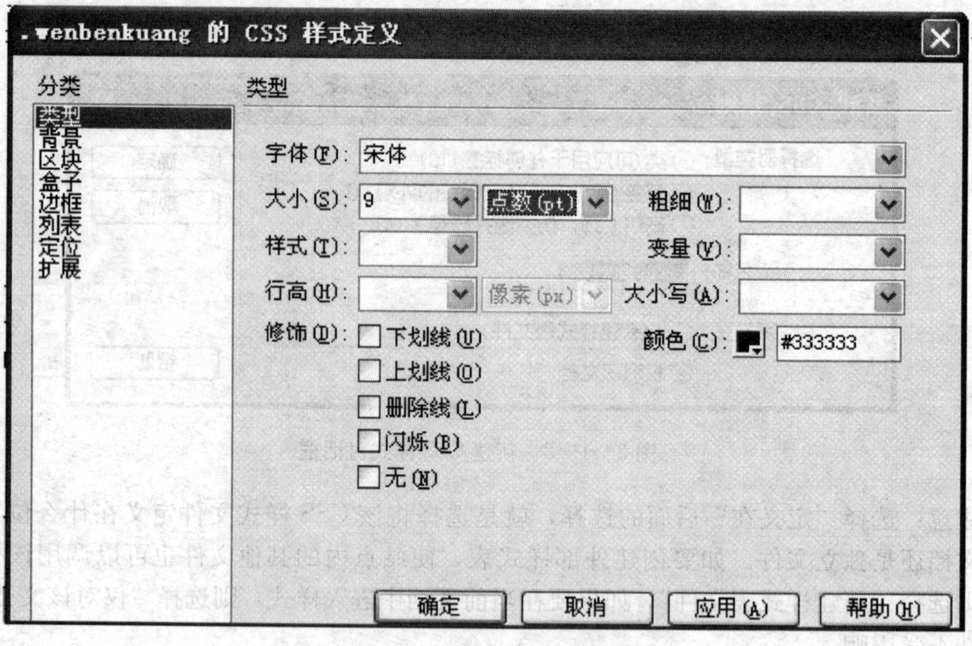

图 3—1—10　定义“类型”的具体样式

再选择“边框”分类，选择样式为实线，宽度为 1px，颜色为＃999999，如图 3—1—11 所示。

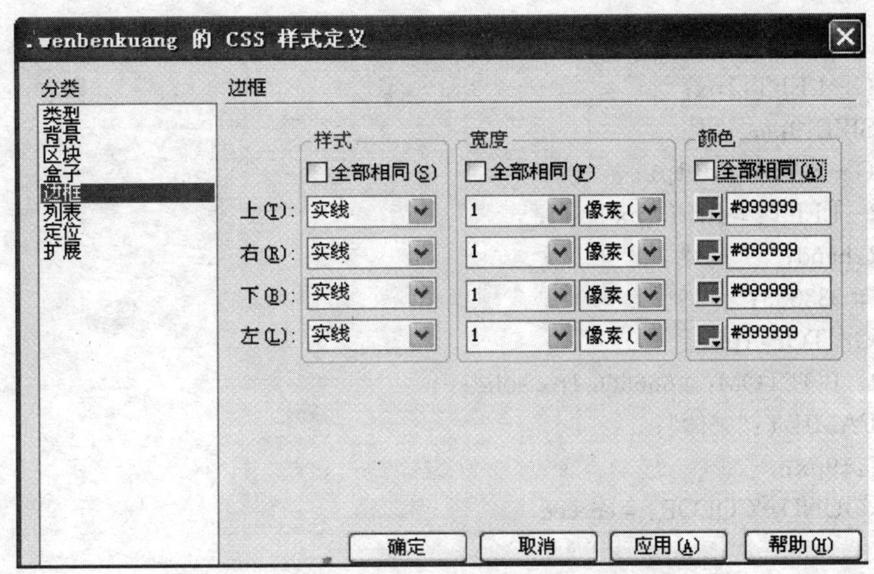

图 3—1—11　定义"边框"的具体样式

4. 在完成以上过程后，最终在 Dreamweaver 的代码窗口中自动生成的 CSS 代码为：

```
<style type="text/css">
<!--
.wenbenkuang {
font-size:9pt;
color:#333333;
font-family:"宋体";
border-top:1px solid #999999;
border-right:1px solid #999999;
border-bottom:1px solid #999999;
border-left:1px solid #999999;
}
-->
</style>
```

5. 同理，重复以上步骤，可以定义 .go-wenbenkuang、.table-zuoyou 等其他样式。代码为：

```
.go-wenbenkuang {
BORDER-RIGHT:#666666 1px solid;
PADDING-RIGHT:1px;
```

```
BORDER-TOP:#ffffff 1px solid;
PADDING-LEFT:1px;
FONT-SIZE:9pt;
PADDING-BOTTOM:1px;
BORDER-LEFT:#ffffff 1px solid;
CURSOR:hand;
COLOR:#333333;
PADDING-TOP:1px;
BORDER-BOTTOM:#666666 1px solid;
FONT-FAMILY:"宋体";
HEIGHT:19px;
BACKGROUND-COLOR:#eeeeee
}
.table-zuoyou {
    BORDER-RIGHT:#999999 1px solid;
    BORDER-LEFT:#999999 1px solid
}
```

三、注册条约阅读页面的设计

当用户点击任何一个注册入口时，即会链接进入该页面。对应于代码，此时 action 变量值为空，即为初始值，则会执行 case "" 后面的语句块，浏览器上会显示出注册条约等页面主体内容。

1. 在 Dreamweaver 中切换到设计视图，在插入工具栏中选择“常用”类别下的“插入表格”按钮，如图 3—1—12 所示。在弹出的插入表格对话框中设置表格参数，如图 3—1—13所示。

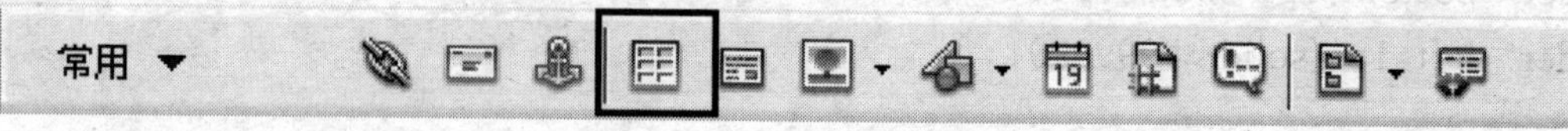

图 3—1—12　插入表格按钮

2. 点击“确定”按钮，将光标定位在已插入的表格一中（为表述方便，按表格插入的先后顺序，依次称为表格一、表格二等），然后继续单击插入表格按钮，插入表格二，表格参数设置如图 3—1—14 所示。

3. 在表格二的第一行中，插入表格三，表格参数设置如图 3—1—15 所示。并在属性面板中修改“对齐方式”为“居中对齐”，如图 3—1—16 所示。

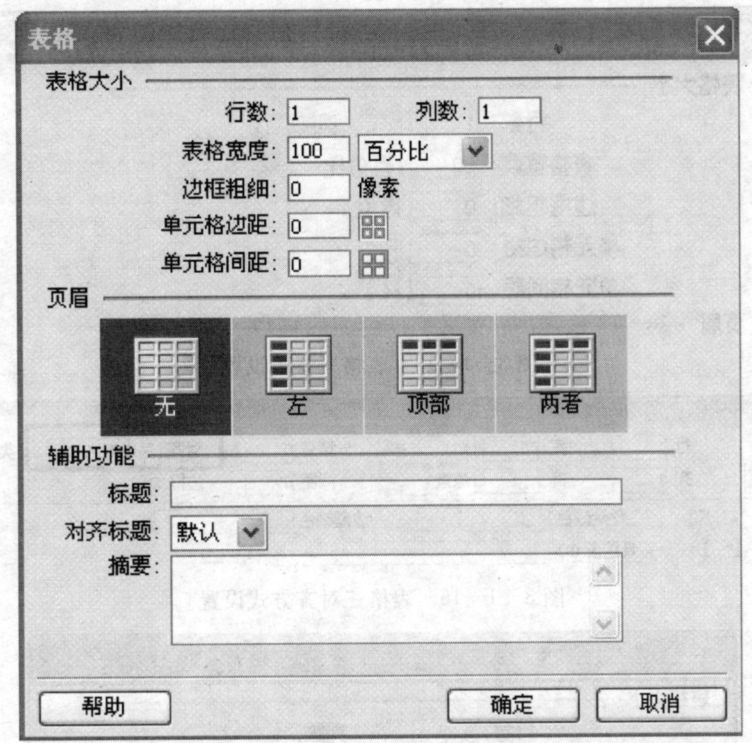

图 3—1—13　表格一参数设置

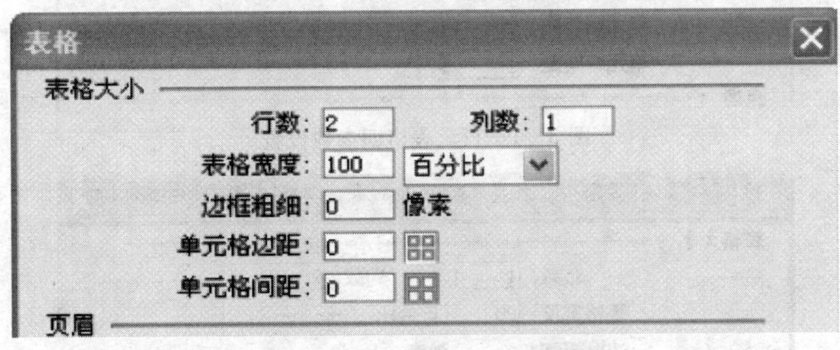

图 3—1—14　表格二参数设置

4. 在表格二的第二行中，同理插入表格四，参数设置如图 3—1—17 所示。

5. 将光标定位在表格二后，插入表格五，参数设置如图 3—1—18 所示。并修改表格“对齐方式”为“居中对齐”。

6. 完成后的表格布局效果如图 3—1—19 所示。

7. 向布局表格中依次添加内容。在表格二第一行中输入文字“请用户仔细阅读注册条约”。选中文字后在属性面板中修改颜色为 red，修改“水平对齐方式”为“居中对齐”，如图 3—1—20 所示。

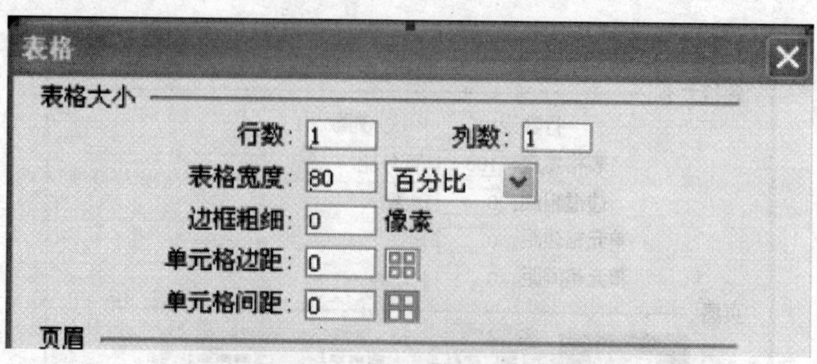

图 3—1—15　表格三参数设置

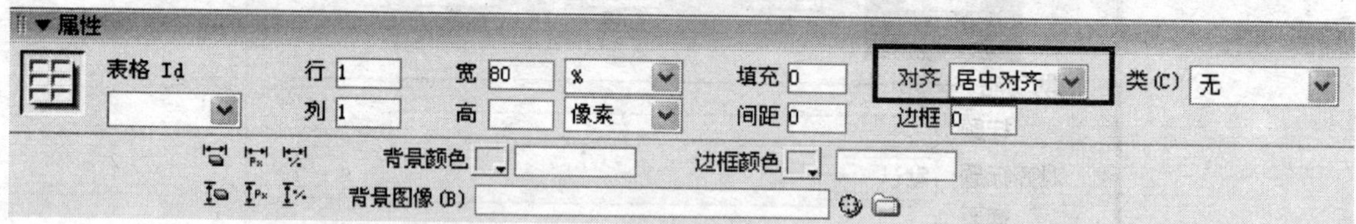

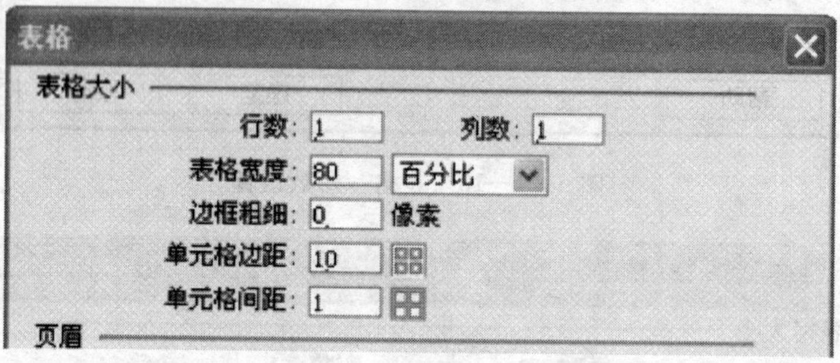

图 3—1—17　表格四参数设置

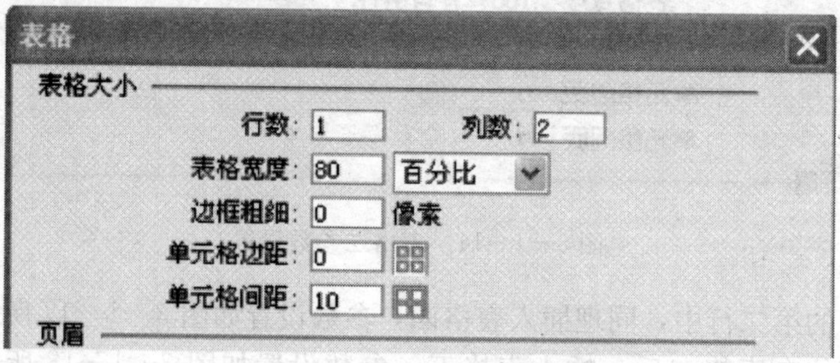

图 3—1—18　表格五参数设置

图 3—1—19　布局效果图

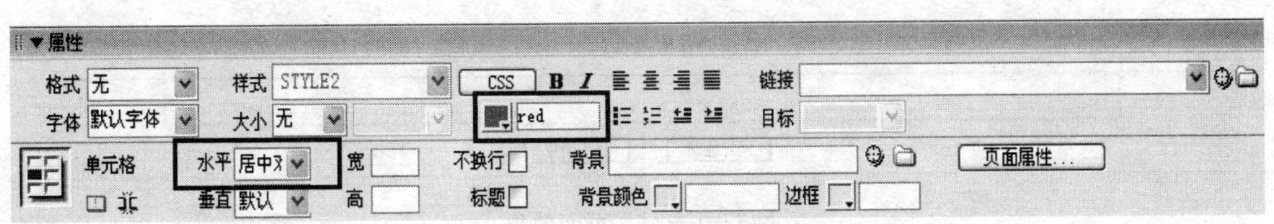

图 3—1—20　文字属性设置

8. 在表格五第一行中插入表单。具体做法为在插入工具栏中选择“表单”类别，这时插入工具栏变为如图 3—1—21 所示的各表单选项。点击第一个表单按钮，这时在单元格中出现表单的红色标志，此红色标志的范围代表表单的作用范围。这一点对初学者很重要，所有与表单有关的处理对象、标志等必须放在此标志范围之内。因此，在插入其他表单对象之前应首先插入表单红色标志。

图 3—1—21　“表单”类别下的按钮

9. 在表单的红色标志内单击左键，点击插入表单按钮，选中按钮后在其属性面板中修改标签为“同意注册”，如图 3—1—22 所示。再在表单内单击左键，在出现的单元格属性面板中修改“水平对齐方式”为“右对齐”，如图 3—1—23 所示。

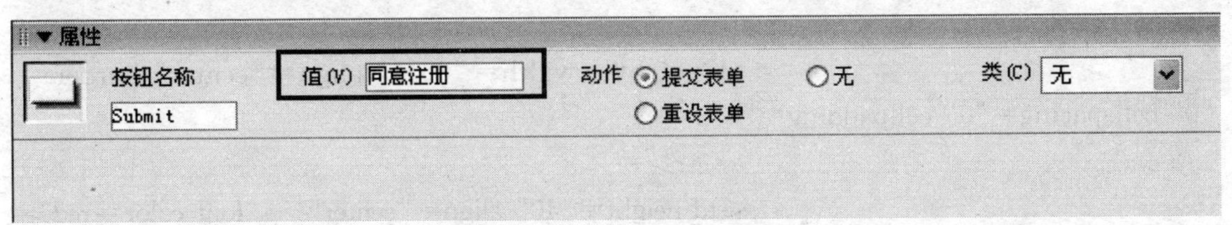

图 3—1—22　按钮属性设置

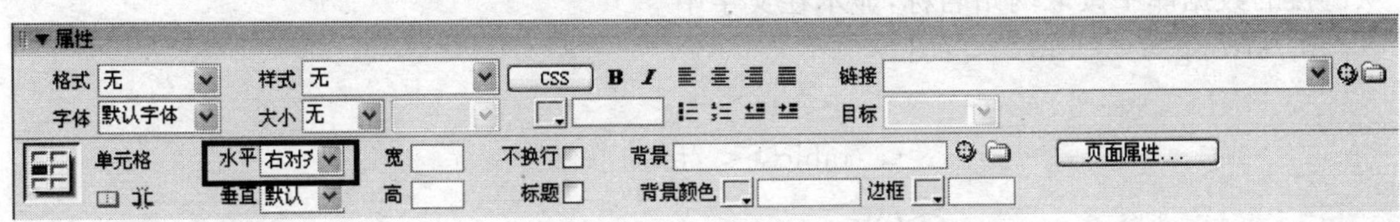

图 3—1—23　单元格属性设置

10. 同理在表格五第二行中点击按钮插入表单，并在表单中点击按钮插入表单按钮，修改按钮的标签为“我不同意”，设置所在单元格的“水平对齐方式”为“左对齐”。此时的页面效果如图 3—1—24 所示。

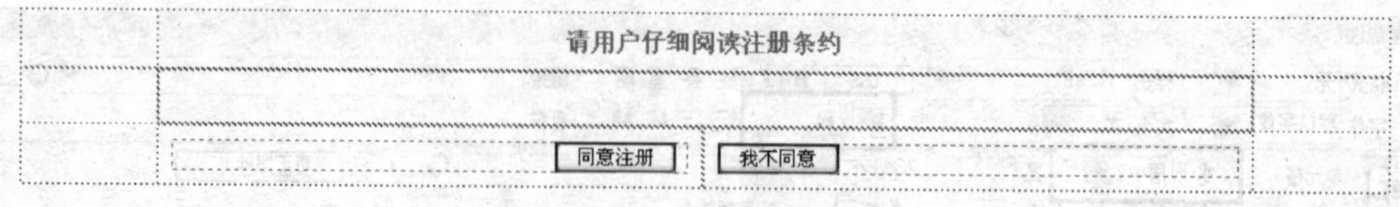

图 3—1—24　页面效果

11. 在完成以上操作之后，需要切换到代码视图，为有关对象添加动态代码以实现功能，同时应用 CSS 样式美化所设计的页面。相关代码如下，需添加和修改的部分以下划线标出。

```
<%select case action
case ""%>
            <table width="930" align="center" border="0"
cellspacing="0" cellpadding="0" >
              <tr>
                <td height="22" bgcolor="#FFFFFF"
bordercolor="#FFFFFF"><table width="100%" border="0" cellspacing="0"
cellpadding="0" align="center">
                  <tr>
                    <td valign="top"><table width="100%" border="0" align
="center" cellpadding="0" cellspacing="0">
                      <tr>
                        <td><table width="80%" align="center" border=
"0" cellspacing="0" cellpadding="0">
                          <tr>
                            <td height="40" align="center"><font color=red>
<strong>请用户仔细阅读<%=webname%>注册条约
'从链接的数据库中读取网站名称，显示在文字中
    </strong></font></td>
                          </tr>
                        </table></td>
                      </tr>
                      <tr>
                        <td><table width="80%" border="0" align="cen-
ter" cellpadding="10" cellspacing="1" bgcolor="#CCCCCC">
                          <tr bgcolor="#ffffff">
                            <td><%call tiaoyue()%>
```

```
'调用 tiaoyue()函数,从链接的数据库中读取条约内容,显示在表格四中
                    </td>
                  </tr>
                </table></td>
              </tr>
            </table>
                <table name=agree border="0" cellpadding="10" cell-
spacing="0" align=center width="80%">
                  <tr align=center>
                    <td width="50%" align="right"><FORM name=
register method=post action=reg.asp? action=yes>
'点击该表单的按钮即"同意注册"后,指定 reg.asp 为处理该表单的动态页,同时向该页
面传递 action 的值为 yes
                    <INPUT class="go-wenbenkuang"
type=submit value="同意注册" name=Submit>
'指定 class 属性应用 CSS 样式
                    </FORM></td>
                    <td width="50%" align="left"><FORM action=
index.asp method=post>
'点击该表单的按钮即"我不同意"后,页面直接跳转到网站首页
                        <INPUT class=go-wenbenkuang type=submit
value="我不同意">
'指定 class 属性应用 CSS 样式
                    </FORM></td>
                  </tr>
                </table></td>
              </tr>
            </table></td>
          </tr>
        </table>
```

为了让用户在注册成为会员前对“花样年华网上鲜花超市”网站的相关规定有更好的了解，可在条约阅读页面中设置倒计时功能。这样限定用户必须在一定的时间后，即阅读了条约才能点击“同意注册”按钮进入下一个注册流程。

倒计时程序包含在 script 块中，可以放在页面的任何地方（BODY 或 HEAD 部分之中）。大多数 script 代码在 sub 或 function 过程中，仅在其他代码要调用它时执行，但此处将代码放在过程之外但在 script 块之中，因为使用<script>包含的直接脚本会立即执行，

无论在 asp 的任何位置。这样代码会在 web 页面加载时执行一次，且在页面被加载的开始最先被执行，起到在加载 web 页面时初始化数据或动态地改变页面外观的作用。

```
<SCRIPT>
  secs = 60;      //定义 sec 变量的值为 60
  wait = secs * 100;  //定义 wait 变量的值为 6000
  document. forms. register. Submit. disabled =true;
  //  register 表单中 submint 按钮初始状态为不可用,不可点击
  for(i=1;i<=(wait/100);i++){
    window. setTimeout("doUpdate("+ i +")",i * 100);
  //每隔指定的时间执行一次 doUpdate()函数
  }
  window. setTimeout("Timer()",wait);
  //页面载入后,延迟指定的时间(wait 的值)执行一次 timer()函数

  //----- doUpdate()函数判断倒计时结束时,按钮内容显示为“同意注册”,否则显示
为“同意前请先阅读”,以及剩余时间
  function doUpdate(num){
    if(num ==(wait/100)){
      document. forms. register. Submit. value = "同意注册";
    } else {
      wut =(wait/100)- num;
       document. forms. register. Submit. value = "同意前请先阅读(" + wut
+ ")";
    }
  }

  //---- Timer()函数修改 disabled 属性值为 false,使 submit 按钮可用可点击
  function Timer(){
    document. forms. register. Submit. disabled =false;
  }
    </SCRIPT>
```

四、注册表单页面的设计

当用户阅读了注册条约，点击“同意注册”按钮后，即会进入该页面，同时传递 action 变量的值为 yes。对应于代码，会执行 case "yes" 后面的语句块，浏览器上会显示出注册表单等内容。

1. 在 Dreamweaver 中切换到设计视图，在插入工具栏中选择“常用”类别下的插入表格按钮 插入布局表格一（为表述方便，按表格插入的先后顺序，依次称为表格一、表格二等，以此类推），在弹出的插入表格窗口中设置表格参数，如图 3—1—25 所示。

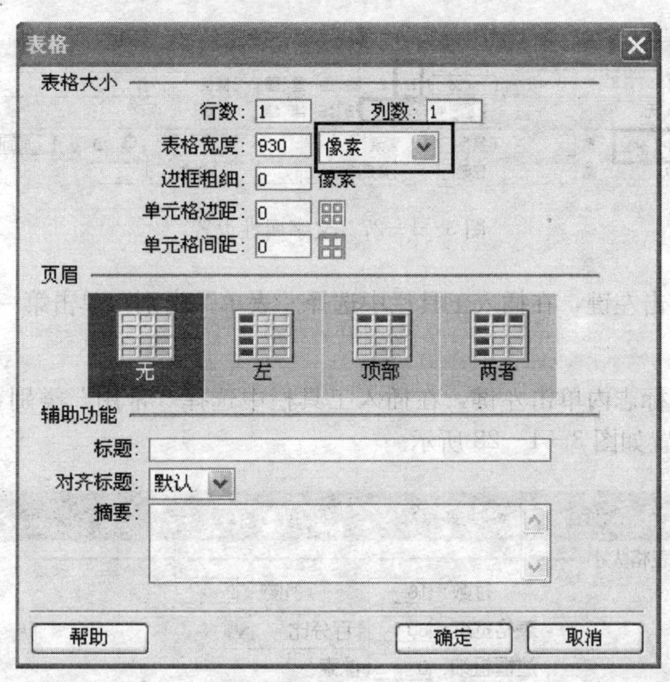

图 3—1—25　表格一参数设置

2. 选中该表格，修改其属性面板中的对齐方式为“居中对齐”。

3. 在表格一内单击左键，继续点击插入表格按钮 ，插入布局表格二，表格参数设置如图 3—1—26 所示。

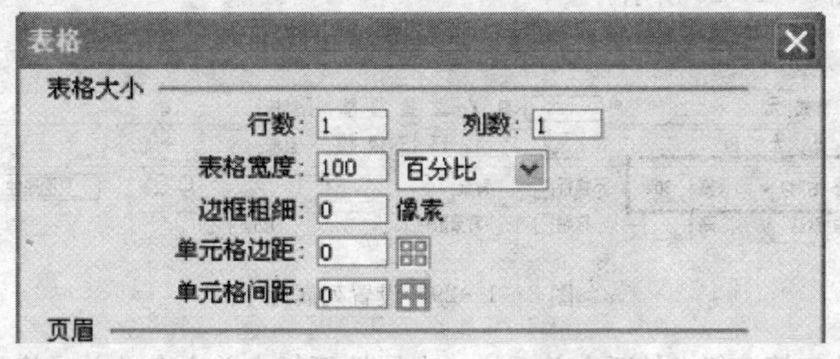

图 3—1—26　表格二参数设置

4. 将光标定位在表格二中，输入两行文字“请您务必详细填写您的信息，并核对无误，国内用户请留下您的真实中文姓名。”“未经您的允许，您的个人信息对外保密（带 ＊＊号为必填项)”。然后选中所有文字，在下方出现的属性面板中加粗文字，修改文字颜色为＃ff3300，对齐方式为“居中对齐”，如图 3—1—27 所示。

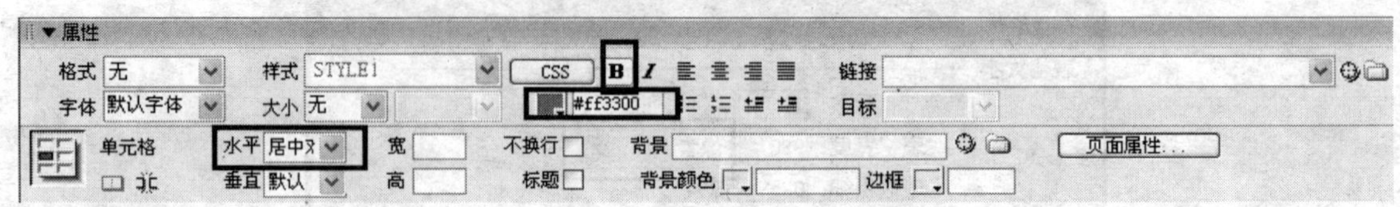

图 3—1—27　文字属性设置

5. 在文字后单击左键，在插入工具栏中选择“表单”类别，单击第一个表单按钮 插入表单。

6. 在表单红色标志内单击左键，在插入工具栏中选择“常用”类别，单击表格按钮插入表格三，参数设置如图 3—1—28 所示。

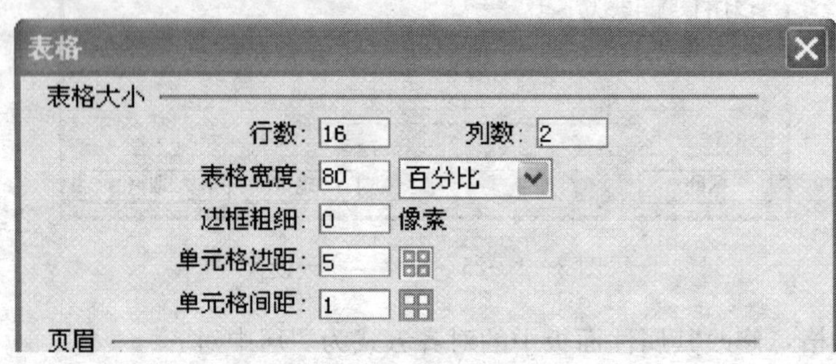

图 3—1—28　表格三参数设置

7. 选中表格三第一列的所有单元格，在属性面板中设置水平对齐属性为“右对齐”，列宽为 30%，如图 3—1—29 所示。

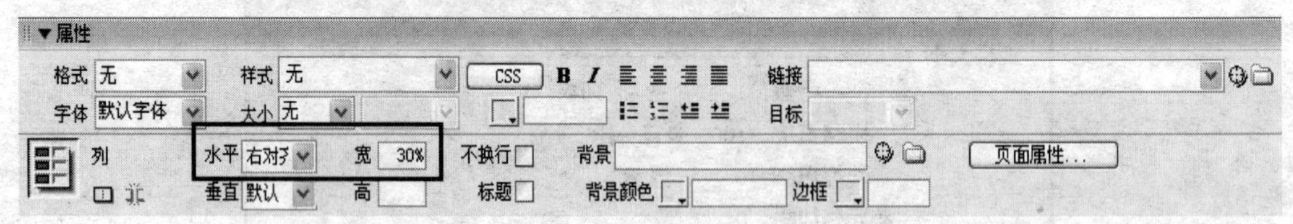

图 3—1—29　设置列属性

8. 选中表格三第一行中的两个单元格，在属性面板中单击合并单元格按钮合并两个单元格，并修改行背景色为＃f1f1f1，如图 3—1—30 所示。然后在行内输入内容“＞＞ 用户名和密码”，对齐方式为“左对齐”，修改文字颜色为＃FF3300。

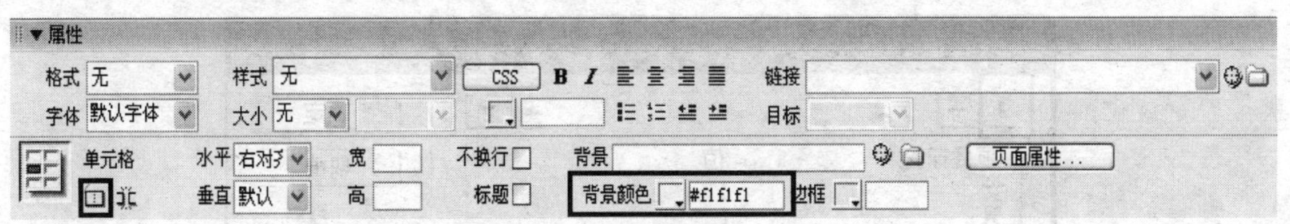

图 3—1—30　单元格合并及属性设置

9. 在表格第二行第一列中输入“用户名”，第二列中利用插入工具栏中“表单”类别下的 按钮插入文本框，并在其后输入提示性内容“＊＊ 支持中文，不支持特殊符号如：＊%#！-&%$”。选中文本框，在下方出现的属性面板中修改文本框名称为 username 以便标志后获取数据，修改最多字符数为 18，具体如图 3—1—31 所示。

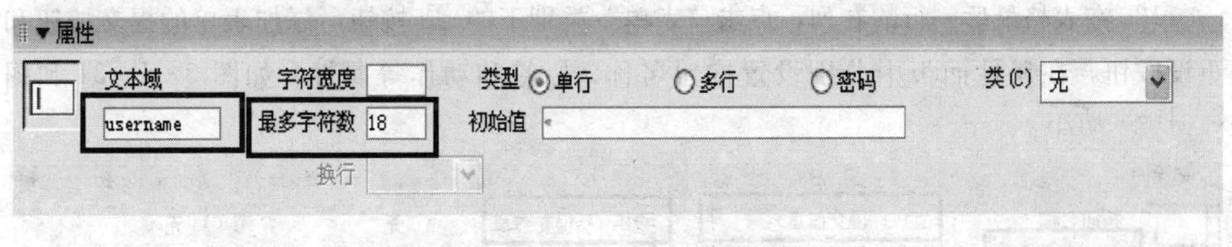

图 3—1—31　用户名文本框属性设置

10. 在表格第三行第一列中输入“密码”，第二列中利用插入工具栏中“表单”类别下的 按钮插入文本框，并在其后输入提示性内容“＊＊ 6－20 位，不支持特殊符号如：＊%#！-&%$”。选中文本框，在下方出现的属性面板中修改文本框名称为 userpassword，最多字符数为 18，同时选择文本框类型为“密码”以使得用户在该文本框输入的内容会以＊代替。具体如图 3—1—32 所示。

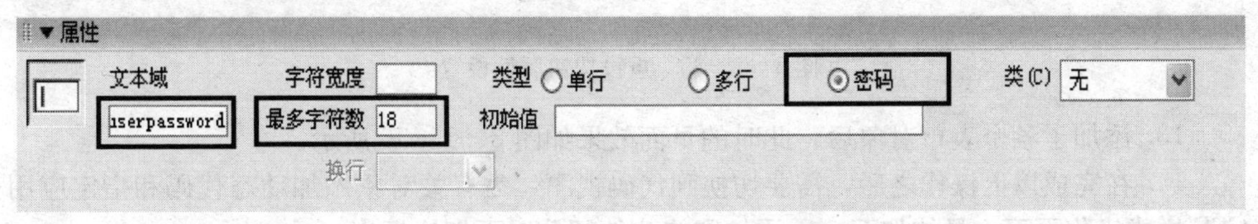

图 3—1—32　密码文本框属性设置

11. 以下同理，利用插入工具栏中的“表单”类别，通过点击相应图形按钮，给表单添加确认密码、电子邮箱、问题提示、正确答案、真实姓名、身份证号、性别、用户性质、收货地址、邮编、联系电话等内容。选择添加到表单中的对象，通过使用属性面板可以设置相应的属性。

其中在“性别”标签的右列，点击“表单”类别下的 按钮插入下拉菜单，修改该下拉菜单的名称为 sex，并在其属性面板中点击 列表值... 按钮添加列表值，如图 3—1—33 所示。单击加号，在下方出现的框中填写内容以添加列表值。

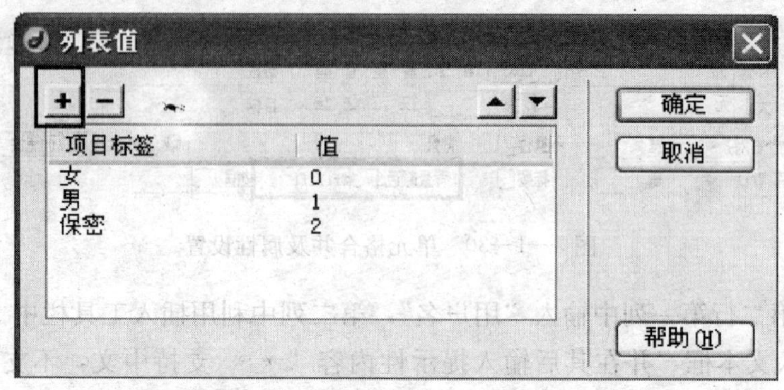

图 3—1—33　下拉菜单列表值添加窗口

12. 在表格最后一行的右列，点击“表单”类别下的按钮，添加表单的提交按钮和重设按钮。在属性面板中分别设置按钮名称、标签和动作等属性。如图 3—1—34 和图 3—1—35所示。

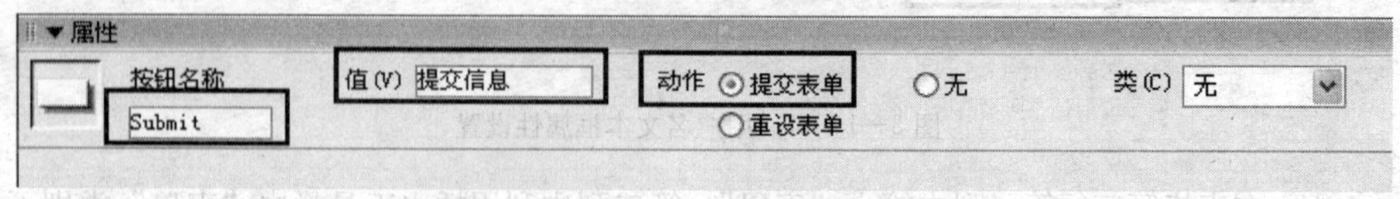

图 3—1—34　提交按钮属性设置

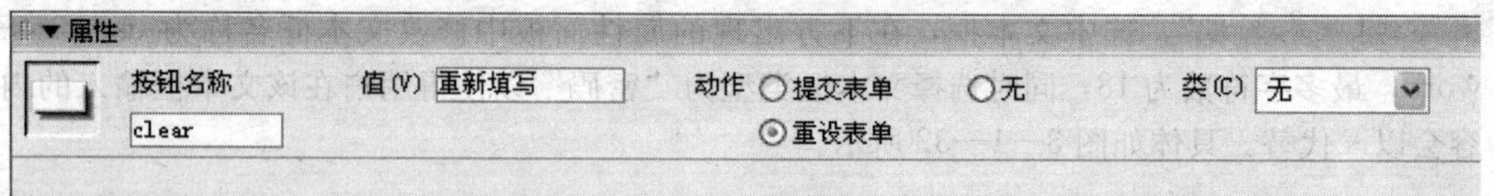

图 3—1—35　重设按钮属性设置

13. 添加了各个表单对象后，此时的页面效果如图 3—1—36 所示。

14. 在完成以上操作之后，需要切换到代码视图，为有关对象添加动态代码和指定应用CSS 样式优化页面。具体如下，需添加和修改的部分以下划线标出。

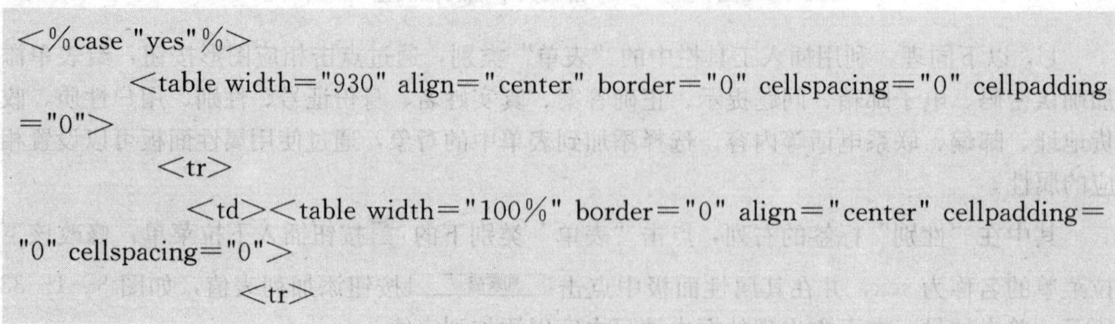

```
<%case "yes"%>
    <table width="930" align="center" border="0" cellspacing="0" cellpadding
="0">
      <tr>
        <td><table width="100%" border="0" align="center" cellpadding=
"0" cellspacing="0">
            <tr>
```

请您务必详细填写您的信息，并核对无误，国内用户请留下您的真实中文姓名。
未经您的允许，您的个人信息对外保密。（带 ** 号为必填项）

>> 用户名和密码	
用 户 名：	** 支持中文，不支持特殊符号如:*%#!-&%$
密　　码：	** 6-20位，不支持特殊符号如:*%#!-&%$
确认密码：	**
电子邮箱：	**
问题提示：	** 找回密码的提示问题
正确答案：	** 找回密码的答案
>> 用户详细资料	
您的真实姓名：	** 以便发货确认
您的身份证号：	
性　　别：	女
用户性质：	个人用户　企业用户
收货(通讯)地址：	**
邮　　编：	**
联系电话：	**
	提交信息　重新填写

图 3—1—36　注册表单设计效果

```
<td align="center"><p><font color="#FF3300"><b>请您务必详细填写您的信息,并核对无误,国内用户请留下您的真实中文姓名。<br>
未经您的允许,您的个人信息对外保密。(带 <font color=red> * * </font> 号为必填项)</b></font></p>
<form name=userinfo method=post action=reg.asp? action=save>
'指定 reg.asp 为处理该表单的动态页,即点击表单的"提交"按钮后,如用户填写的数据能成功提交,则交由 reg.asp 处理,同时向该页面传递 action 的值为 save
<table width="80%" border="0" cellpadding="5" cellspacing="1" bgcolor="#CCCCCC" align="center">
<tr>
<td height=15 colspan=2 bgcolor="#f1f1f1"><font color="#FF3300">&gt;&gt;用户名和密码</font> </td>
</tr>
<tr bgcolor="#FFFFFF">
<td width=30% align=right>用 户 名:</td>
<td width=70%><input class="wenbenkuang" name="username" type="text" id="username" maxLength="18">
```

```
'指定 class 属性应用 CSS 样式
            <font color=red>* *</font> 支持中文,不支持特殊符号如:*%#!-
&%$</td>
                  </tr>
                  …………
'省略的是表单其余对象的代码,同理也要通过指定 class 属性来应用 CSS 样式
                  <tr bgcolor="#FFFFFF">
                    <td width=30% align=right>您的身份证号:</td>
                    <td ><input class="wenbenkuang" name="sfz" type
="text" id="sfz" maxlength="18" onKeyPress="event.returnValue=IsDigit();">
'限制 sfz 文本框中只能输入数字,即用户无法在框中输入其他字符
                    </td>
                  </tr>
                  …………
'省略的是表单其余对象的代码,同理也要通过指定 class 属性来应用 CSS 样式
                  <tr bgcolor="#FFFFFF">
                    <td width=30% align=right>邮    编:</td>
                    <td><input class="wenbenkuang" name="youbian"
type="text" id="youbian" maxlength="6" size="10" onKeyPress="event.returnValue
=IsDigit();">
'限制邮编文本框中只能输入数字,用户无法在框中输入其他字符
                      <font color=red>* *</font> </td>
                  </tr>
                  <tr bgcolor="#FFFFFF">
                    <td width=30% align=right>联系电话:</td>
                      <td<input class="wenbenkuang" name="usertel"
maxlength="18" type="text" id="usertel">
                      <font color=red>* *</font> </td>
                  </tr>
```

15. 对于在 Dreamweaver 中已设计好的注册表单，还要添加送货方式和支付方式两项。其对应的表单对象均是下拉菜单，以供用户选择。如图 3—1—37 所示。

但其下拉菜单的列表值不是从属性面板中添加，而是从数据库中读取并显示的。这是考虑到随着商务网站的发展，可实现的送货方式和支付方式会更加丰富，此时只要在后台数据

图 3—1—37　送货方式和支付方式显示效果

库中添加相应记录，前台页面就可以自动实现数据更新。具体代码如下：

```
<%
'////////////以下是送货方式的代码
response.Write "<tr bgcolor=#FFFFFF><td width=30% align=right>送货方式：</td><td><select class=wenbenkuang name=songhuofangshi id=songhuofangshi>"
set rs2=server.CreateObject("adodb.recordset")
rs2.open "select * from shop_songhuo where fangshi=0 order by songidorder",conn,1,1
do while not rs2.EOF
response.Write"<option value="&rs2("songid")&">"&trim(rs2("subject"))&"</option>"
rs2.MoveNext
loop
rs2.Close
response.Write "</select><font color=red>**</font></td></tr>"
'////////////以下是支付方式的代码
response.Write "<tr bgcolor=#FFFFFF><td width=30% align=right>支付方式：</td><td ><select class=wenbenkuang name=zhifufangshi id=zhifufangshi>"
rs2.Open "select * from shop_songhuo where fangshi=1 order by songidorder",conn,1,1
do while not rs2.EOF
response.Write"<option value="&rs2("songid")&">"&trim(rs2("subject"))&"</option>"
rs2.MoveNext
loop
rs2.Close
set rs2=nothing
response.Write "</select><font color=red>**</font></td></tr>"
%>
```

16. 为表单按钮添加脚本代码，并指定其 class 属性应用 CSS 样式

```
<tr bgcolor="#FFFFFF">
    <td width=20% align="right"></td>
    <td><input class="go-wenbenkuang" onClick="return checkuserinfo();" type=submit name="submit" value=" 提交信息 ">
```

```
'点击"提交信息"按钮时调用 checkuserinfo()函数进行数据有效性检查
                        <input class="go-wenbenkuang" onClick="Clear-
Reset()" type=reset name="Clear" value=" 重新填写 ">
'点击"重新填写"按钮时调用ClearReset()函数清空所填数据,显示各表单对象的初始值
                    </td>
                  </tr>
                </table>
              </form></td>
          </tr>
        </table></td>
      </tr>
    </table>
```

五、页面头和页面脚的设计

1. 网站页面头文件 webtop. asp 的设计

(1) 在 Dreamweaver 中利用菜单【文件】→【新建】新建一动态页,保存为 webtop. asp。切换到代码视图,在网页代码的最顶端加上"<! --#include file=" conn. asp" -->",以便网站前台的页面均能建立到数据库的链接。conn. asp 为数据库链接文件,具体链接方法将在任务四中予以介绍。

(2) 在设计视图中,打开 CSS 样式面板,点击下方的"附加样式表"按钮,链接外部样式表为 CSS/index _ main. css。

(3) 点击插入工具栏"常用"类别下的按钮插入表格,参数设置如图 3—1—38 所示。

(4) 选定表格,在属性面板中修改对齐方式为"居中对齐"。

(5) 选择表格左边一列上面三行,利用属性面板合并单元格或单击右键在弹出菜单中选择【表格—合并单元格】,如图 3—1—39 所示。

(6) 选定合并后的单元格,单击右键,在弹出的菜单中选择【CSS 样式】→【index _ logo】为单元格添加样式,如图 3—1—40 所示。然后点击插入工具栏"常用"类别下的按钮,在该单元格中插入网站 Logo 图像 logo. gif,如图 3—1—41 所示,并在随后弹出的【图像标签辅助功能属性】对话框中设置"替换文本"为"logo",如图3—1—42所示。

(7) 选定右边一列第一行,在下方出现的属性面板中修改"水平"对齐方式为"右对齐",如图 3—1—43 所示。再使用上述方法同理为其添加 CSS 样式"font _ 12 _ b _ red",然后插入内容"24 小时全国服务专线:400-800-0001;在线 QQ:7924132"。选择文字"在线 QQ:7924132",在属性面板中添加链接为"http://wpa. qq. com/msgrd? V=1&Uin=7924132&Site=www. yuhuayuan. com&Menu=yes",如图 3—1—44 所示。

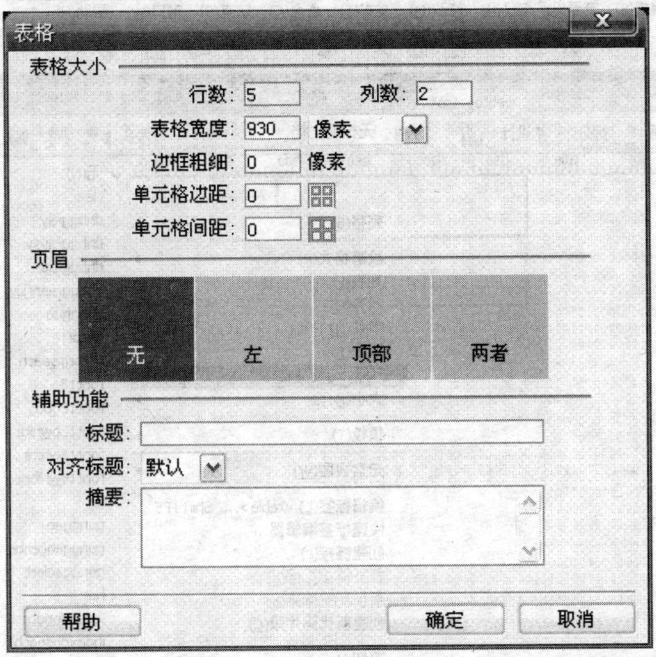

表格

表格大小

行数：5　列数：2

表格宽度：930　像素

边框粗细：0　像素

单元格边距：0

单元格间距：0

页眉

无　左　顶部　两者

辅助功能

标题：

对齐标题：默认

摘要：

帮助　确定　取消

图 3—1—38　插入表格参数设置

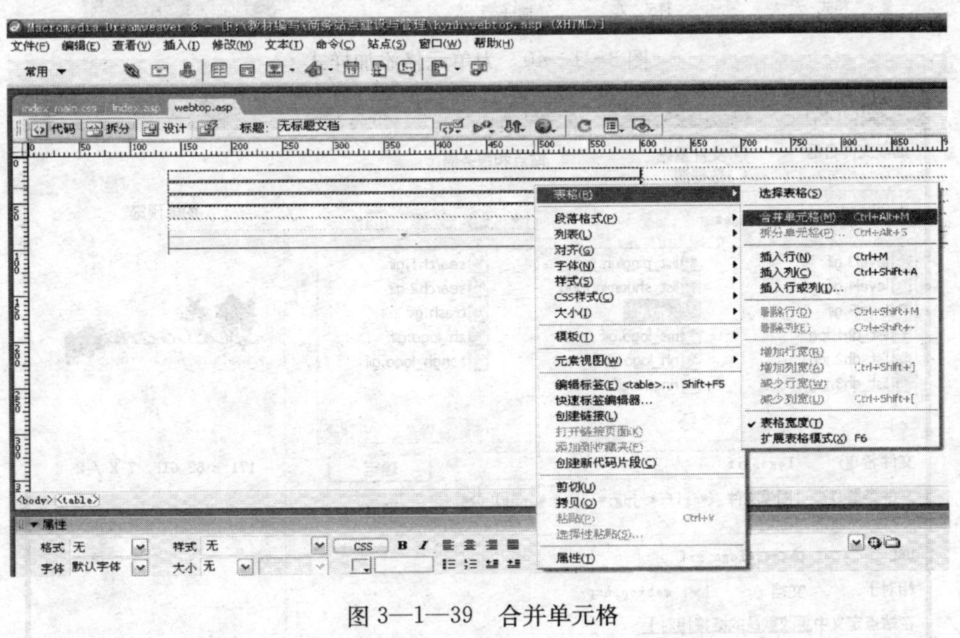

图 3—1—39　合并单元格

图 3—1—40　为单元格添加样式

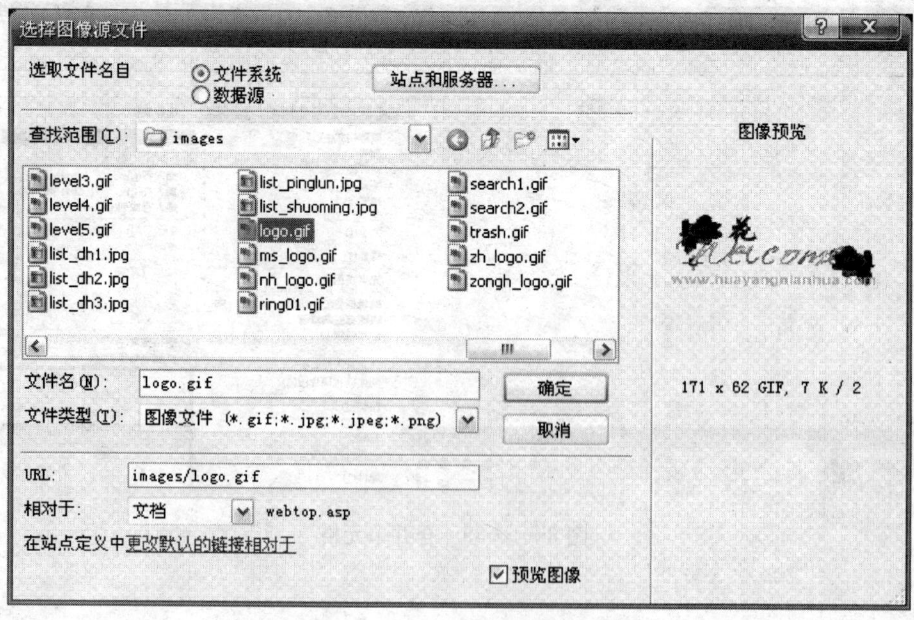

图 3—1—41　插入网站 Logo

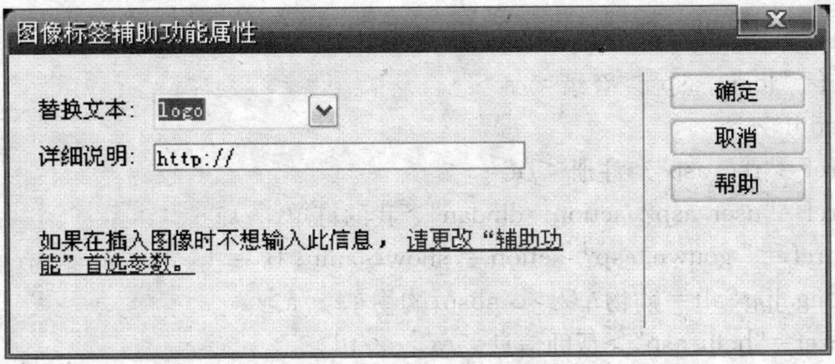

图 3—1—42　设置图像替换文本

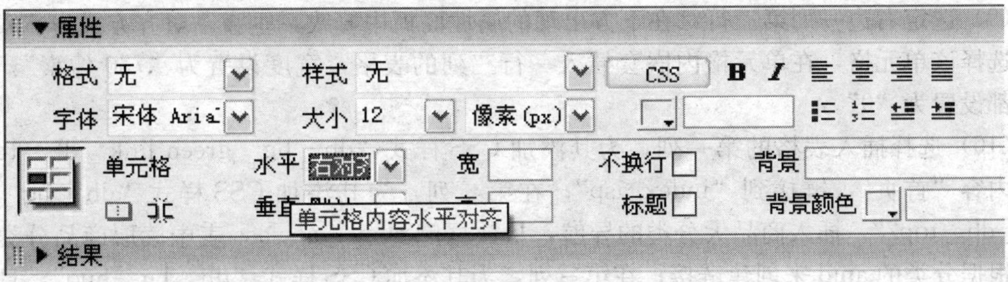

图 3—1—43　设置单元格属性

图 3—1—44　为文本添加超链接

（8）选定右边一列第二行，修改“水平”对齐方式为“右对齐”，为其添加 CSS 样式“link _ dh _ top3”，然后插入内容“登录/注销、注册、我的订单、购物车和帮助信息”，并依次为它们添加超链接。其中“登录/注销”的超链接比较特殊，它要对用户是否登录进行判断，如果用户没有登录，就显示“登录”；如果用户已经登录过就显示“注销”，具体代码如下：

```
<tr>
<td align="right" class="link_dh_top3"><%if session("login")=true then %>
<a href="logout.asp">注销</a>
```

```
<% else %>
<a href="login. asp">登录</a>
<% end if %>
|<a href="reg. asp">注册</a>
|<a href="user. asp? action=dindan">我的订单</a>
|<a href="gouwu. asp? action=show&amp; lx=1"><img src='images/guowuchekong. jpg' alt='购物车'/> 购物车</a>
| <a href="help. asp">帮助信息</a></td>
</tr>
```

(9) 选定右边一列第三行，在下方出现的属性面板中修改“垂直”对齐方式为“底部”。然后选择该单元格，在单元格内嵌套插入一行三列的表格，宽度设置为“730 像素”，其他选项都设置为“0”。

(10) 选择插入表格的第一列，为其添加 CSS 样式“dh _ bg _ green link _ dh - top1”，输入内容“首页”，链接到“index. asp”；在第二列，为其添加 CSS 样式“dh _ bg _ gray link _ dh _ top2”，插入商品大分类的导航，从数据库 shop _ anclass 表中读取商品分类，然后再根据分类的 anid 来创建链接；在第三列，为其添加 CSS 样式“dh _ bg _ huo”，具体代码如下：

```
<td valign="bottom">
<table width="730" border="0" cellspacing="0" cellpadding="0">
  <tr>
  <td class="dh_bg_green link_dh—top1"><a href="index. asp">首页</a></td>
  <td class="dh_bg_gray link_dh_top2">
<% set rs=server. CreateObject("adodb. recordset")
    rs. open "select anclass,anclassid from shop_anclass order by anclassidorder",conn,1,1
    do while not rs. eof
    response. write "<A href=class. asp? lx=big&anid="&rs("anclassid")&">"&trim(rs("anclass"))&"</A>  "
    rs. movenext
    loop
    rs. close
    set rs=nothing
    %></td>
```

```
    <td class="dh_bg_huo"></td>
    </tr>
  </table></td>
```

上述代码所涉及的数据库链接和数据读取部分在以后任务里再具体介绍。

(11) 合并表格第四行的两列，在合并后的单元格内插入一行三列的表格，宽度设置为"930 像素"，其他选项都设置为"0"。选择插入表格的第一列，为其添加 CSS 样式"index _ dh _ seach _ left"，插入图片"bg _ dh _ seach _ left. jpg"；在第二列，为其添加 CSS 样式"index _ dh _ seach _ center"，并再次在单元格内嵌套插入一行两列的表格，宽度设置为"918 像素"，其他选项都设置为"0"。嵌套表格左边一列单元格为其添加 CSS 样式"dh _ form _ seach font _ 14 _ white"，然后插入查询表单，右边一列单元格为其添加 CSS 样式"seach _ but font _ 12 _ white"，然后插入热门搜索；在第三列，为其添加 CSS 样式"index _ dh _ seach _ right"，插入图片"images/bg _ dh _ seach _ right. jpg"，具体代码如下：

```
<tr>
<td colspan="2">
<table width="930" border="0" cellspacing="0" cellpadding="0" class="index_dh_
seach">
<tr>
<td class="index_dh_seach_left"><img src="images/bg_dh_seach_left. jpg" alt="查
询"/></td>
<td class="index_dh_seach_center"><table width="918" border="0" cellspacing=
"0" cellpadding="0">
<tr>
'------显示搜索分类
<td class="dh_form_seach font_14_white"><form name="form2" method="post" ac-
tion="research. asp">选择分类
<%set rs=server. CreateObject("adodb. recordset")
rs. open "select * from shop_anclass order by anclassidorder",conn,1,1
   %>
<select class=wenbenkuang name="anclassid">
<option value="0">所有分类</option>
<%do while not rs. eof%>
<option value="<%=rs("anclassid")%>">
<% if len(trim(rs("anclass")))>10 then
response. write left(trim(rs("anclass")),10)&""
```

```
else
response. write trim(rs("anclass"))
end if %>
</option>
<%rs. movenext
loop
rs. close
set rs=nothing%>
</select>
'------显示关键词查询
    <input name="submit" type="image" src="images/search1. gif"  align="absmiddle" width="56" height="19" border="0">选择关键字
<input  class=wenbenkuang name="searchkey" style="FONT—SIZE: 9pt; BACKGROUND—COLOR: #ffffff" type="text" size=15>
<a href="search. asp"><img src="images/search2. gif"  width="52"  height="20" border="0" ></a>
</form></td>
'------显示热门搜索
<td class="seach_but font_12_white"><span class="font_12_b_white">热门搜索:</span>
<span class="link_dh_top4"><a href="class. asp? lx=small&amp; anid=79&amp; nid=668">爱情鲜花</a></span>
<span class="link_dh_top4"><a href="class. asp? lx=small&amp; anid=79&amp; nid=669">生日送花</a></span>
<span class="link_dh_top4"><a href="class. asp? lx=small&amp; anid=80&amp; nid=680">玫瑰</a></span>
<span class="link_dh_top4"><a href="class. asp? lx=big&amp; anid=84">蛋糕</a></span>
<span class="link_dh_top4"><a href="class. asp? lx=small&amp; anid=80&amp; nid=681">百合</a></span>
<span class="link_dh_top4"><a href="class. asp? lx=small&amp; anid=79&amp; nid=673">开业花篮</a></span>  </td>
</tr>
</table></td>
<td class="index_dh_seach_right"><img src="images/bg_dh_seach_right. jpg" alt=""/></td>
```

```
</tr>
</table>
</td>
</tr>
```

(12) 合并表格第五行的两列，在合并的单元格内插入一行三列的表格，宽度设置为"930像素"，其他选项都设置为"0"。选择插入表格的第一列，为其添加CSS样式"gonggao _ left"，插入图片"gonggao _ left. jpg"；在第二列，为其添加CSS样式"gonggao _ center font _ 12"，插入滚动字幕"鲜花、选花、订花、送花，尽在鲜花网！提供7×24小时服务！"；在第三列，为其添加CSS样式"gonggao _ left"，插入图片"gonggao _ right. jpg"。具体代码如下：

```
<tr>
    <td colspan="2" class="gonggao"><table width="930" border="0" cellspacing
="0" cellpadding="0">
      <tr>
    <td class="gonggao_left"><img src="images/gonggao_left. jpg" alt=""/></
td>
    <td class="gonggao_center font_12" style="white - space: nowrap;"><img src
="images/idot_1. gif" width="16" height="12"/> <marquee direction="left"
behavior="scroll" scrollamount="3">鲜花、选花、订花、送花，尽在鲜花网!!  
  提供 7×24 小时服务! </marquee></td>
    '单元格第二列显示滚动字幕
    <td class="gonggao_left"><img src="images/gonggao_right. jpg" alt=""/></
td>
      </tr>
    </table>
    </td>
      </tr>
```

制作完成后的网站头部网页webtop. asp如上文中的图3—1—5所示。

2. 网站页面脚文件webbottom. asp的设计

(1) 在Dreamweaver中利用菜单【文件】→【新建】新建一动态页，保存为webbottom. asp。打开CSS样式面板，点击下方"附加样式表"按钮，链接外部样式表为CSS/index _ main. css。

(2) 点击插入工具栏"常用"类别下的按钮，插入一行一列的表格，宽度设置为

"930 像素"，其他选项都设置为"0"。

（3）选定表格，在属性面板中修改对齐方式为"居中对齐"。

（4）选定单元格，为其添加 CSS 样式"font _ 12 _ white"，然后分段落输入内容"客服电话（7×24）：400 - 733 - 0056 | 在线 QQ：7924132；点击在线咨询 ""copyright@鲜花网 2009 - 2012，All Rights Reserved""公司地址：芜湖市弋江区纬六路 邮编：241003"。

制作完成后的网站底部网页 webbottom. asp 如图 3—1—6 所示。

思考与练习

一、根据所学，试以网上书店系统为例，设计出读者注册界面。注意合理设置表单字段以有效收集读者信息。

二、设计网上书店的页面结构，并制作出页面头、页面脚文件。

任务二　用户填写信息的验证

教学目标

- 掌握 JavaScript 的基本语法
- 掌握 JavaScript 的常用浏览器对象的使用
- 学会用 JavaScript 编写表单验证程序

任务引入

在前面的任务中已经实现了用户基本资料的注册功能，但同时在用户注册时应该保证用户的数据被准确地提交到预定的页面，也就是说，在注册表单提交的时候，应该对用户的数据进行检验，一来可以避免用户误输数据，二来可以避免用户输入非法的或不合格的数据，即常说的数据有效性验证，试完成用户填写信息的验证功能。

任务分析

数据有效性验证原理就是当用户输入的数据不符合设定时，自动弹出报错窗口，要求用户重新输入。数据有效性验证通常有两种解决方案：客户端检验和服务器端检验。

1. 客户端检验

在客户端进行数据有效性验证需要使用客户端的脚本语言进行编程，通常有 VBScript，JavaScript 和 JScript。考虑到 VBScript 和 JScript 只有 IE 浏览器支持，如果希望其他浏览器也能支持客户端脚本，一般选用 JavaScript。通过 JavaScript 定义函数来验证数据，验证过程比较快。

2. 服务器端检验

服务器端检验相对来说比较慢，但为了确保系统安全，服务器端的有效性验证一般是必需的。但是，在客户端进行有效性验证可以在将数据提交给服务器之前就排除很多输入错误，从而减少网络流量，减轻服务器的负担。将两者结合使用就可以避免少数不合法用户的恶意破坏。

在注册成为“花样年华网上鲜花超市”网站会员时，如果用户名、密码、e－mail 地址、问题提示、问题提示答案、真实姓名、收货地址、邮编、联系电话、送货方式、支付方式等输入不正确，则会出现相应的警告对话框。

 相关知识

脚本指能够完成某些特定功能的小程序段。脚本语言则是用来编写脚本的语言。可以使用任何脚本语言来编写 ASP 程序中的脚本部分，目前比较流行的脚本语言为 JavaScript 和 VBScript。两者均可以编写客户端脚本，也可以编写服务器端脚本。客户端脚本由浏览器处理，服务器端脚本在 web 服务器上执行。但为了使包含脚本的网页能兼容各种用户浏览器，一般选择 JavaScript 来编写客户端脚本。

以 JavaScript 为例，在网页中插入脚本的方式是把 JavaScript 语句放在<script>…</script>标记之间，并同时使用 language 属性和 type 属性指出脚本的类型，以适应不同的浏览器，语法如下：

```
<script language=" JavaScript" type=" text/javascript" >
<! --
在此编写 JavaScript 代码
//-->
</script>
```

在使用脚本时，也应将脚本程序包括在 html 注释标记符内（<!－－注释－－>），以便不支持脚本的浏览器忽略脚本内容。另外，在使用 JavaScript 时，html 注释标记符的结束标记符之前有两道斜杠，这两道斜杠是 JavaScript 语言中的注释，需紧挨在注释标记符的前面，如果没有，JavaScript 解释器会试图将 html 注释的结束标记作为 JavaScript 来解释，从而有可能导致出错。

一、JavaScript 的变量

变量的主要作用是存取数据、提供存放信息的容器。在 JavaScript 中用 var 加变量名来声明一个变量，当要一次声明多个变量时，只需要在各不同的变量间加上“,”就可以了。

例如：var num

需要注意的是一个变量必须在这个变量被使用以前被声明，一般情况下会在 JavaScript 程序的开头部分声明。变量名是自己拟定的，但为了增加代码的可读性，应该把这个变量要实现什么作为出发点，用相应简单的词汇来命名这个变量。变量是区分大小写的。

在声名变量以后，要实现这个变量的功能应用等号给变量赋值，表达式为 var 变量名＝值。

例如：var num ＝ 20

二、JavaScript 的控制语句

1. 条件语句：if，if …… else ……

if 结构语法如下：if（条件）{
执行语句
}

当程序执行到该结构时，将测试括号内的条件。如果条件为真，大括号内的语句块会被执行，然后继续执行大括号后面的语句；如果条件不为真，则直接执行大括号后面的语句。

if …… else 结构语法如下：

```
if（条件）{
  执行语句 1
} else {
  执行语句 2
}
```

if……else 语句完成了程序流程块中的分支功能。如果其中的条件成立，则程序执行紧接着条件的语句块 1；否则程序执行 else 中的语句块 2。

2. 循环语句：for

for 语句的语法如下：for（初始化部分；条件部分；更新部分）
{
执行部分
}

只要循环的条件成立，循环体就被反复执行。一旦条件不成立，中断循环，转去继续执行循环结构后面的语句。

三、JavaScript 的函数

函数是能实现某种特定功能的程序段。通常在编写复杂的大程序时，把能完成一定功能的代码或在程序中会重复用到的代码编写成一个函数。JavaScript 的函数用 function 来定义，基本写法如下：

```
function 函数名（参数）{
            代码部分
}
```

function 如同一个声明一样，表示这段为函数，在没有调用的情况下不允许浏览器读取。函数名和命名变量的方法一样。参数在使用多个值的时候，需要用逗号在小括号中把几个值分开，如果函数不需要接收参数，小括号内可以为空。代码部分是写入这个函数将实现的功能。

一个函数的名称是唯一的，不可以重复，同时不可以将一个函数放在另一个函数中。函数只有在被调用时，函数体中的语句才被执行。

四、JavaScript 的浏览器对象

JavaScript 是一种基于对象的脚本语言。JavaScript 引用对象可通过三种方式获取：引用 JavaScript 内部对象由浏览器环境中提供和创建新对象。

JavaScript 中的对象由属性和方法两个基本的元素构成。对象的属性是指对象的特征或属性，如将汽车看成是一个对象，汽车的颜色、大小、品牌等即为其属性。在 JavaScript 中通过使用点（.）运算符来引用对象的属性，表达式为对象名．属性名。对象的方法是指对象所进行的操作，就是一个对象自己所属的函数，如发动、刹车、拐弯等即为汽车的方法，使用对象的方法为：对象名．方法名（参数）。

1. 窗口对象（Windows）

Windows 对象处于对象层次的最顶层，代表着一个完整的浏览器窗口，其子对象包括 Iocation 对象、Document 对象、History 对象、Frame 对象、External 对象。

Windows 对象的常用方法见表 3—2—1。

表 3—2—1　　Windows 对象的常用方法

方法	说明
Alert 方法	弹出一个消息框
Confirm 方法	弹出一个确认对话框
Prompt 方法	产生一个输入窗口，允许用户输入数据
Open 方法	用于创建一个新的窗口，并在该窗口中载入指定的网页
Close 方法	用于关闭指定的浏览器窗口
SetTimeout 方法	创建一个定时器
CleanTimeout 方法	结束 timer 指定的定时器

2. 位置对象（Location）

Location 对象提供了与当前打开的 URL 一起工作的方法和属性。

如 window. location. href＝"index. htm"

“.”是属性访问符，通过设置 Iocation 对象的 href 属性，可导航到指定的网页。

3. 历史对象（History）

History 对象提供了与历史清单有关的信息，包含有最近访问过的 10 个网页的 URL 地址。利用该对象的 go 方法，可以实现网页前进或后退到某个已访问过的页面。

如　window. history. go（—1）　等价于在浏览器中点击“后退”按钮，window. history. go（1）　等价于在浏览器中点击“前进”按钮。

4. 文档对象（Document）

Document 对象代表当前网页，其子对象的各种属性均来源于当前网页，各子对象间的层次关系也由网页中的相应关系决定。Document 对象有一个常用的 write 方法，用于向当前网页输出内容。

如：document. write ("<br>")　输出换行标记符

五、JavaScript 的常用事件

事件是浏览器响应用户交互操作的一种机制，是由系统预先设置好的能被对象识别的一种动作。当用户在网页上操作触发了某一事件时，系统就会自动查询该事件是否指定了事件处理函数，若指定了，则调用执行对应的事件处理函数，从而实现对事件的响应；若未指定，则什么也不执行。浏览器为了响应某个事件而进行的处理过程，称为事件处理。

事件不仅可以在用户交互过程中产生，例如单击超链接或按钮时，就产生一个单击（click）操作事件，而且浏览器自己的一些动作也可以产生事件，例如当载入一个页面时，就会发生 load 事件。

事件处理函数的指定方法为：事件句柄＝事件处理函数名（）或语句。

事件句柄是在事件的名称前面加上前缀 on。例如对应 load 事件，事件句柄就是 onload。JavaScript 的常用事件见表 3—2—2。

表 3—2—2　**JavaScript 的常用事件**

onclick	当用户单击某个对象时触发事件
ondbclick	当用户双击某个对象时触发事件
onmouseover	事件会在鼠标指针移动到指定的对象上时发生
onmouseout	事件会在鼠标指针移出指定对象时发生
onmousedown	事件会在鼠标按键被按下时发生
onkeydown	事件会在按下键盘上的某个键时发生
onkeyup	事件会在键盘按键被松开时发生
onblur	事件会在对象失去焦点时发生
onfocus	事件会在对象获得焦点时发生
onchange	事件会在域的内容改变时发生
onload	事件会在页面加载完成后立即发生
onunload	事件在用户退出页面时发生

任务实施

通过应用 JavaScript 脚本语言定义函数来进行客户端数据验证，以检查用户填写的注册信息是否有效，是否符合之前设定的填写要求。

1. 如果表单的用户名为空，则会出现如图 3—2—1 所示的警告对话框，并自动聚焦到该对象，验证失败函数返回 false。

图 3—2—1　用户名为空出错提示框

实现代码如下：

```
<SCRIPT LANGUAGE="JavaScript">
<! --
function checkuserinfo()
{
  if(checkspace(document. userinfo. username. value))
  document. userinfo. username. focus();
  alert("对不起,请填写用户名!");
  return false;
}
```

2. 如果表单的密码为空或长度不符合 6～20 位的要求，则会出现如图 3—2—2 所示的警告对话框，并自动聚焦到该对象，验证失败，函数返回 false。

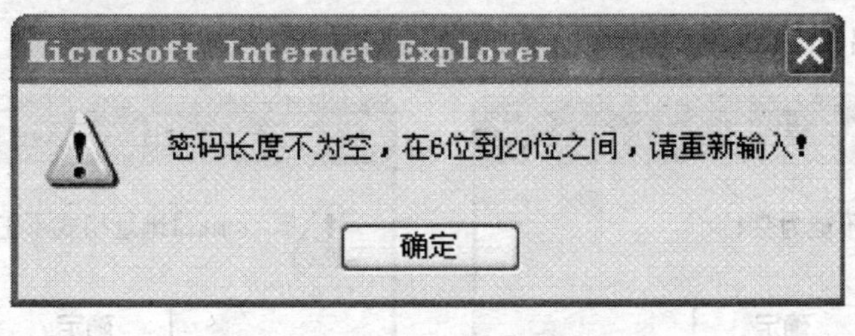

图 3—2—2　密码出错提示框

实现代码如下：

```
if(checkspace(document. userinfo. userpassword. value) || document. userinfo. userpass-
word. value. length < 6 || document. userinfo. userpassword. value. length >20){
      document. userinfo. userpassword. focus();
  alert("密码长度不为空,在 6 位到 20 位之间,请重新输入!");
  return false;
}
```

3. 如果两次密码输入不相同，则会出现如图 3—2—3 所示的警告对话框，并自动聚焦到第一个密码框，同时两个密码输入框的值置空，验证失败，函数返回 false。

图 3—2—3　两次密码不同出错提示框

实现代码如下：

```
  if(document. userinfo. userpassword. value ! =
document. userinfo. userpassword1. value){
  document. userinfo. userpassword. focus();
  document. userinfo. userpassword. value = ";
  document. userinfo. userpassword1. value = ";
  alert("两次输入的密码不同,请重新输入!");
  return false;
}
```

4. 如果电子邮件为空，则会出现如图 3—2—4 所示的警告对话框；如果不为空但填写格式不正确，则会出现如图 3—2—5 所示的警告对话框。

图 3—2—4　e-mail 为空出错提示框

图 3—2—5　e-mail 格式出错提示框

实现代码如下：

```
if(document. userinfo. useremail. value. length! =0)
 {
   if(document. userinfo. useremail. value. charAt(0)==". " ||
        document. userinfo. useremail. value. charAt(0)=="@"||
        document. userinfo. useremail. value. indexOf('@',0)== —1 ||
```

```
        document. userinfo. useremail. value. indexOf('. ',0)== -1 ||
    document. userinfo. useremail. value. lastIndexOf("@")==document. userinfo. user-
email. value. length-1 ||        document. userinfo. useremail. value. lastIndexOf(". ")==
document. userinfo. useremail. value. length-1)
    {
      alert("e-mail 地址格式不正确!");
      document. userinfo. useremail. focus();
      return false;
      }
    }
/*进行判断,如果检索输入信息第一个字符为 . 或@,或从输入内容的起始位置开始检索
未找到@字符,提示出错信息"e-mail 地址格式不正确!",并自动聚焦到该对象,验证失败,
函数返回 false*/
    else
      {
      alert("e-mail 不能为空!");
      document. userinfo. useremail. focus();
      return false;
      }
//否则提示"e-mail 不能为空!",并自动聚焦到该对象,验证失败,函数返回 false
```

5. 以下同理，对密码提问、密码答案、真实姓名、收货地址、邮编、联系电话等必填项目进行内容和格式的检查。实现代码如下：

```
if(checkspace(document. userinfo. quesion. value)){
    document. userinfo. quesion. focus();
    alert("对不起,请填写密码提问!");
    return false;
      }
/*进行判断,如果密码提问为空提示出错信息,并自动聚焦到该对象,验证失败,函数返回
false*/

if(checkspace(document. userinfo. answer. value)){
   document. userinfo. answer. focus();
   alert("对不起,请填写密码提问的答案!");
   return false;
```

```
    }
/*进行判断，如果密码提问答案为空提示出错信息，并自动聚焦到该对象，验证失败，函数返回 false*/

if(checkspace(document.userinfo.userzhenshiname.value)){
    document.userinfo.userzhenshiname.focus();
    alert("对不起，请填写真实姓名!");
    return false;
    }
/*进行判断，如果真实姓名为空，提示出错信息，并自动聚焦到该对象，验证失败，函数返回 false*/
if(checkspace(document.userinfo.shouhuodizhi.value)){
    document.userinfo.shouhuodizhi.focus();
    alert("对不起，请填写收货人详细收货地址!");
    return false;
    }
/*进行判断，如果收货地址为空提示出错信息，并自动聚焦到该对象，验证失败，函数返回 false*/

if(checkspace(document.userinfo.youbian.value)){
    document.userinfo.youbian.focus();
    alert("对不起，请填写邮编!");
    return false;
    }
/*进行判断，如果邮编为空提示出错信息，并自动聚焦到该对象，验证失败，函数返回 false*/

if(document.userinfo.youbian.value.length!=6){
    document.userinfo.youbian.focus();
    alert("对不起，请正确填写邮编!");
    return false;
    }
/*进行判断，如果邮编长度不等于 6，提示出错信息，并自动聚焦到该对象，验证失败，函数返回 false*/

if(checkspace(document.userinfo.usertel.value)){
```

```
    document. userinfo. usertel. focus();
    alert("对不起,请留下您的联系电话!");
    return false;
    }
/*进行判断,如果联系电话为空,提示出错信息,并自动聚焦到该对象,验证失败,函数返回
false*/
}
//-->
</script>
```

思考与练习

根据所学，以网上书店为例，设计出读者注册信息的验证页面。

任务三　用户注册信息的获取和向客户端输出信息

教学目标

- 掌握 Request 对象常用的数据集合
- 掌握 Response 对象常用的属性、方法
- 学会编写表单数据的获取和客户端信息的输出功能语句

任务引入

当用户在注册表单中填写完相关信息，并经过客户端数据有效性验证之后，接着就要将客户端从 Web 页面中获取的用户输入的信息提交到服务器，经过服务器的分析处理之后，再向客户端输出信息，提示注册是否成功，如图 3—3—1 和图 3—3—2 所示。

本任务要求学生能够实现用户注册信息的获取和向客户端输出信息等功能。

任务分析

获取用户注册信息功能和向客户端输出信息功能主要依靠 ASP 内置对象中的 Request

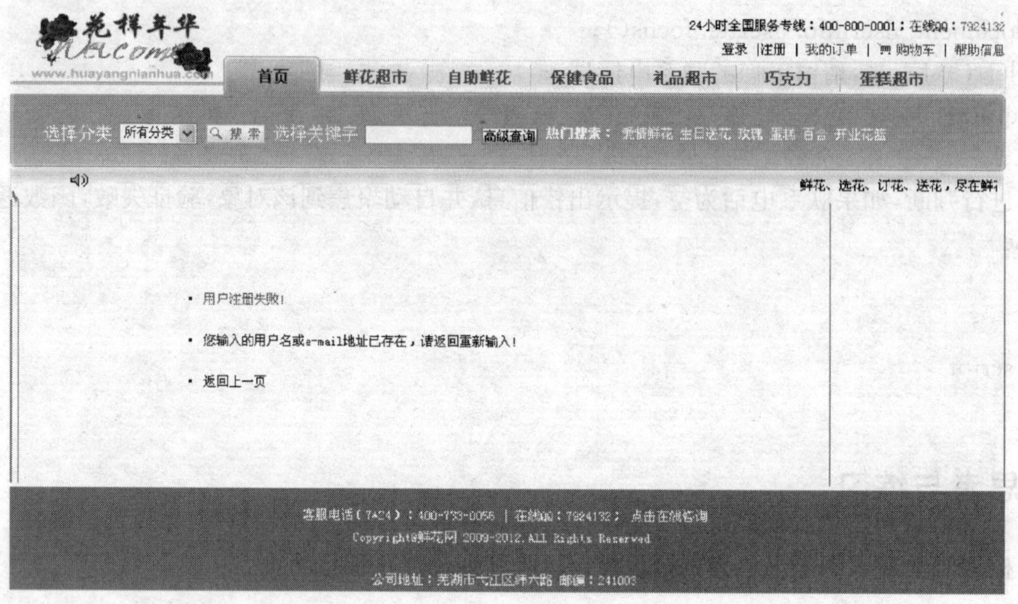

图 3—3—1　用户注册失败信息提示

图 3—3—2　用户注册成功信息提示

对象和 Response 对象来实现。利用 Request 对象来读取提交表单中用户输入的信息，传递给服务器；利用 Response 对象来将服务器端处理后的数据发送到浏览器输出。

相关知识

ASP内嵌了五个主要对象：Response对象、Request对象、Server对象、Application对象和Session对象，它们在ASP的功能实现中起着重要作用，而其中要掌握的最基本的对象就是Request对象和Response对象。

一、Request对象——获取客户端信息

Request对象接受所有从客户端浏览器发往服务器的数据，包括从HTML表单用Post或者Get方法传递的参数、Cookie等。

Request对象的语法如下：

Request［. 集合｜属性｜方法］

1. Form数据集合

Form数据集合是Request对象中最常用的数据集合。通过该集合可以读取<Form></Form>之间以Post方式提交的表单对象内容值。与Get方法相比较，使用Post方法可以将大量数据发送到服务器端。获取表单对象内容值方法如下：

request. form（“表单对象名称”）

2. QueryString数据集合

使用QueryString数据集合可以获取客户端用Get方式传送的各参数内容值。客户端常通过在地址栏的超链接后接“?”传递参数给服务器端，通过该集合，可以接收这些参数信息。获取参数内容方法如下：

request. QueryString（“参数名称”）

注意：request. QueryString用于表单提交方式为Get的情况，而request. Form用于表单提交方式为Post的情况，如果用错，则获取不到数据。较好的解决方法是利用request（“元素名”）来简化操作。

3. Cookies集合

Cookie其实是一个标签，当访问一个需要唯一标志的Web站点时，它会在硬盘上留下一个标记，下一次访问同一个站点时，站点的页面会查找这个标记。每个Web站点都有自己的标记，标记的内容可以随时读取，但只能由该站点的页面完成。Cookies最典型的应用是判定注册用户是否已经登录网站和购物车的实现。

一般先利用Response对象的Cookies集合将数据写入客户端，再使用Request对象的Cookies集合从客户端读取相应的Cookies值。获取Cookie值方法如下：

request. Cookies（“Cookie名称”）

二、Response对象——向客户端发送信息

Response对象用于动态响应客户端请求，并将响应信息输出到客户端浏览器中，包括向浏览器输出数据、重定向浏览器到另一个URL或向浏览器输出Cookie文件。

Response对象的语法如下：

Response［. 集合｜属性｜方法］

1. buffer 属性

该属性用于指定页面输出时是否要用缓冲。通常 ASP 在服务器端执行，每一句执行的结果都会立即发送到浏览器上显示出来，而如果该属性被设置为 true，利用缓冲区时，直到整个 ASP 执行结束才会将结果输出到浏览器上。其语法如下：

response. buffer＝true | false

默认情况下，buffer 属性值为 false。

2. expires 属性

该属性指定了在浏览器上缓冲存储的页面距离过期还有多少时间，即设置浏览器缓存页面的时间长度，单位为分。如果用户在某个页面过期之前返回该页，则显示缓冲区中的版本；若过期，则从服务器重新读取该页的内容并显示。其语法如下：

response. expires＝分钟数

3. Write 方法

该方法向客户端发送字符串信息，是 Response 对象最常用的方法之一。其语法如下：

Response. Write　任何数据类型

注意：当在大量的 ASP 代码中包含个别的 html 代码时，可以使用“<%”和“%>”将 ASP 程序分成若干段，但是也可以使用 ASP 中 Response 对象的 Write 方法将 html 代码直接传送至客户端，这是一种常用的技巧。

4. Redirect 方法

该方法将客户端浏览器重定向到另外的 URL 上，即跳转到另一个网页。其语法如下：

Response. Redirect　URL

任务实施

一、获取用户填写的注册信息

在设计注册表单时，已为每个表单对象如文本框、下拉菜单、按钮等都指定了名称，要获取其内容，通过 Request（“表单对象名”）即可向服务器端传递数据。如：

request ("username")：获取名为 username 文本框中的用户名。

request ("userpassword")：获取名为 userpassword 文本框中的密码。

request ("zhifufangshi")：获取名为 zhifufangshi 下拉菜单中用户选择的支付方式。

request ("dadyname")：获取名为 dadyname 单选按钮组中用户选择的用户性质。

其他表单对象的内容值可同理获取。

二、用户注册成功信息输出

用户提交的注册信息经过服务器处理成功后，在页面主体内容区要有“注册成功”等友好信息提示，告知用户数据处理结果。

```
sub saveuser()
…………　　'省略的代码是数据库记录添加部分
```

```
response. Write "<table width=760 align=center border=0 cellspacing=0 cellpadding=0 class=table—zuoyou bordercolor=#CCCCCC><tr><td bordercolor=#FFFFFF bgcolor=#FFFFFF align=center> "
'输出表格代码,即告知浏览器此处开始显示一个表格
response. Write "<table width=450 border=0 align=center cellpadding=0 cellspacing=0><tr><td height=260>"
'输出嵌套表格代码
response. Write "<p>· <font color=red>用户注册成功! </font></p><p>· 恭喜您注册成为["&webname&"]的正式用户,请记好您的用户名及密码! </p>"
'输出"·用户注册成功!""· 恭喜您注册成为花样年华的正式用户,请记好您的用户名及密码!"两段提示信息
response. Write "<p>· <a href=index. asp>返回首页
</a></p></td></tr></table></td></tr></table>"
'输出包含有返回首页链接的文字"返回首页",并输出表格代码,告知浏览器此处表格结束
end if
end sub
```

三、用户注册失败信息输出

用户提交的注册信息经过服务器处理后，如出现错误，在页面主体内容区要有“注册失败”等信息反馈回来，以便用户返回修改。

```
sub usererr()
response. write "<table width=760 align=center border=0 cellspacing=0 cellpadding=0 class=table-zuoyou bordercolor=#CCCCCC><tr><td bordercolor=#FFFFFF bgcolor=#FFFFFF align=center>"
response. write "<table width=450 border=0 align=center cellpadding=2 cellspacing=0><tr><td height=260>"
'输出表格代码
response. write "<p>· <font color=red>用户注册失败! </font></p><p>· 您输入的用户名或e-mail地址已存在,请返回重新输入! </p><p>· <a href=javascript:history. go(-1)>返回上一页</a></p>
</td></tr></table></td></tr></table>"
'输出"·用户注册失败!""·您输入的用户名或e-mail地址已存在,请返回重新输入!"以及包含有返回上页注册表单链接的"返回上一页"三段提示信息
end sub
```

思考与练习

根据所学，以网上书店为例，完善注册功能，实现读者注册信息的获取和客户端处理结果的输出。

任务四　向后台数据库添加会员注册信息

教学目标

- ◆ 掌握常用数据库连接的方法
- ◆ 掌握 Connection 对象的实例创建和常用方法
- ◆ 掌握 recordset 对象的实例创建和常用属性、方法
- ◆ 学会编写添加、修改数据库记录的代码

任务引入

用户在注册页面提交信息后，所有有效的注册信息都将提交到服务器进行处理，而实质上就是要将用户输入的有效注册信息添加到后台数据库中，完成对用户资料的收集，本任务要求学生实现上述功能设计。

任务分析

要将客户注册信息添加到后台数据库中，首先要建立与数据库的连接。为了让程序更加简化、易于修改和维护，可以建立一个连接数据库文件 conn. asp，在所有与数据库连接的页面中，只要利用＃include 命令包含此文件，即可以连接和打开数据库。使用独立的数据库连接文件，不仅可以减少程序代码的重复输入，提高程序的开发效率，而且便于对系统的修改维护，如将来进行数据库移植，只需要修改此文件中与数据库连接的相关信息，而不需要在每一个连接数据库的文件中修改代码。

其次要利用 recordset 记录集对象的 addnew 和 update 方法来向数据库增加和更新数据。addnew 方法是向数据库中增加新记录，update 方法用来保存对 recordset 对象中的当前记录所做的任何修改。

相关知识

一、数据库连接方法（connection）

任何一个要访问数据库的 ASP 脚本都必须首先在服务器上打开数据库，一般有两种方法：通过 DSN 建立连接和不用 DSN 建立连接。

1. 使用 DSN 连接数据源

一个 DSN 连接需要系统管理员在服务器上通过控制面板中的"管理工具"→"数据源(ODBC)"首先创建系统 DSN，才能确保所有的 Web 用户可以使用相应的数据库。具体步骤如下：

（1）左键双击"数据源（ODBC)"后弹出数据源管理器窗口，如图 3—4—1 所示，选择"系统 DSN"选项页，在该页中显示了当前已经存在的 DSN。

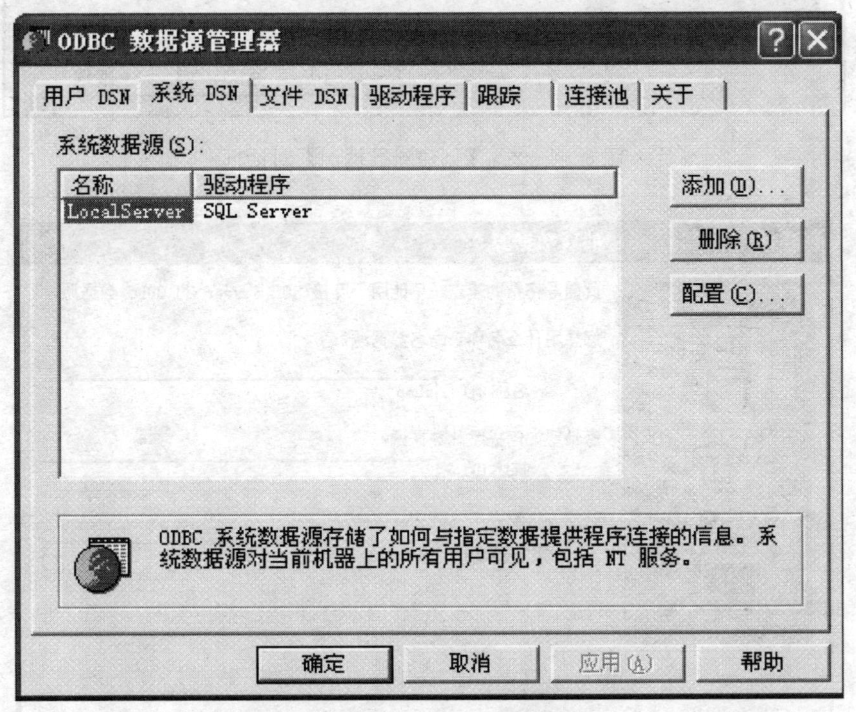

图 3—4—1　ODBC 数据源管理器窗口

（2）单击"添加"按钮，打开【创建数据源】对话框，如图 3—4—2 所示，在该对话框中根据需要选择数据存储源的 ODBC 驱动程序。

（3）按下"完成"按钮后，将出现【建立新的数据源到 SQL Server】对话框，在对话框中输入 ODBC 数据源名称和 SQL Server 服务器名称，如图 3—4—3 所示。

（4）点击"下一步"按钮，此时出现连接 SQL Server 认证的对话框，如图 3—4—4 所示，在验证登录 ID 真伪的方式上系统提供了两种选择，此处选择后一种方式，并输入登录

图 3—4—2 【创建新数据源】对话框

图 3—4—3 【创建到 SQL Server 的新数据源】对话框

ID 和密码。

(5) 完成后点击“下一步”按钮，进入数据库选择框，如图 3—4—5 所示，选中“更改默认的数据库为”复选框并更改数据库，其他选项为默认值。

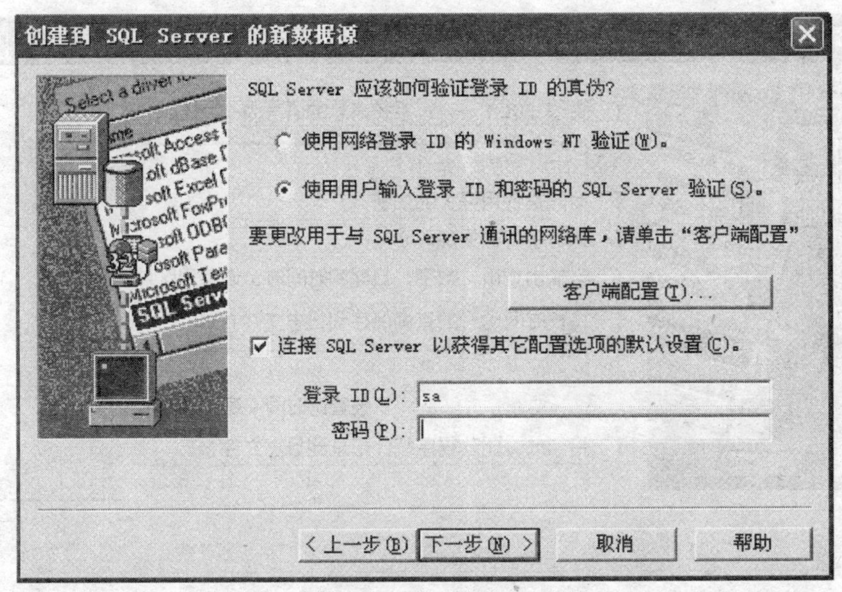

图 3—4—4　连接 SQL Server 认证的对话框

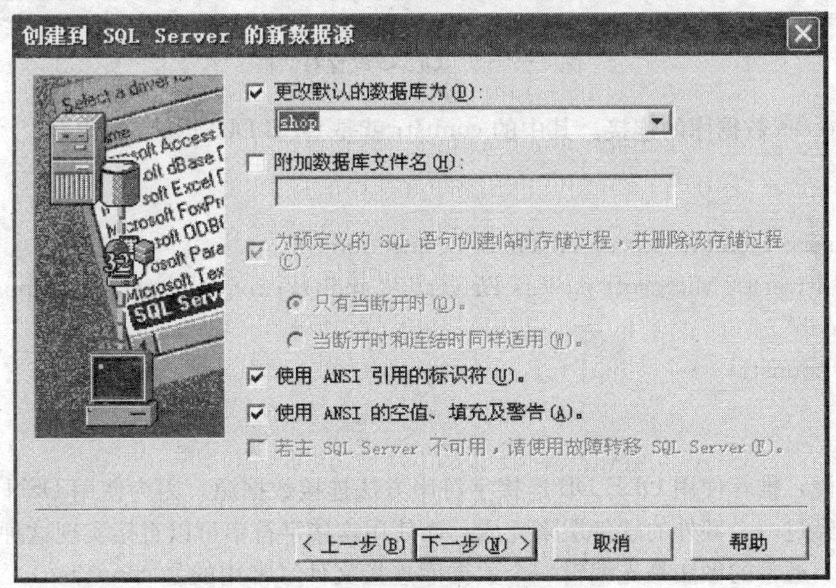

图 3—4—5　选择数据库对话框

(6) 完成后点击“下一步”按钮，打开设置 ODBC 对话框，如图 3—4—6 所示，使用默认系统设置，点击“完成”按钮即完成了基于 ODBC 数据库的连接。

2. 使用 OLE DB 连接字符串连接数据源

如果没有 DSN 可利用 OLE DB 连接字符串，即可实现不通过创建 DSN 就能对数据库进行访问，但必须在连接字符串内给出连接数据库时所需的所有参数，最主要的是要知道数据库的实际文件路径，如 C：\ data \ database. mdb。下面的代码即使用 OLE DB 连接字符

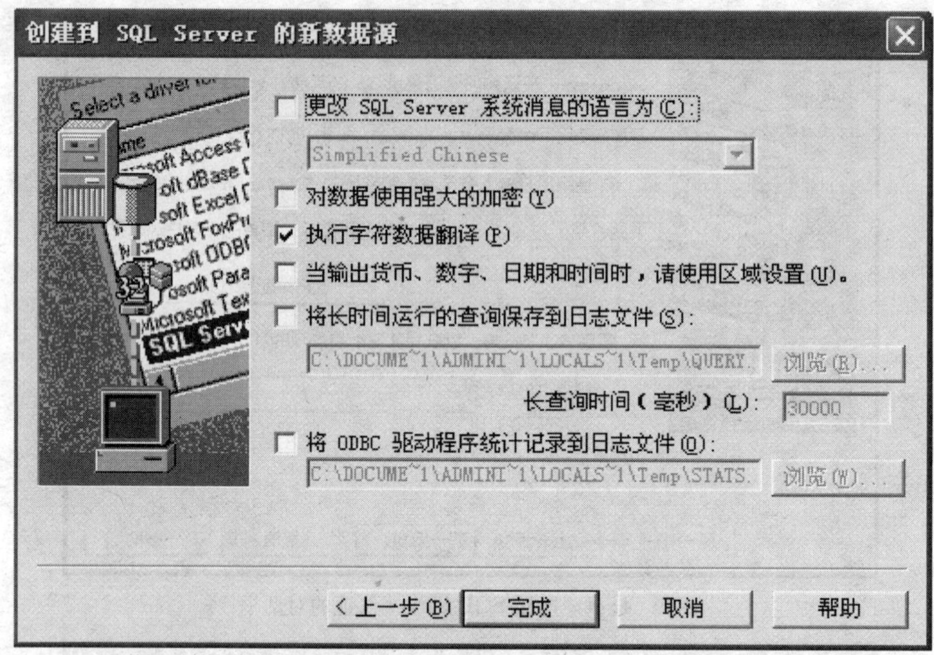

图 3—4—6　ODBC 设置对话框

串实现与 Access 数据库的连接。其中的 connstr 就是 OLE DB 连接字符串。

```
<%
set conn=server.createobject("ADODB.Connection ")
connstr="driver={Microsoft Access Driver(*.mdb)};dbq="&server.mappath("data/database.mdb")
conn.open connstr
%>
```

一般来说，推荐使用 OLE DB 连接字符串方法连接数据源。因为使用 DSN 实现对数据库的访问要经过一个额外的软件层来完成，而使用连接字符串可以直接实现这种连接，同时也便于移植。通常的做法是先编辑一个数据库连接文件（常用的是 conn.asp），然后在其他需要引用数据库的文件开头使用#include 指令包含该文件，调用数据库。

二、#include 指令

在 ASP 中，通过使用服务器端包含指令可以将文件内容以及有关文件的信息，如文件的大小等包含到 html 页中。包含指令其中的#include 指令可以在 html 或 ASP 页中包含文件。方法如下：

<! --#include file=" filename.asp/inc/txt" -->

file 表示使用相对路径指定文件。包含文件的扩展名可以是“.asp”、“.inc”或者“.txt”。

三、server 对象

server 对象也是 ASP 的内置对象之一，它提供对服务器上方法和属性的访问。其最重要的一个方法就是 CreateObject 方法。该方法用于创建已注册到服务器组件的实例。语法为：Server. CreateObject（"ProgID"）。

用来创建的组件可以是所有 Active X 能使用的已在服务器端注册的内置组件。通过 Active X组件的使用，可以实现一些光靠脚本无法实现的功能，如数据库访问等。在 ASP 文件中，用如下方法将创建的对象赋给一个变量：

```
<%
Set conn = Server. CreateObject("ADODB. Connection")
%>
```

其中 ADODB 是 ASP 服务器的一个组件，用于处理数据库。当创建的对象不再需要时，应该释放其占用的资源，方法如下：

```
<%
Set conn = nothing
%>
```

四、Connection 对象

ADO（ActiveX Data Objects，ActiveX 数据对象）是一个用于存取数据源的 COM 组件。它允许开发人员编写访问数据的代码而不用关心数据库是如何实现的，只用关心到数据库的连接。ADO 技术可以让用户在浏览器交互页面中输入、更新和删除 Web 服务器上的数据资料。

Connection 对象是 ADO 提供的 7 个独立对象之一，用来建立数据源和 ADO 程序之间的连接。要建立数据库连接，首先应创建 Connection 对象的实例，此时可使用上文介绍的 ProgID="ADODB. Connection" 的 Server. CreateObject 方法创建 Connection 对象实例，然后再利用 open 方法打开并建立到数据源的连接。方法如下：connection. open（[connectionstring]，[userid]，[password]）。其中参数 Connectionstring 为连接字符串，包含数据源连接信息，参数 userid 和 password 为可选项，用于安全验证的用户名和密码。

五、Recordset 对象

Recordset 对象表示从数据源执行查询后返回的数据行，即由数据库服务器所返回的执行结果的记录集。它可以浏览和操作已经连接的数据库内的数据，是非常重要的 ADO 对象。Recordset 记录集的每一列代表一个字段，每一行代表一条记录。在记录集中有一个记录指针，也称数据游标，指针所指的记录即为当前记录，任何时候只有一条记录为当前记录。

1. Recordset 对象实例的创建

可使用前文介绍的 Server. CreateObject 方法。

2. 打开、关闭 Recordset 对象

运用 open 方法打开，close 方法关闭。

3. Recordset 对象的属性

(1) BOF 和 EOF

这两个属性用来判断是否为 Recordset 的首记录或尾记录。如果当前记录在首条记录之前，则 BOF 返回 true，如果当前记录在尾记录之后，则 EOF 返回 true。如果 BOF 和 EOF 都为 true 时，那么 Recordset 中没有记录。

(2) recordcount

该属性返回 Recordset 中记录的总数。

4. 编辑修改数据

(1) addnew 方法

向数据库中增加一个记录。调用该方法时，即在 Recordset 中开始一个新行，并将指针移到行首以准备加入新数据。

(2) update 方法

保存对 Recordset 对象的当前记录所做的任何更改。

任务实施

一、连接数据库

在“花样年华网上鲜花超市”网站中建立了数据库连接文件：conn. asp，其他文件要访问数据库时可以使用＃include 指示命令包含此文件。具体代码如下：

```
<%
Set conn = Server. CreateObject("ADODB. Connection")
 '创建 Connection 对象的实例
ConnStr="driver={SQL server};server=127. 0. 0. 1;uid=sa;pwd=;database=shop;"
 '定义访问 SQL 数据库的连接字符串,driver={SQL server}指连接的设备名是 SQL - SERVER ,server=127. 0. 0. 1 指数据库服务器 IP 为当前主机,uid=sa 指访问数据库的用户名为"sa ",pwd= 指访问数据库密码为空,database=shop 指数据库的名称为"shop "
On Error Resume Next
 '在这句之后的其他代码如果出现错误,系统将忽略这些错误继续运行后面的代码,这样程序会完全执行
Set conn = Server. CreateObject("ADODB. Connection")
 '创建 conn 为与数据库连接的对象实例
  conn. open connstr
 '打开数据库,建立与数据库的连接
```

```
  If Err Then
   '如果出错
 err. Clear
   '清除 err 对象的值
 Set Conn = Nothing
   '删除连接对象
 Response. Write "数据库连接出错，请检查 Conn. asp 中的数据库指向。"
   '向浏览器输出"数据库连接出错，请检查 Conn. asp 中的数据库指向。"的提示信息
      Response. End
   End If
   '结束
%>
```

二、向数据库添加记录

用户填写完注册信息后，点击“提交信息”按钮，则首先会在客户端对数据进行有效性验证，如不存在问题即能够提交成功，则传递 action 的值为“save”，再将数据写入后台数据库中。

```
<table width="760" align="center" border="0" cellspacing="0"
cellpadding="0" class="table-zuoyou" bordercolor="#CCCCCC">
          <tr>
              <td bordercolor="#FFFFFF" bgcolor="#FFFFFF"><%case
"save"%>
              '如果 action 的值为“save”，则执行后面语句，否则跳过
                     <!--#include file="md5. asp"-->
                     '包含数据加密文件
                     <%call saveuser()%>
                     '调用 saveuser()函数，向数据库添加记录
                     <%
end select%>

sub saveuser()
set rs=server. CreateObject("adodb. recordset")
'创建 rs 为记录集对象实例
rs. open "select * from [user] where
useremail='"&trim(request("useremail"))&"' or
```

```
username='"&trim(request("username"))&"'",conn,1,1
'从 user 表中查找与获取的用户名或电子邮件相同的记录,打开查询结果记录集
if rs.recordcount>0 then
call usererr()
'如果能找到记录,则执行 usererr()函数
rs.close
'关闭数据库记录集对象
else
rs.close
'否则直接关闭数据库记录集对象
set rs=server.CreateObject("adodb.recordset")
rs.open "select * from [user]",conn,1,3
'从 user 表中查找与输入用户名相同的记录,打开查询结果记录集
rs.addnew
'新增一条空数据记录
rs("username")=trim(request("username"))
'将获取的用户名值用 trim 函数去掉开头和结尾的空格后,赋给记录的"username"字段
rs("userpassword")=md5(trim(request("userpassword")))
'将获取的密码去掉两端空格并加密后,赋给记录的" userpassword "字段
rs("useremail")=trim(request("useremail"))
rs("quesion")=trim(request("quesion"))
rs("answer")=md5(trim(request("answer")))
rs("userzhenshiname")=trim(request("userzhenshiname"))
rs("shouhuodizhi")=trim(request("shouhuodizhi"))
rs("youbian")=trim(request("youbian"))
rs("usertel")=trim(request("usertel"))
rs("songhuofangshi")=trim(request("songhuofangshi"))
rs("zhifufangshi")=trim(request("zhifufangshi"))
rs("adddate")=now()
'将当前的日期和时间赋给"adddate"字段
rs("lastlogin")=now()
rs("logins")=1
rs("reglx")=1
rs("jifen")=0
rs("jiaoyijine")=0
rs("sex")=1
```

```
rs("userlastip")=Request.ServerVariables("REMOTE_ADDR")
'将访问者的主机 IP 地址赋给"userlastip"字段
rs("dadyname")=trim(request("dadyname"))
rs("szShi")=trim(request("szShi"))
rs("MoMname")=trim(request("MoMname"))
rs("sfz")=trim(request("sfz"))
rs("yuchan")=trim(request("yuchan"))
rs("sex")=trim(request("sex"))
rs.update
'更新数据库记录
rs.close
set rs=nothing
'删除记录集对象
……      '省略的代码是注册成功信息提示部分
end sub
```

思考与练习

根据所学，以网上书店为例，设计其向后台数据库添加读者注册信息的功能。

模块四

会员登录功能的设计与实现

任务一　会员登录界面的设计

教学目标

- ◆ 理解验证码的作用及实现方法
- ◆ 掌握登录表单的制作方法
- ◆ 学会编写忘记密码向导流程的功能代码

任务引入

当顾客注册成为“花样年华网上鲜花超市”网站的会员后，应该能使用其用户名和密码完成登录操作，对应于会员注册功能，商务网站还应当包括会员登录功能。只有成功注册的用户登录后，才能购买商品生成订单，享受会员专区服务。

“花样年华网上鲜花超市”网站提供了两个会员登录入口，一个是首页导航条上方的登录链接，如图 4—1—1 所示；另一个是首页专设的会员登录区，如图 4—1—2 所示。其入口设置与注册入口的设置是一一对应的。

任务分析

用户登录界面的设计，首先是运用网页制作软件进行登录表单的制作，然后在代码视图中添加相关动态代码实现具体功能，并对所设计的页面应用 CSS 样式进行美化。

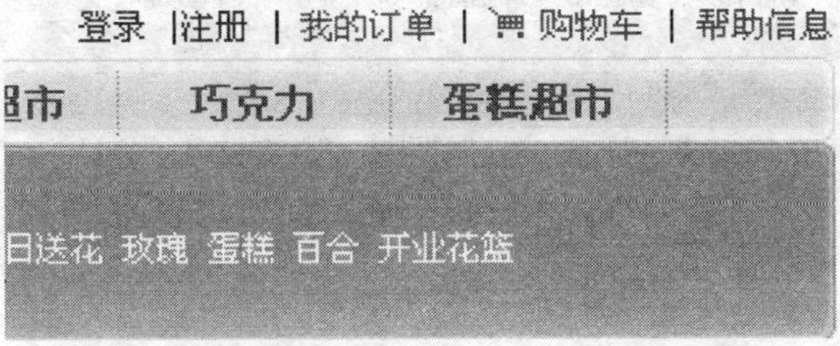

图 4—1—1　导航条上方登录入口

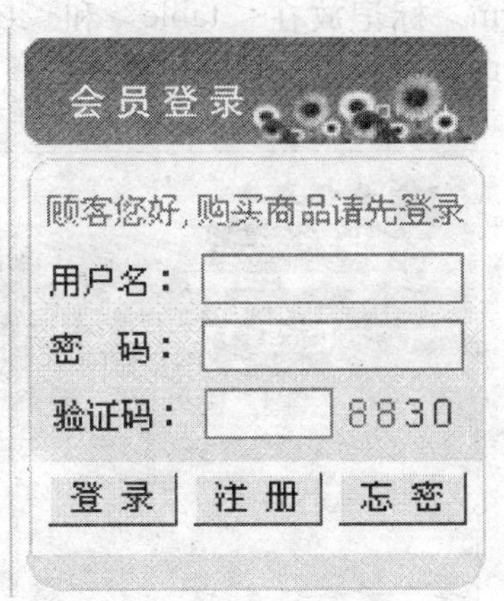

图 4—1—2　会员登录区登录入口

在登录表单的制作中，为了防止恶意攻击，网站加入了验证码技术。同时考虑到一些会员可能会在诸多网站的注册信息中忘记自己的密码，加上忘记密码的功能设计，则使得“花样年华网上鲜花超市”网站的登录设计更具人性化。会员可以在忘记密码向导中，按照提示重设密码后登录网站。

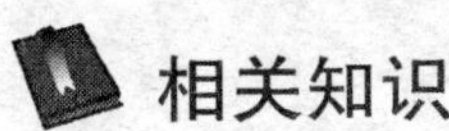

相关知识

任务实施

一、登录页面的设计

进入“花样年华网上鲜花超市”网站的首页，在导航条左下方即能看到会员登录区，而如果点击导航条上方的登录链接，进入的登录页面如图 4—1—3 所示，其主体内容区与首页会员登录区的界面只有表格大小不同，功能都是一致的。以首页会员登录区为例进行设计。

1. 首先运用表格进行页面布局。在 Dreamweaver 中切换到设计视图，点击插入工具栏中“常用”类别下的 按钮，在弹出的插入表格窗口中设置表格参数，如图 4—1—4 所示。

2. 选中表格的所有单元格，在下方出现的属性面板中设置水平对齐方式为“居中对齐”，如图 4—1—5 所示。

3. 切换到代码视图，添加＜form＞标记放在＜table＞和＜tr＞之间，这样做的目的是去除表单和表格之间的空隙。通常设计时习惯将表单插入到表格当中，但这样产生的后果就是表格当中的表单总是和表格的外框有一段空隙，影响了视觉效果，而把

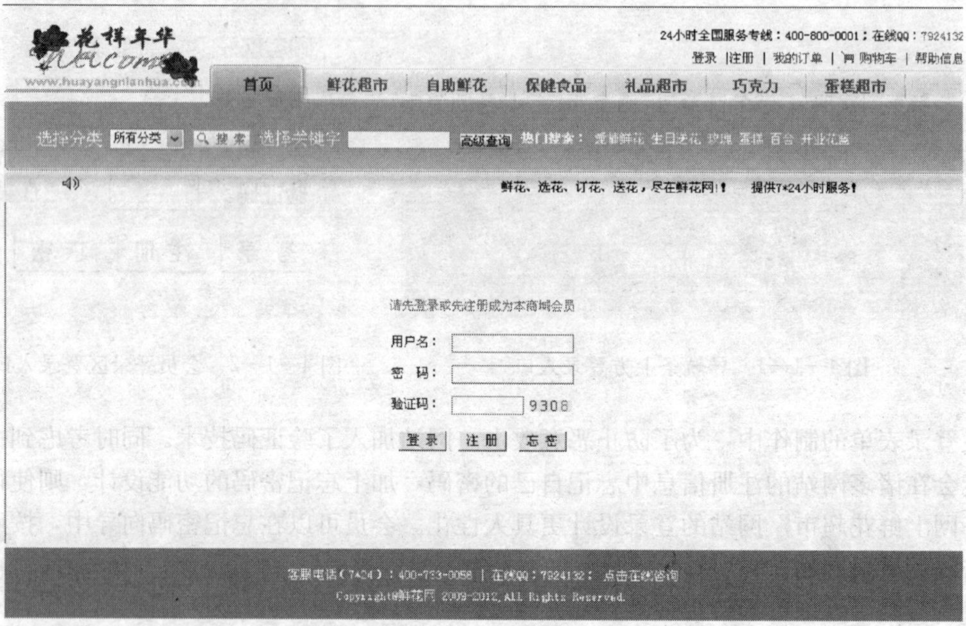

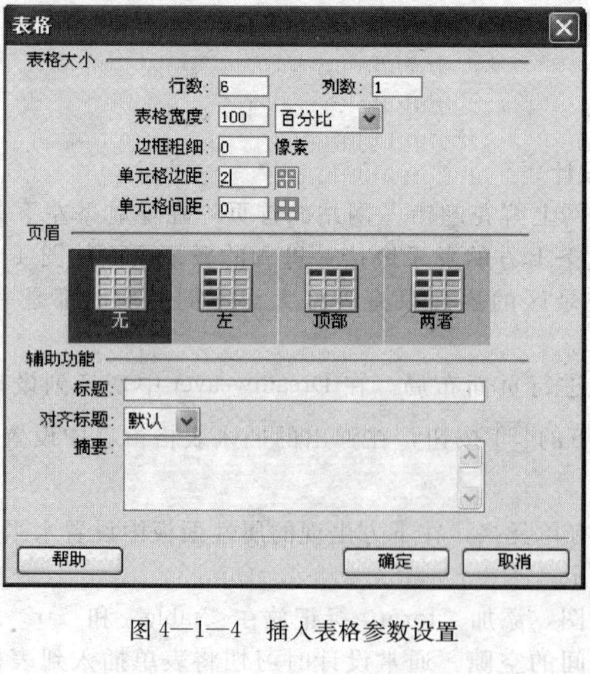

<form>标记放在<table>和<tr>之间就可以解决问题。这也是设计表单时的一个常用技巧。

图 4—1—3　会员登录页面

图 4—1—4　插入表格参数设置

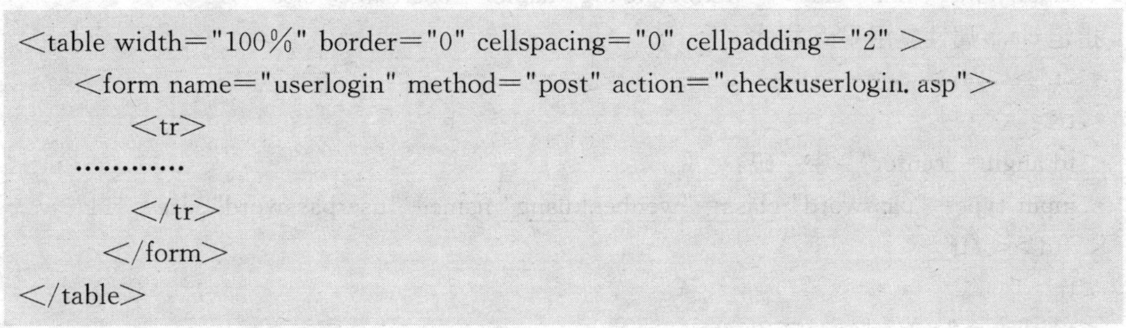

图 4—1—5　单元格属性设置

```
<table width="100%" border="0" cellspacing="0" cellpadding="2" >
  <form name="userlogin" method="post" action="checkuserlogin.asp">
     <tr>
  ............
     </tr>
   </form>
</table>
```

4. 在表格第一行中，输入文字："顾客您好，购买商品请先登录"，并修改文字颜色为"#FF6633"；第二行中输入"用户名:"，并在其后利用"表单"类别下的按钮插入文本框，修改属性面板中的文本域名称为 username，字符宽度为 14；第三行中输入"密码:"，插入文本框，修改名称为 userpassword，字符宽度为 14；第四行中输入"验证码:"，插入文本框，修改名称为 verifycode，字符宽度为 6，最大字符数为 4；第五行中分别插入"登录""注册""忘密"三个按钮，并修改按钮名称、标签和动作。完成后的界面如图 4—1—6 所示。

图 4—1—6　登录表单设计效果

5. 在完成以上操作之后，需要切换到代码视图，为有关对象添加动态代码和指定应用 CSS 样式优化页面。具体如下，需添加和修改的部分以下划线标出。

```
<table width="100%" border="0" cellspacing="0" cellpadding="2" >
<%if request.Cookies("shop22cn")("username")=""  then%>
'如果从名为"shop22cn"的 Cookies 中获取键值"username"为空，即未登录，则执行 then 以下代码
<form name="userlogin" method="post" action="checkuserlogin.asp">
'指定该表单处理程序为 checkuserlogin.asp
```

```
<tr>
<td align="center"><font color="#FF6633">顾客您好,购买商品请先登录</font>
</td></tr>
<tr>
<td align="center">用户名:
<input type="text" class="wenbenkuang" name="username" size="14">
'指定 class 属性应用 CSS 样式
</td></tr>
<tr>
<td align="center">密　码:
<input type="password" class="wenbenkuang" name="userpassword" size="14">
</td></tr>
<tr>
<td align="center">验证码:
<input class=wenbenkuang name=verifycode type=text value="<%If GetCode=9999
Then Response.Write "9999"%>" maxLength=4 size=6>
'如果生成的验证码为 9999,则文本框的初始值设为 9999
<img src=GetCode.asp>
'插入由 GetCode.asp 程序生成的验证码图片
</td>
</tr>
<tr>
<td align="center" height="38">
<input class=go-wenbenkuang name="imageField" value="登 录" type=submit on-
Focus="this.blur()">
' onFocus="this.blur()" 的作用是当该对象获得焦点时就让它失去焦点
<input class=go-wenbenkuang onclick="window.location='reg.asp'" type=reset
value="注 册" name=Submit2>
'点击该按钮后网页窗口跳转到 reg.asp 页面
<input class=go-wenbenkuang onclick="window.location='getpwd.asp'" type=but-
ton value="忘 密" name=Submit3>
'点击该按钮后网页窗口跳转到 getpwd.asp 页面
</td>
</tr>
</form>
<%else%>
```

```
'如果从 Cookies 中获取键值"username"不为空,即已登录,则执行以下代码
<tr>
    <td align="center" height="22">
......   '省略的代码是显示已登录会员信息部分,将在任务二中介绍
</td>
</tr>
</table>
```

二、验证码的实现

验证码就是将一串随机产生的数字或符号生成一幅图片，图片里加上一些干扰像素，由用户肉眼识别其中的验证码信息后输入表单提交网站验证，验证成功后才能使用某项功能。验证码一般是防止有人利用机器人自动批量注册、实行特定程序暴力破解、提交垃圾数据等操作。如果服务器本身不能有效验证恶意攻击并拒绝此非法操作，则会严重耗费系统资源、降低网站性能甚至使程序崩溃。因此现行的多数网站出于安全的考虑均采用了验证码技术。

验证码组件的构成一般有三个文件，分别是：

1. GetCode. asp 负责生成和输出验证码。

2. head. fix 是 54byte 的 BMP 图像头文件，包含长宽、图像开始标记等。

3. body. fix 数字 0～9，10×100 竖排的 RGB 阵列数据 3200byte。如果想做拥有自己风格的验证码，只要对 body. fix 这个文件进行修改就可以了。

网页中需要插入验证码处只要加上 <img src= GetCode. asp>即可，验证的时候通过 Session（"GetCode"）和输入框内的内容做比较即可。

GetCode. asp 的代码如下：

```
<%
Option Explicit
'强制所有变量的显式声明,即所使用的变量必须预先声明再使用
Response. buffer=true
'页面输出需要缓存区
NumCode
Function NumCode()
    Response. Expires = -1
    '页面立即过期
Response. AddHeader "Pragma","no - cache"
    Response. AddHeader "cache - ctrol","no - cache"
    '强制验证码的刷新
dim zNum,i,j
    dim Ados,Ados1
```

```
    Randomize timer
    zNum = cint(8999*Rnd+1000)
    '生成随机四位数字
Session("GetCode") = zNum
    '将随机数字传递给 Session
dim zimg(4),NStr
      NStr=cstr(zNum)
      For i=0 to 3
        zimg(i)=cint(mid(NStr,i+1,1))
      Next
    ' for 循环将随机数字放入一个数组,便于后面的阵列变换
dim Pos
    set Ados=Server.CreateObject("Adodb.Stream")
        Ados.Mode=3
        Ados.Type=1
        Ados.Open
    set Ados1=Server.CreateObject("Adodb.Stream")
        Ados1.Mode=3
        Ados1.Type=1
        Ados1.Open
        '定义两个 ADODB.Stream binary 对象,作图像数据操作之用
Ados.LoadFromFile(Server.mappath("images/body.Fix"))
        Ados1.write Ados.read(1280)
'载入数字 0~9 的 10×100 的 RGB 阵列数据,每个数字 10×10 是 320 字节,10 个数字 3200byte
      for i=0 to 3
          Ados.Position=(9 - zimg(i)) *320
          Ados1.Position=i*320
          Ados1.write ados.read(320)
      next
      ' for 循环,按生成的随机数字顺序从 10×100 的数字阵列中提取取出相应的四个数字,但如竖排的数字阵列
Ados.LoadFromFile(Server.mappath("images/head.fix"))
        Pos=lenb(Ados.read())
        Ados.Position=Pos
        for i=0 to 9 step 1
```

```
    for j=0 to 3
        Ados1. Position=i*32+j*320
        Ados. Position=Pos+30*j+i*120
        Ados. write ados1. read(30)
    next
  next
  ' for 循环,进行数字的阵列变换,由竖排的数字块转换为横排的数字块
Response. ContentType = "image/BMP"
  Ados. Position=0
  Response. BinaryWrite Ados. read()
  '直接向客户端发送图像数据
Ados. Close:set Ados=nothing
  Ados1. Close:set Ados1=nothing
End Function
%>
```

三、忘记密码的登录功能实现

忘记密码的登录向导流程如图 4—1—7、图 4—1—8、图 4—1—9、图 4—1—10 所示。

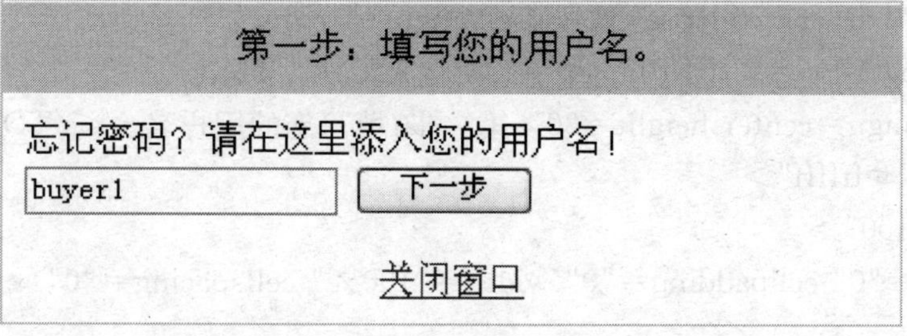

图 4—1—7　忘记密码向导—填写用户名

getpwd. asp 具体代码如下：

```
<html><head><title>取回密码</title>
<script language="javascript">
<! --
function form1_onsubmit() {
if (document. form1. username. value=="")
  {
  alert("用户名都不填,怎么能找回您的密码呢?")
```

```
  document. form1. username. focus()
  return false
  }
}
// --></script>
</head>
```

以上定义的函数检查如果表单的用户名为空，则弹出警告对话框，并自动聚焦到该对象，验证失败函数返回 false。

```
'------填写用户名界面
<body topmargin="20" leftmargin="0"
oncontextmenu="self. event. returnValue=false">
 '禁用鼠标右键
<form method="POST" name="form1" language="javascript" onsubmit="return
form1_onsubmit()" action="getpwd2. asp">
 '点击表单“下一步”按钮时执行 form1_onsubmit 函数,数据提交后交由 getpwd2. asp 程序
处理
<table border="0" cellpadding="10" cellspacing="1" width="400" bgcolor="#
cccccc" style="border-collapse: collapse" align="center">
<TR><TD bgColor=#ffffff height=1></TD></TR>
<TR><TD align=center height=30>第一步:填写您的用户名。</TD></TR>
<tr bgcolor="#ffffff">
<td height="100">
<table border="0" cellpadding="0" width="100%" cellspacing="0">
<tr>
<td width="100%" height="22">忘记密码? 请在这里填入您的用户名!
</td></tr>
<tr>
<td width="100%">
<input class="wenbenkuang" type="text" name="username" size="18">
<input class="go-wenbenkuang" name="imageField" type="submit" value="下一步
" onFocus="this. blur()">
</td></tr></table>
<p align="center"><a href="javascript:window. close()" class="1">关闭窗口</a
></p> '点击文字“关闭窗口”时关闭当前窗口
```

```
</td></tr></table>
</form>
</body></html>
```

第二步：请回答下列问题。

问 题：name

答 案：　下一步

如果您设置的提示问题或答案为空，不能找回密码！
请与管理员联系取回您的密码！

关闭窗口

图 4—1—8　忘记密码向导—填写提示问题答案

getpwd2. asp 具体代码如下：

```
<!--#include file=conn. asp-->
<%
username=request. form("username")
set rs=Server. CreateObject("Adodb. Recordset")
sql="select*from [user] where username='"&username&"'"
rs. open sql,conn,1,1
If rs. eof Then
%>
<script language="javascript">
alert("这个用户还没有注册呢,请到首页注册吧!")
location. href="index. asp"
</script>
<%
End If
%>
```

以上代码首先获取用户名文本框中的输入值，然后查找数据库中是否存在相应的记录，如未找到记录，弹出警告框，页面跳转到网站首页。

如找到相应的记录，则显示填写提示问题答案界面：

```
<html><head><title>取回密码 | 回答问题</title>
<script language="javascript">
<! --
function form1_onsubmit() {
if (document.form1.answer.value=="")
  {
  alert("请输入您的问题答案。")
  document.form1.answer.focus()
  return false
  }
}
// --></script>
</head>
<body topmargin="20" leftmargin="0" oncontextmenu="self.event.returnValue=false">
<form method="POST" name="form1" language="javascript" onsubmit="return form1_onsubmit()" action="getpwd3.asp? username=<%=username%>">
  '点击表单"下一步"按钮时执行 form1_onsubmit 函数,数据提交后交由 getpwd3.asp 程序处理,并向该页面传递获取的 username 值
<table border="0" cellpadding="10" cellspacing="1" width="400" bgcolor="#cccccc" style="border-collapse: collapse" align="center">
<TR><TD bgColor=#ffffff height=1></TD></TR>
<TR>
      <TD align=center height=30>第二步:请回答下列问题。</TD>
    </TR>
<tr bgcolor="#ffffff">
<td height="100">
<table border="0" cellpadding="0" width="99%" cellspacing="0" height="1" style="border-collapse: collapse" bordercolor="#111111">
<%if rs("quesion")<>"" then%>
<tr>
            <td width="100%" height="22"> 问 题:<font color="red"><%=rs("quesion")%></font>
            '显示查询到的用户名所在记录的"quesion"字段内容
<%    conn.close
set conn=nothing
%>
```

```
            </td></tr>
<tr>
            <td width="100%" height="1">答 案:
............
```

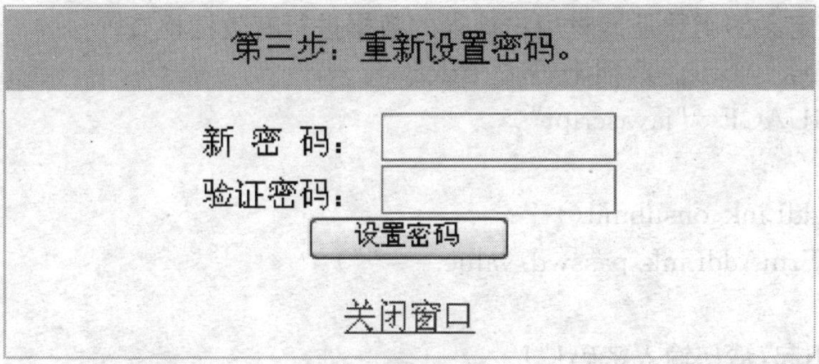

第三步：重新设置密码。

新 密 码：

验证密码：

设置密码

关闭窗口

图 4—1—9　忘记密码向导—重新设置密码

getpwd3. asp 具体代码如下：

```
<!--#include file=conn. asp-->
<!--#include file=md5. asp-->
'------获取传递的 username 值,查询数据库中的相应记录
<%
username=request("username")
set rs=Server. CreateObject("Adodb. Recordset")
sql="select*from [user] where username='"&username&"'"
rs. open sql,conn,1,1
If rs. eof Then
%>
'------如未找到记录,弹出警告框,页面跳转到首页
<script language="javascript">
alert("这个用户还没有注册呢,请到首页注册吧!")
location. href="index. asp"
</script>
<%
End If
'------ getpwd2. asp 如果用户填写的答案与数据库记录中的答案不一致,页面跳转到'
getpwderr. asp,并传递 content 的值为"答案"
```

```
If rs("answer")<>md5(trim(request("answer"))) Then
Response.redirect"getpwderr.asp? content=答案"
End If
%>
```

```
'------以下定义的函数是针对用户输入的数据进行有效性检查
<html><head><title>取回密码</title>
<script LANGUAGE="javascript">
<!--
function FrmAddLink_onsubmit() {
 if (document.FrmAddLink.passwd.value=="")
  {
    alert("对不起,请您输入密码!")
    document.FrmAddLink.passwd.focus()
    return false
  }
else if (document.FrmAddLink.passwd.value.length < 6)
   {
    alert("为了安全,您的密码应该长一点!")
    document.FrmAddLink.passwd.focus()
    return false
  }
else if (document.FrmAddLink.passwd.value.length > 16)
   {
    alert("您的密码太长了吧!")
    document.FrmAddLink.passwd.focus()
    return false
   }
else if (document.FrmAddLink.passwd2.value=="")
   {
    alert("对不起,请您输入验证密码!")
    document.FrmAddLink.passwd2.focus()
    return false
   }
else if (document.FrmAddLink.passwd2.value != document.FrmAddLink.passwd.value)
```

```
  {
    alert("对不起,您两次输入的密码不一致!")
    document.FrmAddLink.passwd2.focus()
    return false
  }
}
//-->
</script>
</head>
```

```
'------重新设置密码界面
<body topmargin="20" leftmargin="0"
oncontextmenu="self.event.returnValue=false">
<form method="POST" name="FrmAddLink" language="javascript"
onsubmit="return FrmAddLink_onsubmit()"
action="getpwd4.asp? username=<%=username%>&depid=<%=depid%>">
<table border="0" cellpadding="10" cellspacing="1" width="400" bgcolor="#
cccccc" style="border-collapse: collapse" align="center">
<TR><TD bgColor=#ffffff height=1></TD></TR>
<TR><TD align=center height=30>第三步:重新设置密码。</TD></TR>
<tr>
<td bgcolor="#ffffff">
<p align="center">新 密 码:
<input class=wenbenkuang type="password" name="passwd" size="15" maxlenght=
18><br>
…………
```

getpwderr.asp 程序代码如下:

```
<html><head><title> 取回密码 | 错误</title>
</head>
<body topmargin="20" leftmargin="0" oncontextmenu="self.event.returnValue=false">
<p align="center">您的<%=request("content")%>填写错误,请<a href="javas-
cript:history.back()">返回</a>重新填写!
 '点击文字"返回"链接到上一页,即填写提示问题答案页面
```

```
</body>
</html>
```

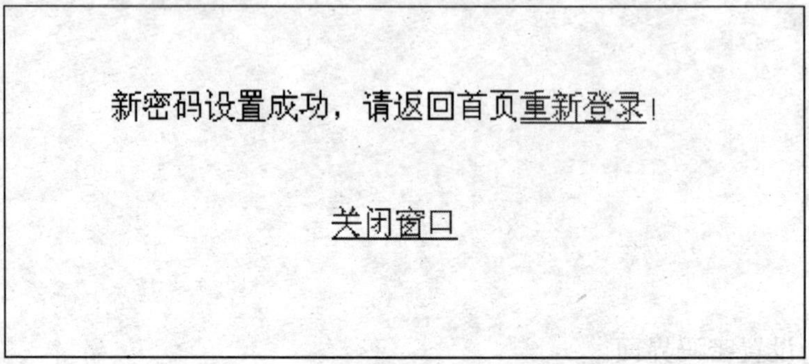

新密码设置成功，请返回首页重新登录！

关闭窗口

图 4—1—10　提示新密码设置成功

getpwd4. asp 具体代码如下：

```
<!--#include file=conn. asp-->
<!--#include file="md5. asp"-->
'------获取传递的 username 值,查询数据库中的相应记录
<%
username=request("username")
passwd=md5(trim(request. form("passwd")))
set rs=Server. CreateObject("Adodb. Recordset")
sql="select*from [user] where username='"&username&"'"
rs. open sql,conn,1,3
If rs. eof Then
%>
'------如未找到记录弹出警告框,返回上页
<script language="javascript">
alert("这个用户还没有注册呢,请到首页注册吧!")
location. href="javascript:history. back()"
</script>
'------如找到相应记录,将用户输入的密码写入到记录中,即更改密码
<%
else
rs("userpassword")=passwd
rs. update
```

```
end if
rs. close
set rs=nothing
conn. close
set conn=nothing
%>
'------新密码设置成功界面
<html><head><title>取回密码</title>
</head>
<body topmargin="20" leftmargin="0"
oncontextmenu="self. event. returnValue=false">
<table cellpadding="0" cellspacing="0" width="320"
style="border-collapse: collapse" border="0" align="center">
<tr>
<td height="100">
<p align="center">新密码设置成功,请返回首页<a href="index. asp">重新登录</a
>! </p>
...........
```

思考与练习

根据所学，以网上书店为例，设计其读者登录界面。

任务二　会员验证页面的设计

教学目标

- ◆ 了解 SQL 语言的含义及其他四类语句
- ◆ 掌握 select 查询语句的使用
- ◆ 学会编写登录验证程序

任务引入

会员在输入用户名、密码和随机验证码之后，提交的登录信息会发送到验证页面进行处理，继而输出相应的提示信息。如果登录成功，则会在首页会员登录区显示会员名、积分、预存款等信息，如图 4—2—1 所示。

如果登录信息有误，验证程序处理时则根据获取的不同错误情况显示相应不同的出错提示。当用户名或密码未填时点击“登录”按钮，出现如图 4—2—2 所示的对话框；当验证码未填或输入错误时，出现如图 4—2—3 所示的对话框；当输入正确的验证码后用户名或密码不正确，出现如图 4—2—4 所示的对话框。

图 4—2—1　会员登录成功显示信息

图 4—2—2　用户名或密码未填

图 4—2—3　验证码未填或填写不正确

图 4—2—4　用户名或密码不正确

本任务要求学生实现验证页面的设计。

任务分析

会员验证页面的设计，实际上就是验证程序的编写，并没有静态界面的设计。其主要思路是先通过一些 if 条件判断检查用户输入的信息是否有效，如全不为空且有效，然后再利用 select 语句查询数据库中是否存在与用户输入信息相匹配的记录，找到匹配记录则显示登录成功信息，如未找到则显示出错信息。

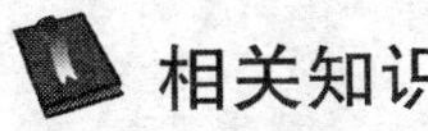

相关知识

SQL（Structured Query Language），全称为结构化查询语言。简单的说，SQL是用来访问关系型数据库的一种通用语言，属于第四代语言（4GL），其执行特点是非过程化，即由它写成的源代码不用告诉计算机如何去获得和执行结果，只要告诉计算机想干什么，就能直接取得结果。它可以访问以逻辑集的形式有序地储存在数据库的数据，这些逻辑集称为表。利用标准的SQL命令可以完成几乎所有的数据库操作。

SQL语言主要包含以下4类：

1. 数据定义语言（DDL），例如CREATE、DROP、ALTER等语句。
2. 数据操作语言（DML），例如INSERT、UPDATE、DELETE语句。
3. 数据查询语言（DQL），例如SELECT语句。
4. 数据控制语言（DCL），例如GRANT、REVOKE、COMMIT、ROLLBACK等语句。

在众多的SQL命令中，select语句是使用最频繁的。select语句主要用来对数据库进行查询并返回符合用户查询标准的结果数据。其语法格式如下：

SELECT <列名>FROM <表名>WHERE<条件>

位于select关键词之后的列名用来决定哪些列将作为查询结果返回。用户可以按照自己的需要选择任意列，还可以使用通配符“*”来设定返回表格中的所有列。如果选择多个列，列名之间必须用逗号分隔开，但最后的列名后面没有逗号；位于from关键词之后的表格名称指定将要进行查询操作的目标表格；where可选从句设定条件，用来规定哪些数据值或哪些行将被作为查询结果返回。

例1，查询user表中username和usermail字段的值。

　　SELECT username，usermail FROM user；

例2，查询user表中的所有字段的值。

　　SELECT * FROM user；

例3，条件查询，查询所有用户名为May的行。

　　SELECT * FROM user WHERE username='May'；

任务实施

在“花样年华网上鲜花超市”网站中，会员在登录表单中输入的信息依靠checkuserlogin.asp程序来进行验证，具体代码如下：

```
<!--#include file="conn.asp"-->
<!--#include file="md5.asp"-->
<%dim username,userpassword,comeurl,verifycode  '定义变量
```

```
username=replace(trim(request("username")),"'","")
'将用户输入的用户名去掉空格后赋给 username 变量
userpassword=md5(replace(trim(request("userpassword")),"'",""))
'将用户输入的密码去掉空格加密后赋给 userpassword 变量
verifycode=replace(trim(request("verifycode")),"'","")

'------对用户输入的数据进行有效性检查
if username="" or userpassword="" then
response.write "<script LANGUAGE='javascript'>alert('您的用户名或密码不能为空！');
history.go(-1);</script>"
response.end
end if
if cstr(session("getcode"))<>cstr(trim(request("verifycode"))) then
response.Write "<script LANGUAGE='javascript'>alert('请输入正确的验证码！');his-
tory.go(-1);</script>"
'如果输入的验证码不正确，弹出警告窗口，点击后返回上一页
response.end
end if
'------根据用户输入的数据进行查询
set rs=server.CreateObject("adodb.recordset")
rs.Open "select * from [user] where username='"&username&"' and
userpassword='"&userpassword&"' ",conn,1,3
'在数据库 user 表中查找与用户输入用户名和密码相匹配的记录
if not(rs.bof and rs.eof) then
if userpassword=rs("userpassword") then
'------如果找到相应记录，则将记录中各字段的值写入到客户端 Cookies
response.Cookies("shop22cn")("username")=trim(request("username"))
response.Cookies("shop22cn")("reglx")=rs("reglx")
response.Cookies("shop22cn")("jifen")=rs("jifen")
response.Cookies("shop22cn")("jiaoyijine")=rs("jiaoyijine")
session("login")=true
rs("lastlogin")=now()
'将当前日期和时间赋给记录中的"lastlogin"字段
rs("logins")=rs("logins")+1
'更改登录次数，将"logins"字段的值+1 rs("userlastip")=Request.ServerVariables("RE-
MOTE_ADDR")
```

```
'将客户端 IP 地址赋给记录中的"userlastip"字段
rs. Update
'更新数据库记录
rs. Close
set rs=nothing
'------否则未找到相应记录,提示出错信息
else
response. write "<script LANGUAGE='javascript'>alert('对不起,您的用户名或密码有误! ');history. go(-1);</script>"
end if
%>
```

如果用户输入的登录信息通过了 checkuserlogin. asp 程序的验证，即在数据库中找到了相应的记录，此时登录成功，在登录界面中会显示出会员积分、预存款等相关信息，即如图 4—2—1 所示。显示已登录会员信息这一部分的功能代码在本模块任务一中设计登录界面时已包含在内，具体如下：

```
<table width="100%" border="0" cellspacing="0" cellpadding="2" >
<%if request. Cookies("shop22cn")("username")=""  then%>
'如果从名为"shop22cn"的 Cookies 中获取键值"username"为空,即会员未登录则执行 then 以下代码
......  '省略的代码是显示会员登录界面部分
<%else%>
'如果从 Cookies 中获取键值"username"不为空,即会员已登录,则执行以下代码显示会员相关信息
<tr>
  <td align="center" height="22"><%
set rs=server. createobject("adodb. recordset")
rs. open "select jifen,yucun,reglx,vipdate from [user] where username='"&request. Cookies("shop22cn")("username")&"'",conn,1,3
'查询与用户名匹配的记录中 jifen,yucun,reglx,vipdate 字段的值
if rs("vipdate")<>"" then
'---看是不是过期 VIP
if rs("vipdate")<date and rs("reglx")=2 then
rs("reglx")=1
rs. update
```

```
end if
end if
'------将记录中各字段的值写入到客户端 Cookies
response. Cookies("shop22cn")("yucun")=rs("yucun")
response. Cookies("shop22cn")("jifen")=rs("jifen")
response. Cookies("shop22cn")("reglx=")=rs("reglx")
rs. close
set rs=nothing
if request. Cookies("shop22cn")("reglx")=2 then
'如果是 VIP 会员,则显示以下信息
response. write ""&request. Cookies("shop22cn")("username")&" 贵宾您好<br>您目
前有"&request. Cookies("shop22cn")("jifen")&"积分,预存款"&request. Cookies
("shop22cn")("yucun")&"元 "
else
'否则不是 VIP 会员,则显示以下信息
response. write ""&request. Cookies("shop22cn")("username")&" 您好<br>您目前有
"&request. Cookies("shop22cn")("jifen")&"积分,预存款
"&request. Cookies("shop22cn")("yucun")&"元 "
end if
response. write "<br><a href=user. asp><font color=red>进入会员中心</font>
</a>"
response. write "<br><a href=logout. asp>注销退出</a>"
end if
%></td>
</tr>
</table>
```

思考与练习

根据所学，以图书管理系统为例，设计读者登录信息验证页面。如果读者输入有误，则输出相应错误信息提示用户；如果读者输入信息正确，则允许用户登录。

模块五

商品管理

任务一　前台商品展示

教学目标

◆ 能够理解对象的属性、方法、含义、用法
◆ 能够掌握 Recordset 对象属性、方法的使用
◆ 能够掌握 ASP 动态代码和 HTML 静态代码的混合编写技术
◆ 能够掌握 Recordset 对象打开数据表的基本方法
◆ 能够掌握使用 Recordset 对象从数据库读取数据

任务引入

在传统的花店销售过程中，各种各样的鲜花品种被放在货架上对消费者进行展示，供消费者进行挑选，那么在电子商务环境下，应该如何去设计和实现如图 5—1—1 所示的“花样年华网上鲜花超市”网站前台商品的展示功能呢?

任务分析

“花样年华网上鲜花超市”网站前台商品展示的目的就是为了便于消费者看到具体商品的信息，便于选择、购买自己需要的商品。为了实现这一目的，应该从满足店面商品展示需要和消费者网上购物的方便性的角度，在商品信息的布置上注重“整合”与“特

图 5—1—1 前台商品展示

色”相结合。由于商品的分类信息、商品条目信息存储在数据库中，因此在实现商品展示功能的时候要遵循“打开数据库—提取数据—按固定格式显示数据”的基本思路，该功能主要涉及打开数据库的 Connection 对象和提取数据的 Recordset 对象的使用。在展示商品具体信息的过程中同时要考虑页面功能安全性，比如网站恶意用户利用 URL 地址功能对网站进行渗透、注入等攻击，该功能的实现主要涉及一些字符函数的使用，如 lacase、replace 和 instr 等。

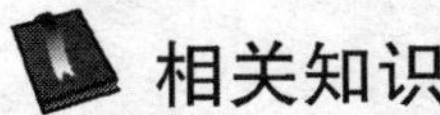 相关知识

一、Connection 对象

为了节约系统资源，“花样年华网上鲜花超市”网站对于数据库的连接采用共享连接，即在一个单独的页面（conn. asp 页面）保存连接数据库的代码，在需要连接数据库的页面加入如下代码：

<!--#include file="conn. asp"-->

该页面功能前面已详细阐述，不再具体解释。

二、Recordset 对象

前台展示页面主要使用了该对象的提取数据和分页功能。

1. Recordset 对象创建

set rs =server. createobject("adodb. recordset")

rs 为创建的名字，server. createobject 使用 ASP 内建对象 server 的 createobject 方法创建对象，被创建对象的名称是 adodb. recordset。adodb. recordset 为 ASP 对象类工具的基本调用方法，adodb 为 ASP 数据库组件 ado 下的一级对象名，而 recordset 对象为 adodb 下的二级对象。

2. open 方法

前台商品展示页面主要利用 Recordset 对象的 open 方法从数据库中提取数据内容，具体代码如下：

rs. open "select * from shop _anclass where anclassid="&anclassid,conn,1,1

rs. open 使用了 Recordset 对象的 open 方法打开数据库中的表，按照提供的 SQL 语句提取指定的数据，基本格式为：

rs. open "sql 命令",已打开的数据库连接,游标类型,锁类型

SQL 命令为标准的 SQL 指令，商品展示页面主要使用 select 语句进行页面数据的提取。已打开的数据库连接要求必须是打开的、活动的、可以使用的链接。游标类型指定 Recordset 对象所使用的光标类型、锁类型表示编辑时记录的锁定类型，它决定了当不止一个用户试图同时改变一个记录时，Recordset 如何处理数据记录。Recordset 对象取出的数据按记录一条一条保存在内存中指定的区域，对于记录只能一条一条地浏览、使用，此时记录集类型定义浏览数据的基本方式。一般来说，当只是为了读取数据库中数据，同时对于数据实时性要求不高时可以直接取 1 或者常数 AdOpenKeyset，如果对数据能实时反映数据库的变化，则可以取 2 或者常数 AdOpenDynamic。

3. Recordset 的记录指针

Recordset 对象对从数据库中取出的数据采用记录指针进行操作指引。在对对象中的任何数据操作之前，必须先将记录指针指向该条记录。

对记录指针的操作方法主要有：

movefirst 方法：移至第一条记录。

movelast 方法：移至最后一条记录。

movenext 方法：移至下一条记录。

moveprevious 方法：移至上一条记录。

move n 方法：移动游标到第 n 条记录，n 从 0 算起。

同时，在移动记录指针的时候，需要通过 Recordset 对象的 bof 和 eof 属性时刻注意指针的位置，防止指针移出记录的边界。bof 属性取值为 true 时代表记录指针处在第一条记录之前的空位置，否则为 false。eof 属性取值为 true 时代表记录指针处于最后一条记录文前的空位置。

4. VBScript 的 while－wend 循环结构

while－wend 循环结构基本语法：

while 条件
　　循环体
wend

当条件为真时执行循环体，当条件为假时退出循环。

三、相关函数用法

1. Instr 函数

基本格式：返回值＝Instr(字符串 1，字符 1)

Instr 函数检测字符串 1 中是否有字符 1 存在，如果存在，返回字符 1 在字符串中的第一个起始位置(字符编号从 1 开始)；若没有，返回 0。

2. replace 函数

基本格式：返回值＝replace(字符串 1，字符串 2，字符串 3)

replace 函数将字符串 1 中所有的字符串 2 替换成字符串 3 后作为返回值。

3. trim 函数

基本格式：返回值＝trim(字符串)

trim 函数的作用是去掉字符串两端的空格。如" select from book "字符串经过 trim 处理后变为"select from book"。

4. isnumeric 函数

基本格式：返回值＝isnumeric(字符)

isnumeric 函数判断字符是否全为数字，是返回 true，否返回 false。

5. lcase 函数

基本格式：返回值＝lcase(字符)

lcase 函数表示把所有字符全部变成小写。

6. 自定义函数 isinteger

函数定义格式：function 函数名(参数 1，参数 2...)

isinteger 函数的定义在 webconfig. asp 文件中，代码解析如下：

```
function isInteger(para)
'执行过程中遇到错误继续执行
    on error resume next
    dim str
```

```
        dim l,i
'如果 para 参数为空,返回 false,表明不是整数,退出函数
        if isNUll(para) then
          isInteger=false
          exit function
        end if
'转换 para 为字符,去掉两端空格,如果为空,返回 false
        str=cstr(para)
        if trim(str)="" then
          isInteger=false
          exit function
        end if
'检测 str 的长度,并一个一个字符地检测是否为阿拉伯数字
        l=len(str)
        for i=1 to l
            if mid(str,i,1)>"9" or mid(str,i,1)<"0" then
              isInteger=false
              exit function
            end if
        next
        isInteger=true
        if err.number<>0 then err.clear
end function
```

isinterger 用法：返回值=isinteger（字符）

isinterger 检测字符是否为整数，如果是返回 true，否则返回 flase。

任务实施

一、首页功能分解

“花样年华网上鲜花超市”整个网站布局是统一的，首页作为网站的门户是网站其他页面的模板。首页中，在保持网站整体风格的条件下，对页面进行了分块。左边是商品分类部分内容的展示，如图 5—1—1 所示。首页中间部分采用上下两个分块分别对“本站新品”和“精品热卖”的商品信息进行显示，这两个部分是首页商品展示的主要区域，在编写相关代码时可以独立成块，便于代码的修改和维护。

1. 商品分类

首先根据页面布局需要先确定商品分类显示的基本布局，然后根据布局再嵌入动态代码实现目标功能。商品分类部分的基本布局制作如下：

（1）使用 Dreamweaver 菜单新建本站新品页面 info _ class2. asp

方法：文件—新建（在常规中选择动态页，ASP VBScript），如图 5—1—2 所示。

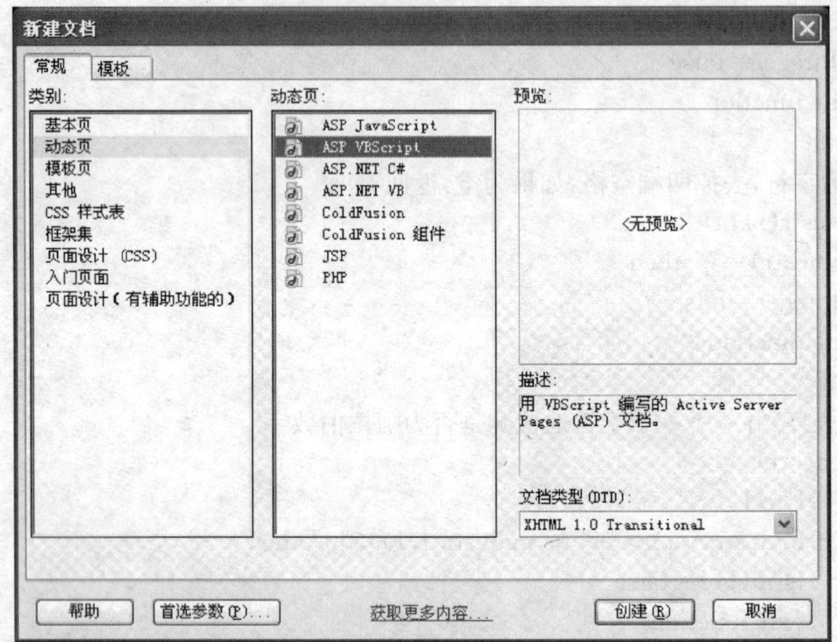

图 5—1—2　新建页面

（2）插入两行一列表格

方法：插入—表格，相关参数设置如图 5—1—3 所示。

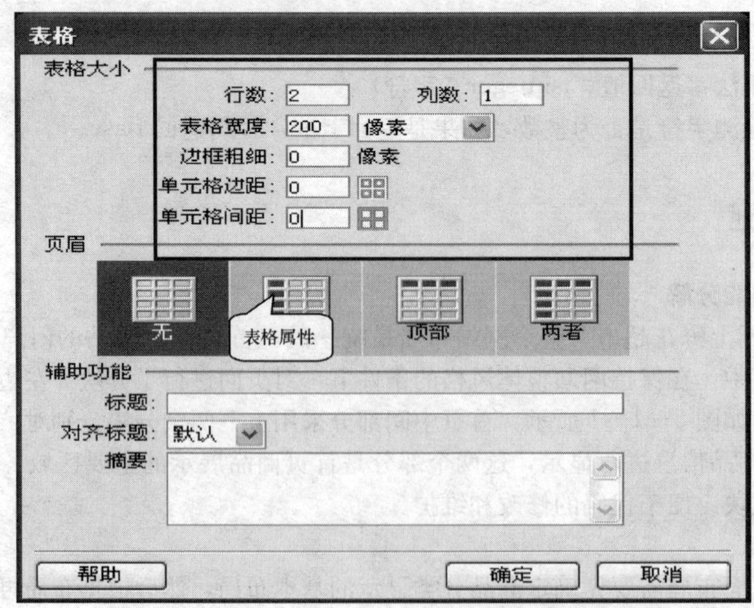

图 5—1—3　插入两行一列表格

(3) 光标定位于第一单元格，插入一个一行一列表格

方法与第二步类似，参数设置如图 5—1—4 所示。

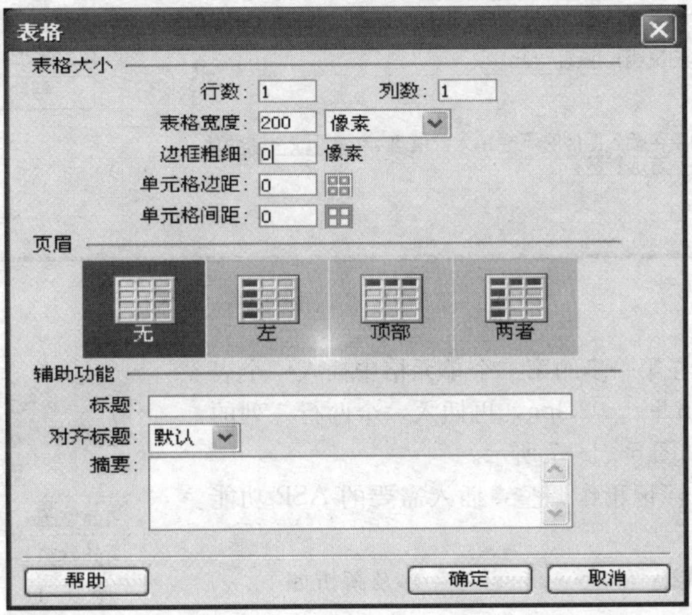

图 5—1—4 插入一行一列表格

(4) 在第三步的表格内插入图片 index _ dh2. jpg

方法：插入一图像，参数设置如图 5—1—5 所示。

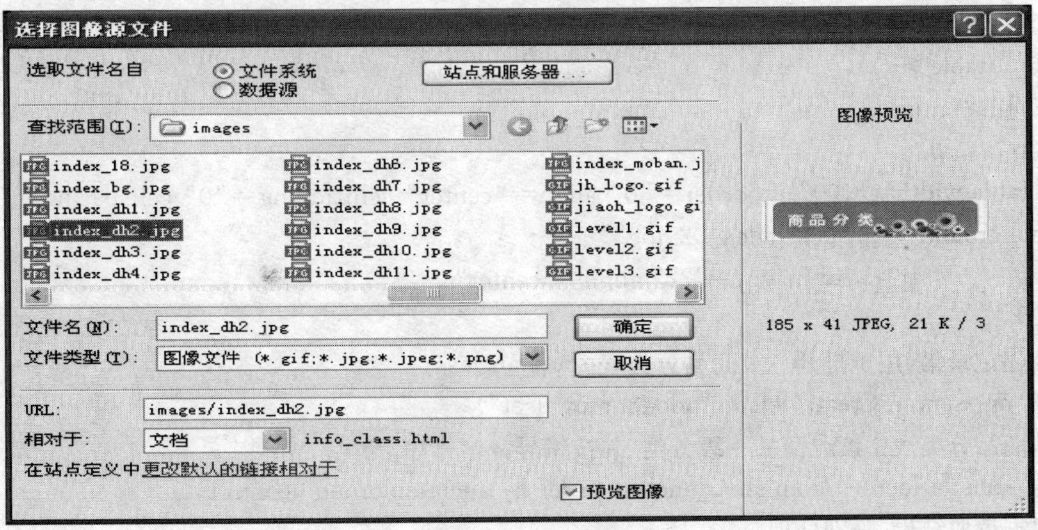

图 5—1—5 插入图片

标签辅助功能留空即可，如图 5—1—6 所示。

图 5—1—6　图像标签

（5）类似，在第一步的第二个单元格中插入一个表格，设置背景图 index _ 02. jpg，再插入一个两行三列的表格，最后效果如图 5—1—7 所示。

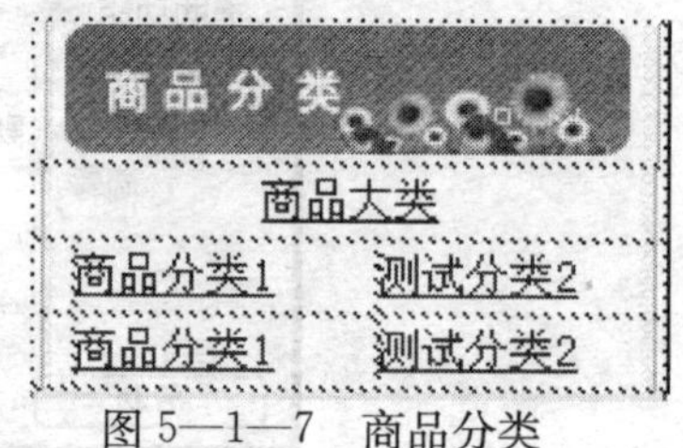

图 5—1—7　商品分类

对静态 html 标记稍作调整，插入需要的 ASP 功能代码。

商品分类源代码（info _ class2. asp）及解析如下：

```
<table width="185" border="0" cellspacing="0" cellpadding="0">
    <tr> <td>
  <table cellspacing=0 cellpadding=0>
  <tr><td><img src="images/index_dh2. jpg" width="185" height="41"></td>
</tr>
  </table>
</td></tr>
<tr><td>
<table width="100%" border="0" align="center" cellpadding="0" cellspacing="0"
background="images/index_02. jpg">
        <tr><td height="22" align="center">
<%'
'创建记录集,用于打开一级商品分类表 shop_anclass
set rs=server. CreateObject("adodb. recordset")
'从商品分类表中读取商品一级分类,并按编号升序排序
rs. open "select * from shop_anclass order by anclassidorder",conn,1,1
'根据读取结果,分别处理
if rs. recordcount=0 then
  response. write "<br>目前没有商品一级分类
```

```
else  '有商品分类信息,while 循环读取商品
  while not rs.eof
%>
<table width=100% border="0" cellpadding="0" cellspacing="0">
  <tr align="center">
  <td height="22" colspan=3 background="images/index_02.jpg"
style="CURSOR: hand" onMouseOver="this.bgColor='#E3F4F0';"
onMouseOut="this.bgColor='#FFFFFF';"><font color="#FF6600"><a
href=class.asp? lx=big&anid=<%=rs("anclassid")%>><b><font
color="#FF6600"><%=rs("anclass")%></font></b></a></font>
</td> </tr>
<%
'创建记录集,用于打开商品二级分类表 shop_nclass
  set rs_s=server.CreateObject("adodb.recordset")
'根据一级分类条件打开商品二级分类表 shop
  rs_s.open "select * from shop_nclass where anclassid=" & rs("anclassid") & " order
by nclassidorder",conn,1,1
'根据读取结果分别处理
'无二级分类,显示提示信息
if rs_s.recordcount=0 then
%>
<tr>
  <td colspan=2 height="22">   暂无小分类</td>
</tr>
<%
'有二级分类,while 循环读出二级商品分类,每次循环仅显示两条记录
else
  while not rs_s.eof  '二级商品分类循环开始
'采用 html 和 ASP 代码混合编写技术,构造分类条目,实现点击该条目后进入
'详细的商品页面
%>
    <tr>
    <td width=7% height="22" ></td>
    <td width=48% height="22"><a
href="class.asp? lx=small&anid=<%=rs("anclassid")%>&nid=<%=rs_s
("nclassid")%>"><%=rs_s("nclass")%></a></td>
```

```
<%
'移动记录指针,指向下一条分类项目
rs_s. movenext
'判断 rs_s 记录集记录指针是否到达记录的尾部,如果是'什么都不做,否则继续显示商品分类
  if rs_s. eof  then
  else
  %>
  <td width=45% height="22"><a
href="class. asp? lx=small&anid=<%=rs("anclassid")%>&nid=<%=rs_s
("nclassid")%>"><%=rs_s("nclass")%></a></td></tr>
<%
    rs_s. movenext
    end if
%>
<%
    wend  '二级商品分类循环结束
    end if
%>
<tr> <td colspan=3 height=1 background="images/bj_x1. gif" ></td> </tr> </
table>
<%
rs_s. close
set rs_s=nothing
'移动 rs 记录集的记录指针到下一个一级分类,继续循环
rs. movenext
wend
end if
rs. close
set rs=nothing
%>  </td></tr></table></td> </tr></table>
```

2. 本站新品

(1) 使用 Dreamweaver 菜单新建本站新品页面 info _ newly. asp。

方法:文件—新建(在常规中选择动态页,ASP VBScript),如图 5—1—8 所示。

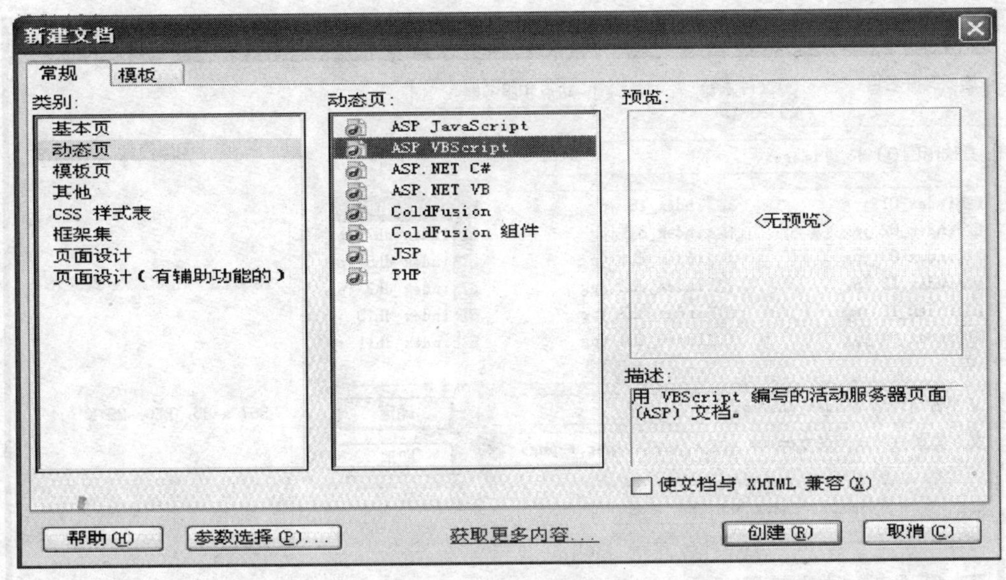

图 5—1—8　新建页面

(2) 插入一个三行三列的表格，宽度 200 像素，单元格间距、填充都为 0，然后在单元格中插入图片。表格插入方法：插入—表格，参数设置如图 5—1—9 所示。图片插入方法：插入—图像（插入前光标定位于单元格内，然后选择 images 下的 index _ dh6. jpg 图片），参数设置如图 5—1—10 所示。

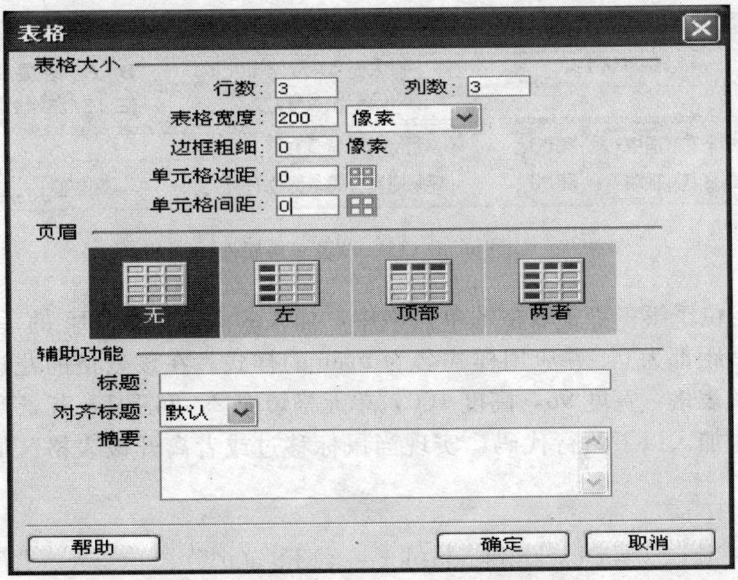

图 5—1—9　插入三行三列表格

(3) 光标定位于上一表格的下方的空白处，插入一个宽度为 557 的表格，单元格间距

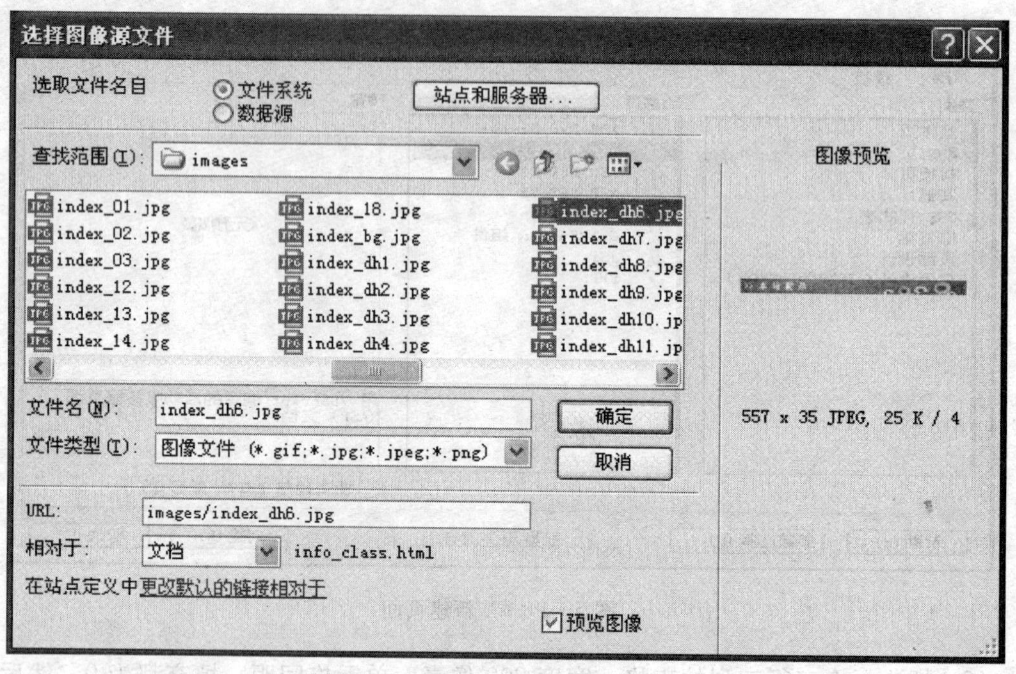

图 5—1—10　插入图像

0，填充 2，表格居中对齐。内部单元格水平居中，垂直顶端对齐，参数设置如图 5—1—11 所示，操作与第一步类似。

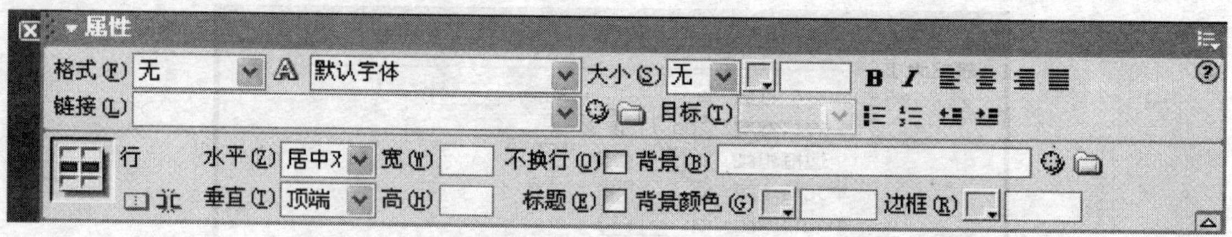

图 5—1—11　设置表格属性

（4）光标定位于第三步中表格的单元格中，插入一个宽度为 115 的一行两列的表格，单元格填充、间距都为 0，并应用样式名为 main 的样式。在该表格的左边单元格中插入一个一行一列的表格，宽度 98，高度 100，单元格填充 2，间距 1，背景颜色为＃e1e1e1，并在表格标记中加入以下两行代码，实现当鼠标移过或者离开该表格区域时背景颜色发生相应的变化。

```
onmouseover="this.style.backgroundColor='#FF6600'"
onmouseout="this.style.backgroundColor=''"
```

如图 5—1—12 所示。

图 5—1—12 本站新品

本站新品源代码（info _ newly. asp）及解析如下：

```
<table width="557" border="0" cellspacing="0" cellpadding="0" align="center">
<tr>
  <td width="55" height="34"><img src="images/index_dh6. jpg" alt="本站新品"
width="557" height="35" /></td>
</tr>
</table>
<table width="557" border="0" cellspacing="0" cellpadding="2" align="center">
  <tr>
<%
'创建记录集 rs,用户打开商品表 shop_books
set rs=server. CreateObject("adodb. recordset")
'使用 rs 的 open 方法打开商品表 shop_books,提取字段 newsbook 为 1 的所有记录
rs. open "select Top 6 * from shop_books where newsbook=1 order by bookid desc",
conn,1,1
'判断打开的记录集 rs 是否为空,若为空,显示相应的提示信息
  if rs. eof and rs. bof then
  response. write "<td  align=center><font color=red size=2>对不起,暂无新品!
</font></td>"
  else  '有新品
%>
<%
  if not rs. eof then '防止 rs 记录集指针移动到记录集外面
    i=1  '商品总数记录器
    do while not rs. eof  '商品显示循环开始
%>
```

```
    <td align="center" valign="top"> <table height="115" border="0"
cellpadding="0" cellspacing="0" class="main">
        <tr>
          <td>
<TABLE width=98 height=100 border=0 align="center" cellPadding=2 cellSpacing=
1 bgColor=#e1e1e1 onmouseover="this.style.backgroundColor='#FF6 600'"
onmouseout="this.style.backgroundColor=''">
<TBODY>
  <TR>
  <TD width=92 height=100 bgColor=#ffffff align=center>
  <%
'根据rs("bookpic")的值来决定是否显示商品的图片
if rs("bookpic")="" then  '没有图片，使用一个div层显示指定的empty book.gif图片
    response.write "<div align=center><a href=list.asp? id="&rs("bookid")&" >
<img src=images/emptybook.gif width=90 height=90 border=0></a></div>"
else  '有图片，显示图片，并为图片创建链接
%>
  <a href=list.asp? id=<%=rs("bookid")%>> <img
src="<%=trim(rs("bookpic"))%>" width=75 height=75 border=0
align=absmiddle></a>
  <%end if%>
  </TD>
  </TR>
  </TBODY>
  </TABLE>
  </td>
  <td valign=middle> <a href=list.asp? id=<%=rs("bookid")%>><font
color="#FF0000">
<%
'为保证显示布局，对商品的名字进行阶段处理，超过6个字符的统一截前6个字符
if len(trim(rs("bookname")))>6 then
  response.write left(trim(rs("bookname")),6)&".."
else
  response.write trim(rs("bookname"))
end if
%>
```

```
</font></a><br>
             市场价:<%=trim(rs("shichangjia"))%>元<br>
               会员价:<%=trim(rs("huiyuanjia"))%>元
<table width="100%" cellpadding=0 cellspacing=0>
    <tbody>
    <tr>
    <td width="116"><div align="center"><a
href="gouwu.asp? id=<%=rs("bookid")%>&action=add" target="_blank" ><img
src="images/goumai.gif" width="46" height="18" border=0></a></div></td>
    </tr></tbody>
    </table>
    </td></tr>
      </table></td>
  <%
'根据商品的数量 i 值,控制每行仅显示 3 个商品
if i mod 3 = 0 then
%>
  </tr>
  <%
end if
'移动 rs 记录集的记录指针到下一个新品记录
rs.movenext
i=i+1
  loop
  rs.close
  end if
  end if
%>
</table>
```

3. 精品热卖

精品热卖页面部分基本布局和本站新品热卖布局基本相同，仅是在处理每行显示多少商品上有所差别，精品热卖由于要显示更多的商品信息，每行仅显示两个商品。根据前面介绍的方法在 Dreamweaver 中新建页面 info _ prime. asp，在页面中插入表格，构建基本的布局，效果如图 5—1—13 所示。

精品热卖（info _ prime. asp）源代码及解析如下：

图 5—1—13 精品热卖

（1）读取商品信息

读取商品信息时不涉及商品信息的更新，在使用记录集对象时注意后两个参数的取值。

```
<!--首页的精品热卖-->
<table width="557" border="0" cellspacing="0" cellpadding="0" align="center">
  <tr><td align="center" valign="top"><img src="images/index_dh7.jpg"
width="557" height="35" /></td></tr>
  <tr> <td height="205" align="center" valign="top">
<%
'建立 rs 记录集对象,打开商品信息表 shop_books
  set rs=server.CreateObject("adodb.recordset")
'打开商品信息表 shop_books,提取销售热销字段 bestbook 为 1,并按照商品编号 bookid 降序排列
  rs.open "select Top 6 * from shop_books where bestbook=1 order by bookid desc",
conn,1,1
'判断打开的记录集是否为空,为空则没有精品热卖类商品
```

（2）商品显示

在显示精品信息时，首先要注意判定数据库是否有信息内容，当有信息内容时再具体显示商品的内容。

```
if rs.eof and rs.bof then
    response.write "<center><br><font color=red size=2>对不起,暂无精品!
</font></font>"
  else
```

```
%>
  <table cellspacing=0 cellpadding=0 border=0 width="100%">
<%
'对所有热卖类商品,按照每行 2 个进行显示,i_2 变量为行数,i_count2 为行的序号
    dim i_2,i_count2
    i_2=int((rs.recordcount+1)/2)
    if i_2>7 then
    i_2=7
  end if
```

（3）商品显示

商品的显示主要是在布局好的表格中插入商品内容。这里共有 i_2 行商品需要显示，利用循环依次显示商品信息。

```
  for i_count2=1 to i_2
%>
        <tr><td valign=top width="294"> <table width="100%" height="106"
  border="0" cellpadding="0" cellspacing="0">
        <tr><td width="37%" height="132"><TABLE width=98 height=90
border=0 align="center" cellPadding=2 cellSpacing=1 bgColor=#e1e1e1
onmouseover="this.style.backgroundColor='#FF6 600'"
onmouseout="this.style.backgroundColor=''">
      <TBODY><TR><TD width=92 height=90 bgColor=#ffffff align=center>
```

1）商品图片显示的控制。商品图片的显示需要根据数据库中图片字段是否为空来决定是否显示图片信息。若没有图片，则显示默认的图片；若字段 bookpic 中有图片信息，则显示实际的图片。

```
'根据字段 bookpic 决定是否需要显示商品的图片
    <%if rs("bookpic")="" then
    response.write "<div align=center><a href=list.asp?id="&rs("bookid")&" >
<img src=images/emptybook.gif width=90 height=90 border=0></a></div>"
  else%>
    <a href=list.asp?id=<%=rs("bookid")%>> <img
src="<%=trim(rs("bookpic"))%>" width=90 height=90 border=0
align=absmiddle></a>
  <%end if%>
```

```
    </TD></TR></TBODY></TABLE></td>
  <td width="61%"><table cellspacing=0 cellpadding=0 width="100%">
    <tr> <td width="203" align="center" valign=top><a
href=list.asp? id=<%=rs("bookid")%>><font color="#FF6 600">
```

2）商品名显示的控制。为保证网页整体布局，在显示商品名时对商品品名的长度进行限制，只显示商品名的前 10 个字符。

```
<%
'对于商品名,按照固定 10 个字符长度进行显示,多出的舍弃,用省略号代替
  if len(trim(rs("bookname")))>12 then
    response.write left(trim(rs("bookname")),10)&".."
  else
    response.write trim(rs("bookname"))
  end If
%>
      </font></a></td></tr><tr>
    <td width="203" valign=top ><font color="#FF0000">市场
价:<s><%=rs("shichangjia")%>元</s>   VIP 价:<%=rs("Vipjia")%>元</
font></td>
  </tr><tr><td width="203" valign=top> <a href=list.asp? id=<%=rs
("bookid")%>>
      <font color="#000000">
```

3）商品内容的控制。为保证布局，利用脚本函数控制商品内容介绍只显示 42 个字符。

```
<%
'商品的内容介绍按照固定 42 个字符长度进行显示,多出的舍弃,并用省略号代替
  if len(trim(rs("bookcontent")))>46 then
    response.write left(trim(rs("bookcontent")),42)&"..."
  else
    response.write trim(rs("bookcontent"))
  end if%>
    </font></A> </td></tr>
<%
'移动 rs 记录集的记录指针到下一个商品记录,以下代码显示下一行商品,与上面代码基本
相同,不再解释
```

```
rs. movenext
%>
  </table></td></tr></table></td>
    <td width="1" valign=top bgcolor=<%=miibeiancetr%>></td>
    <td valign=top width="294">
```

下面代码主要为显示精品热卖的下一行内容，基本代码功能与上面类似，此处不再具体分析。

```
<%
'如果所有商品已经显示完，则什么都不做即退出
if rs. eof then
Else
%>
    <table width="100%" height="106"  border="0" cellpadding="0"
cellspacing="0"><tr>
  <td width="39%" height="132"><TABLE width=98 height=90 border=0
align="center" cellPadding=2 cellSpacing=1 bgColor=#e1e1e1
onmouseover="this. style. backgroundColor='#FF6 600'"
onmouseout="this. style. backgroundColor=''">
  <TBODY><TR> <TD width=92 height=90 bgColor=#ffffff align=center>
<%
  if rs("bookpic")="" then
    response. write "<div align=center><a href=list. asp? id="&rs("bookid")&"
><img src=images/emptybook. gif width=90 height=90 border=0></a></div>"
  Else
%>…（部分代码省略）
```

二、分类页面功能分解

“花样年华网上鲜花超市”网站分类页面的商品展示功能大同小异，在页面布局上风格也保持一致，这里仅以“鲜花超市”分类页面为主介绍，其他分类页面如“自助鲜花”“保健食品”等栏目可以模仿分析。“鲜花超市”分类页面在维持首页风格的条件下，对页面的主体部分做了分割，左边是“产品搜索”和“商品分类”，如图 5—1—14 所示，上面是“产品搜索”的入口，下面是“商品分类”区域，在页面的右边是“鲜花超市”目录下的二级分类目录的展示和“鲜花超市”下所有商品条目信息。同时，所有二级目录分类都采用超链接，点击后可以进入该二级目录下面商品条目信息的展示。所有分类页面布局是统一的，都由 class. asp 文件来定义，通过向该页面传递 lx 参数，即一级分类信息，确定商品的一级大类，以及 anid 参数，

即二级分类信息，来确定需要展示的商品的二级分类信息。class.asp页面将根据这两个参数信息从数据库中提取不同的分类信息和商品信息进行显示。同样，分类页面内部“商品分类”、二级分类以及具体的商品条目信息分块相对独立，在编写代码时可以相应地独立成块，便于日后的维护和修改。下面以“花样年华网上鲜花超市”页面内容讲解具体的实现。

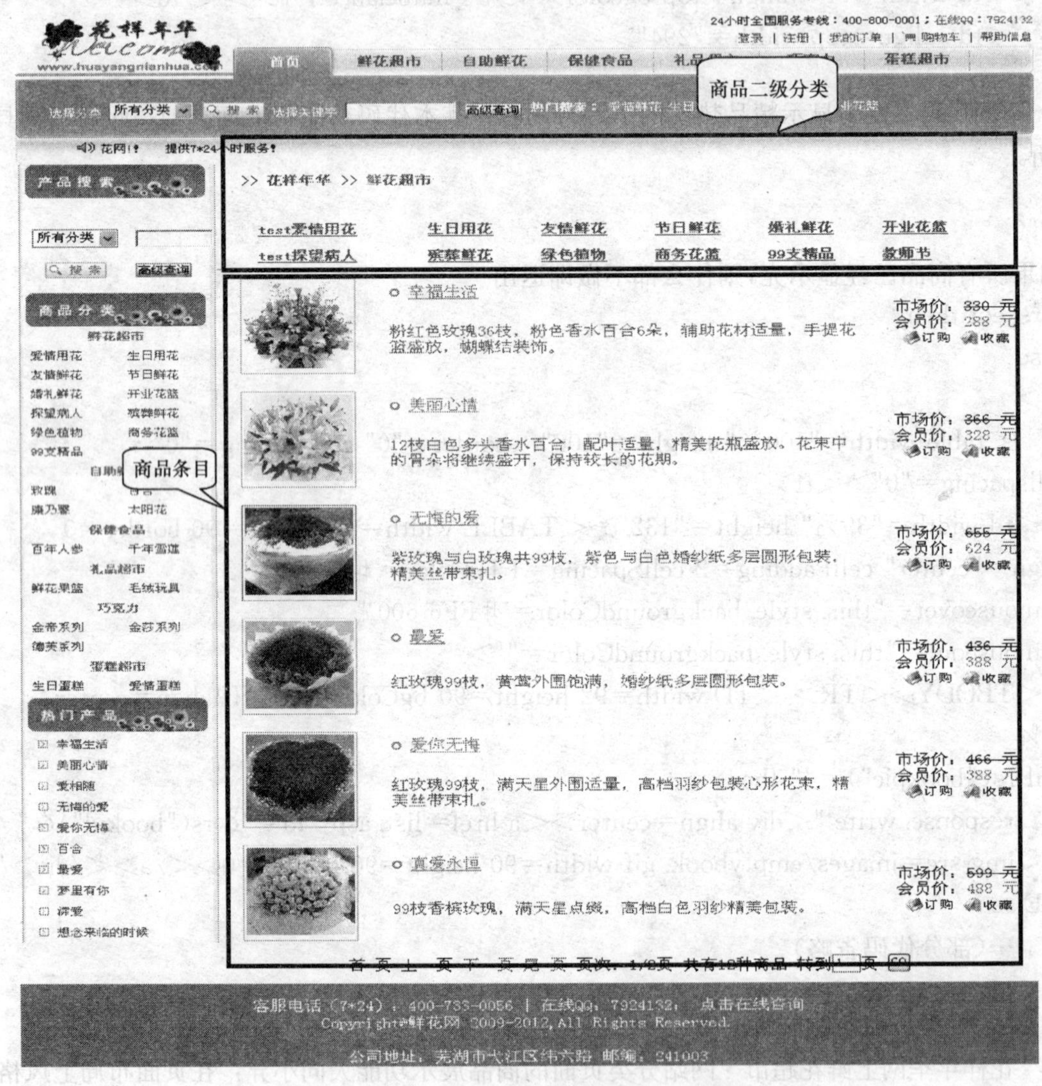

图5—1—14　花样年华网上鲜花超市分类页面

“花样年华网上鲜花超市”网站在展示商品的时候，除通过前面介绍的首页进行外，还通过首页中的导航条设置了不同大类下的商品分类显示，如鲜花超市、自助鲜花、保健食品等。商品分类页面（class.asp）在显示不同类别商品信息时是根据收到的lx参数（商品类别）和anid参数（商品类别代码）来决定的。这里仅以鲜花超市来介绍商品分类显示的实现。由于商品页面部分内容比较多，下面将页面按功能不同划分成若干块进行分别讲解实现。

1. 页面验证

在 URL 中带有参数的链接容易被人进行注入攻击。因此在商品分类页面部分进行了简单的防注入攻击。主要代码如下：

```
<%
'对收到的类型参数 lx 进行去空格和小写化处理
leixing=lcase(trim(request("lx")))
'在 lx 参数中查找单引号,若发现则提示"非法访问",并自动定位到首页
if Instr(leixing,"'")>0 then
response.write"<script>alert(""非法访问!"");location.href=""index.asp"";</script>"
response.end
end if
%>
```

2. 标题

根据点击的商品类别的级别不同，在标题部分分别显示不同的内容。以下是相应的代码解析：

```
  <title><%=webname%>--
  <% '网页标题
'替换其中的所有单引号
    leixing=replace(leixing,"'","")
'根据 lx 的不同值,分别显示不同的商品标题内容
  select case leixing
    case "big"
      response.write "大类商品"
    case "small"
      response.write "小类商品"
    case "tejia"
      response.write "特价商品"
    case "news"
      response.write "新品上架"
    case else
      response.write "新品上架"
    end select%></title>
```

3. 一级分类商品信息

当点击一级商品分类时，首先根据一级分类信息获取二级分类的信息，显示在开始部

分。下面是相应代码解析：

（1）类型参数检验

对页面传入的类型参数 leixing 进行校验，如空格、非数字等，以防止对页面的非法访问。

```
<%
'判断 leixing 参数,按商品种类级别分别进行显示
select case leixing
'类型为大类
case "big"
'提取商品类别代码,并去除空格
anclassid=trim(request("anid"))
'对商品代码有效性进行检验
  if not isnumeric(anclassid) then
     response. write"<script>alert(""非法访问!"");
location. href=""index. asp"";</script>"
     response. end
        else
        '如果商品类别代码为非整数,给出错误信息
            if not isinteger(anclassid) then
                  response. write"<script>alert(""非法访问!"");
location. href=""index. asp"";</script>"
            else
```

（2）读取商品大类信息

读取商品大类信息，获取商品大类名，然后下面根据大类名查询商品小类信息。

```
            '建立记录集对象,用户打开商品类别表 shop_anclass
               set rs=server. createobject("adodb. recordset")
            '根据 anclassid 提取相应的商品类别信息
               rs. open "select * from shop_anclass where
anclassid="&anclassid,conn,1,1
            '获得商品的类别名
               anclassname=rs("anclass")
%>
  <tr> <td height=61 colspan="3" valign="top">
     <table width="590" height="40" border="0" cellpadding="0"
cellspacing="0" >
```

```
        <tr><td width="22" height="40">  </td>
        <td width="568" class="link_dh_top2"> &gt;&gt; <a
href=index.asp><%=webname%></a>
          >> <a
href=class.asp? lx=big&anid=<%=anclassid%>><%=anclassname%></a>
        </td></tr>
      </table> </td> </tr>
    <tr><td colspan="3" ><div align="center">
        <table width="90%" border="0" cellpadding="0" cellspacing="0"
class="link_dh_top2">
```

（3）读取二级分类商品信息

根据大类商品名，读取商品二级分类，若没有则给出提示，若有则分行显示出来。

```
<%
'建立记录集 rs_s,用户打开商品二级分类表 shop_nclass
      set rs_s=server.CreateObject("adodb.recordset")
'根据商品的一级分类 anclassid,提取商品的二级分类信息,并按照二级分类的编号升序排列
      rs_s.open "select * from shop_nclass where anclassid="&rs("anclassid")&" order
by nclassidorder",conn,1,1
'没有二级分类信息,给出提示
if rs_s.recordcount=0 then
%>
   <tr><td width="100%" height="30" align="center" colspan="8">暂无小分类
</td> </tr>
      <%
   else
'展示小分类,每行四个
   i=0
   while not rs_s.eof
%>
      <tr><td  height="30"><a
href="class.asp? lx=small&anid=<%=rs("anclassid")%>&nid=<%=rs_s
("nclassid")%>"><u><%=rs_s("nclass")%></u></a>
```

（4）分行显示商品信息

分行显示商品的信息，这里要注意商品的记录数量，防止显示的时候出现错误提示。

```
<%
'在使用每一个二级分类数据前，先移动指针指向该分类记录，如果指针到达尾部则输出空内容，否则显示分类内容
rs_s.movenext
if rs_s.eof then
  response.write " "
else
%>
    </td><td ><a
href="class.asp? lx=small&anid=<%=rs("anclassid")%>&nid=<%=rs_s
("nclassid")%>"><u><%=rs_s("nclass")%></u></a>
<%
rs_s.movenext
……(部分重复代码省略)
if rs_s.eof then
  response.write " "
else
%>
  </td><td ><a
href="class.asp? lx=small&anid=<%=rs("anclassid")%>&nid=<%=rs_s
("nclassid")%>"><u><%=rs_s("nclass")%></u></a>
<%
rs_s.movenext
if rs_s.eof then
  response.write " "
else
%>
    </td><td ><a
href="class.asp? lx=small&anid=<%=rs("anclassid")%>&nid=<%=rs_s
("nclassid")%>"><u><%=rs_s("nclass")%></u></a> </td>
<%
  rs_s.movenext
        end if
      end if
    end if
  end if
```

```
  end if
    wend
end if
'小分类展示结束
end if
end if
%>
    </tr></table><tr><TD width="1" bgcolor="<%=miibeiancetr%>"></
TD></tr></div></td></tr>
```

4. 二级分类及其他分类商品

当点击二级分类链接时，只需要提取相应的二级分类名即可。下面是相应的源代码解析：

(1) 参数检验

检验二级分类参数，防止非法访问。

```
<%
'小分类
case "small"
%>
<%
'提取分类代码参数
anclassid=request("anid")
'判断分类代码是否合法
if not isnumeric(anclassid) then
  response.write"<script>alert(""非法访问!"");location.href=""../index.asp"";</
script>"
  response.end
else
if not isinteger(anclassid) then
  response.write"<script>alert(""非法访问!"");location.href=""../index.asp"";
</script>"
else
  nclassid=request("anid")
  if not isnumeric(nclassid) then
    response.write"<script>alert(""非法访问!"");location.href=""../index.asp"";
</script>"
```

```
    response. end
  else
if not isinteger(nclassid) then
response. write"<script>alert(""非法访问!"");location. href="". . /index. asp"";
</script>"
Else
```

（2）读取商品信息

根据一级分类信息读取分类名，然后根据分类名读取二级分类名并显示在页面上。

```
 '建立记录集对象 rs,用户打开商品一级分类信息
 set rs=server. createobject("adodb. recordset")
 '根据商品类别代码 anclassid,提取商品类别信息
 rs. open "select * from shop_anclass where anclassid="&anclassid,conn,1,1
 '提取商品类别名
 anclassname=rs("anclass")
 rs. close
 '重新利用 rs 记录集,利用一级分类信息 nclassid 打开商品二级分类
 rs. open "select * from shop_nclass where nclassid="&nclassid,conn,1,1
 '提取二级分类名
 nclassname=rs("nclass")
 rs. close
     %>
<tr>
 <td height=61 colspan="3" valign="top" >
 <table width="590" height="40" border="0" cellpadding="0" cellspacing="0">
   <tr>
   <td width="22" height="40">  </td>
   <td width="568" class="link_dh_top2">&gt;&gt; <a
href=index. asp><%=webname%></a>
     >> <a
href=class. asp? lx=big&anid=<%=anclassid%>><%=anclassname%></a>
     >> <%=nclassname%> </td>
   </tr>
 </table >
 </td>
```

```
</tr>
  <%
                end if
              end if
            end if
end if
%>
'部分代码省略
```

其中，特价商品、精品热卖、本站新品、其他新品链接部分的代码基本与以上相似，读者可作为练习完成。

思考与练习

一、参考网上书店的基本功能，实现在首页部分显示图书的分类信息。

二、利用图书的分类信息，实现按照图书的不同类别显示相应的图书信息，并实现分页显示。

任务二 后台商品添加、修改和删除

教学目标：

- 能够根据商品信息表制作相应的表单页面
- 能够掌握使用 JavaScript 进行表单验证的基本方法
- 能够利用 Recordset 对象添加商品信息
- 能够利用 Recordset 对象删除商品信息
- 能够掌握 Delete 语句的基本使用技巧
- 能够使用 Recordset 进行分页显示

任务引入

在“花样年华网上鲜花超市”网站运营的过程中，需要不断地更新、修改、删除所售商品的信息，本任务就是要完成如图 5—2—1 所示的后台功能页面的设计与实现。

网站首页 | 退出后台
参数设置
商城信息设置
系统参数设置
商城广告设置
送货邮编设置
送货方式设置
汇款方式设置
商品管理
商品资料添加
所有商品管理
会员订单管理
匿名订单管理
分类管理
商品大类管理
商品小类管理
字段名称设置
商城单位设置
用户管理
商城会员管理
匿名会员管理
后台管理添加
修改管理密码
用户所在区域
修改管理密码
用户所在区域

添加新商品
选择商品的分类： 大类： 鲜花超市 小类： 爱情用花
商品名称 浮动价： 浮动价一级
商品品牌 请选择品牌
商品规格
商品单位 请选择单位
商品价格 市场价： 会员价： VIP价：
其他资料 库存数： 已销售： 积 分：
商品图片 上传小图片
上传大图片
商品说明
□ 新 品 □ 推 荐 □ 特 价
添加保存 重新填写

图 5—2—1 商品添加表单

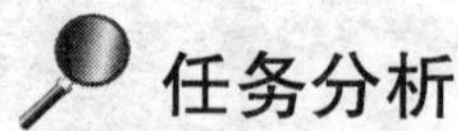

任务分析

商品的添加是后台商品管理的重要内容。为“花样年华网上鲜花超市”网站的管理人员将实际鲜花的种类、属性等信息相应地录入到计算机中提供一个统一的输入界面，同时用动态页面将商品的信息保存到数据库中，该部分内容主要涉及表单数据的提交和数据库添加记录知识。

商品的修改是对数据库中已有商品信息的修改更新。因此商品修改部分基本流程是读取原商品信息（编辑页面）—修改商品信息—更新数据库中的原商品信息（保存页面）。该部分主要涉及两个动态页面的制作，知识方面主要是表单的提交和数据库更新方面的操作。

商品的删除功能同样是后台商品管理的重要内容，首先根据商品的编号即可对商品信息进行删除，其次制作所有商品显示页面，利用页面上的商品超链接可实现商品的删除，最后还可以根据商品名称的关键词查找商品，然后进行删除。这里对删除的过程进行了简化，实际运营的网上商城要求对数据的删除进行严格的控制，防止产生数据库垃圾数据。比如关于某个商品的订单已经形成，而相应的商品信息已被删除，导致订单部分信息变成数据库的垃圾信息。商品的删除功能主要涉及商品分页显示及部分 JavaScript 脚本知识的运行。

相关知识

一、JavaScript 相关知识

1. JavaScript

（1）表单元素的获取

基本语法：document. 表单名. 元素名. 元素属性

JavaScript 是基于对象的脚本语言，对网页元素的控制主要是通过调用浏览器对象实现的。Document 对象是浏览器对象的二级对象，顶级对象是 Windows，一般可以省略。如网页中表单 myform 中有个文本框 book，则在 JavaScript 中获取该文本框内容的代码为：

```
document. myform. book. value
```

若该表单中有多选钮 book2，则在 JavaScript 中获取该多选钮值相关内容代码如下：

```
document. myform. book2. checked
document. myform. book2. value
```

第一行代码获取单选钮的选择状态，结果为 true 或者 false；第二行代码获取单选钮提交的内容。

（2）网页元素的联动

JavaScript 对于网页元素的联动采用事件的响应机制。事件是由系统预先设置好的，能被对象识别的一种动作。用户在网页中的交互操作将触发相应的事件，当事件发生时，系统就会调用相应的事件处理函数，从而实现对事件的响应。

在网页中使用的事件主要有三大类：鼠标事件、键盘事件和浏览器事件。

鼠标事件是鼠标操作所触发的。常用的有 mouseover、mouseout、mouseup、mousedown、click、dbclick。

键盘事件主要由键盘触发发生的。常用的有 keydown、keyup、keypress。

当事件发生时，系统就会自动查询该事件是否指定了事件处理函数，若指定了，则调用执行相应的事件处理函数，从而完成对事件的响应；若未指定，则什么也不执行。事件处理函数通过事件句柄来指定，事件句柄名称是在事件名称前面加上前缀 on。例如，对应 click 事件的句柄就是 onclick。

事件处理函数的指定方法为：事件句柄＝事件处理函数名（）或语句

二、正则表达式

正则表达式就是用某种模式去匹配一类字符串的一个公式。正则表达式由一些普通字符和一些元字符（metacharacters）组成。普通字符包括大小写的字母和数字，而元字符则具有特殊的含义（见表 5—2—1）。由于正则表达式内容丰富、灵活，这里仅就代码中出现的正则表达式作简要介绍。

```
/^\d*\.?\d{0,2}$/
```

两端斜杠代表其中是一串正则表达式，其中^代表正则表达式一行开始，\d代表数字字符，有时也用［0-9］表示，*代表匹配前面的子表达式零次或多次，\d{0，2}代表0～2个数字，$代表一行的结束。因此该正则表达式表示的是一个具有2位小数的浮点数。

表 5—2—1 部分元字符的匹配含义

表示次数的符号	
符号	次数
*	0次或者多次
+	1次或者多次
?	0次或者1次
{n}	恰好n次
{n，m}	从n次到m次

任务实施

一、商品添加

商品添加首先要提供给管理人员一个录入鲜花商品信息的界面，在这里用表单设计该界面，如图5—2—2所示。同时，对管理人员表单页面能在管理人员录入时提供必要的完整性、正确性检查。检查完毕后，利用动态代码将管理人员录入的鲜花数据添加到数据库中，完成商品信息的添加。

1. 添加商品页面

添加商品页面（addbook. asp）为管理人员提供录入商品属性信息的界面，其中商品类别信息需要从数据库中动态地读取。

（1）新建页面（见图5—2—3）

（2）新建两行一列的表格，并修改相应的属性，参数设置如图5—2—4所示。

设置表格的第一行相应的属性及应用样式，参数设置如图5—2—5所示。

（3）在表格第二行插入十二行两列的表格，并在其中添加表单元素参数设置，如图5—2—6和图5—2—7所示。

商品添加页面中部分元素内容需要从数据库中动态读取，如商品的大类、小类，商品的属性名称，商品的单位等。同时，商品修改的相应的功能也利用该页面来完成。在以上的静态页面中嵌入所需的动态代码完成页面的功能。

addbook. asp页面源代码及解析如下：

1）用户验证。利用两个session变量对用户的身份和等级进行记录，从而对访问的用户进行验证。

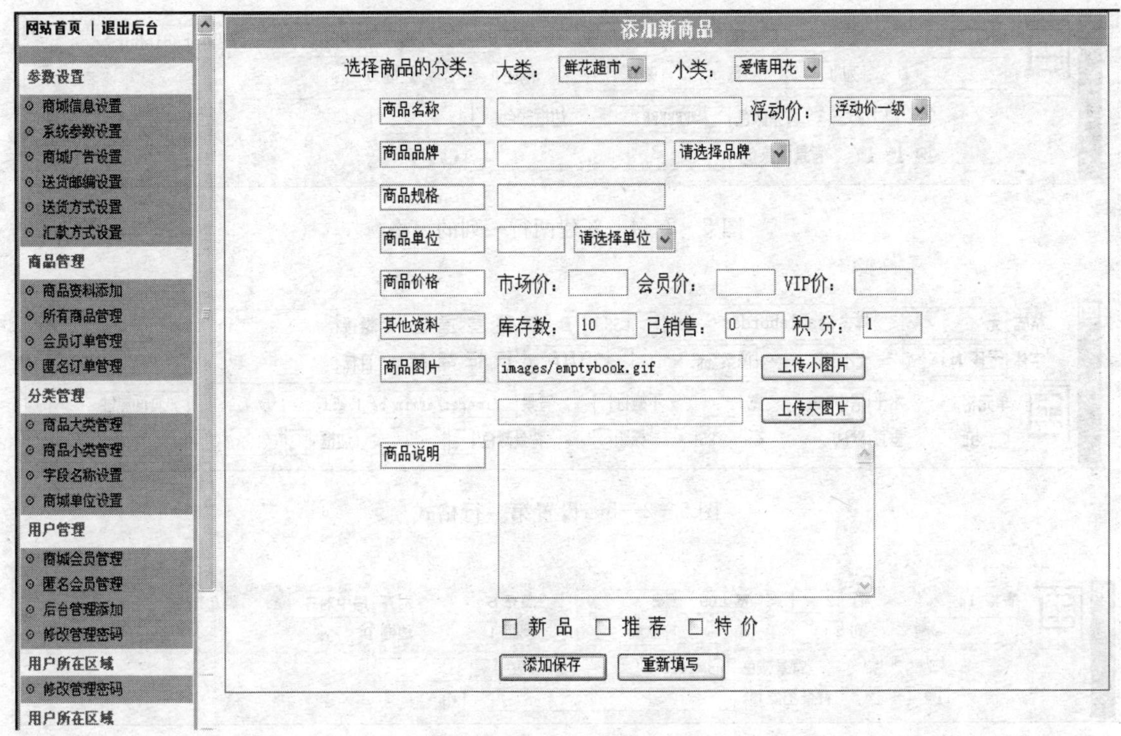

图 5—2—2　商品添加表单

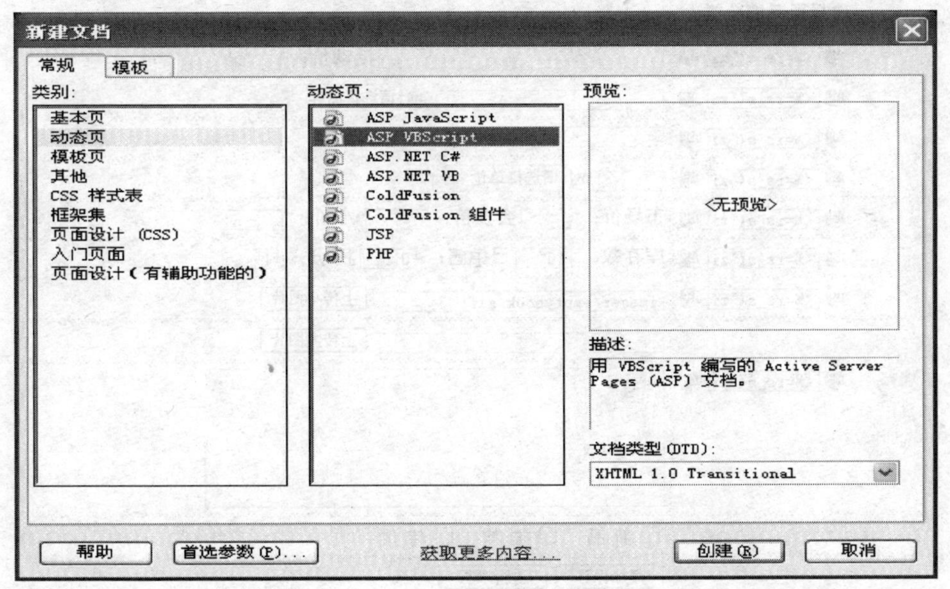

图 5—2—3　新建网页

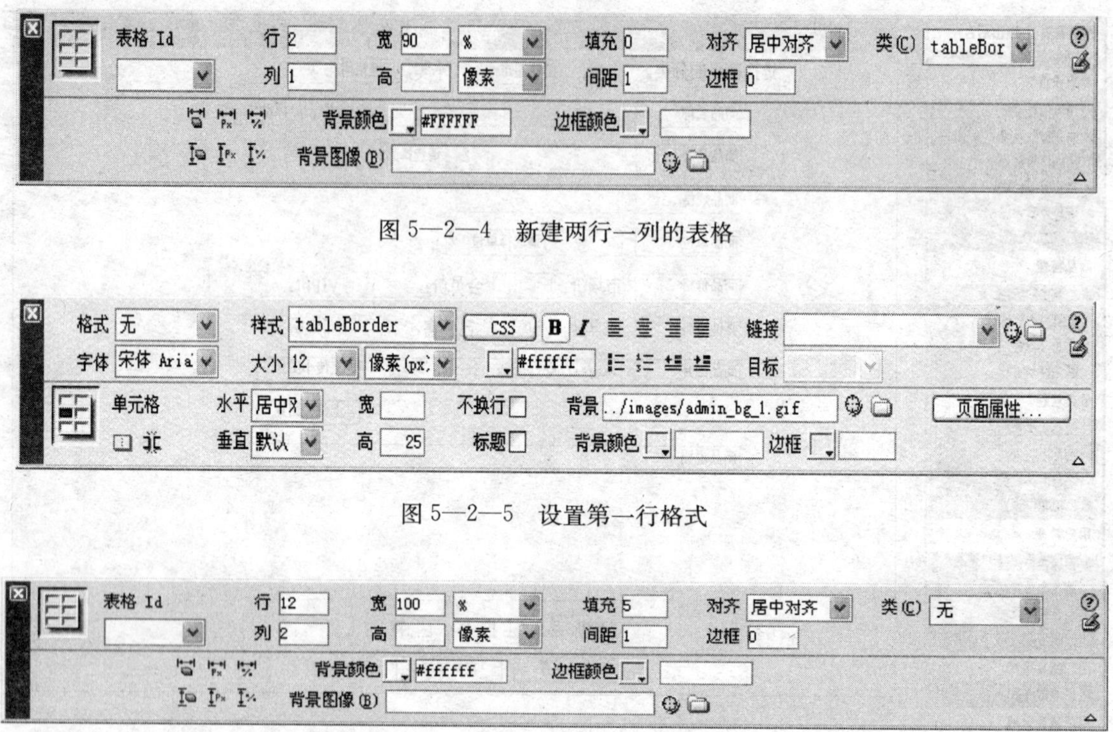

图 5—2—4　新建两行一列的表格

图 5—2—5　设置第一行格式

图 5—2—6　插入十二行两列的表格

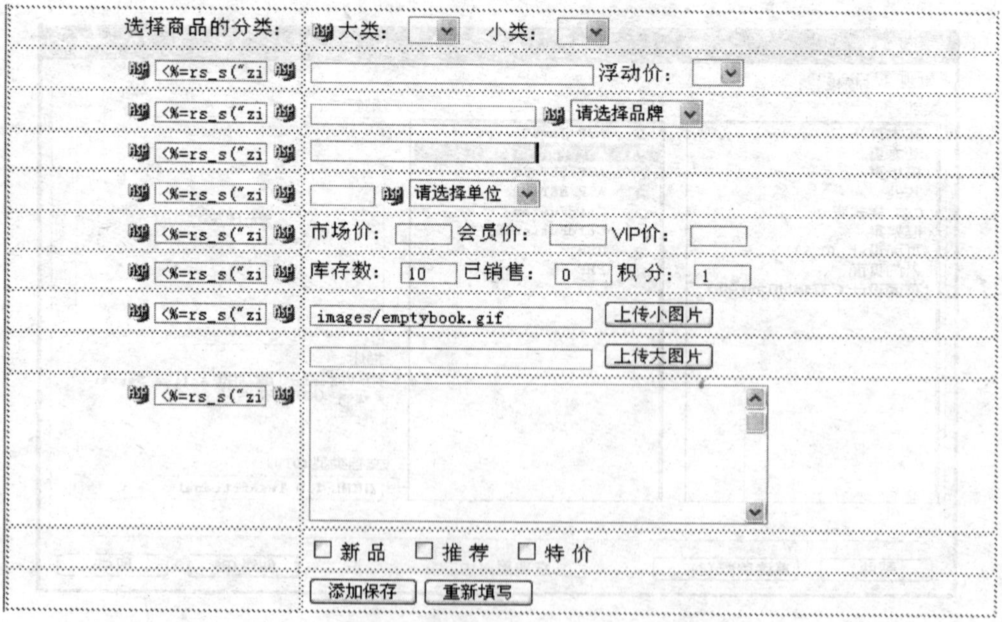

图 5—2—7　在相应的表格单元格中插入表单元素

```
<!--#include file="conn.asp"-->
<%
'对管理员的登录状态进行验证，保证只有登录用户可以进入该页面
if session("shop")="" then
  response.Write "<script LANGUAGE='javascript'>alert('网络超时或者您还没有登录请登录');window.location.href='login.asp';</script>"
  response.End
else
'对商品添加的权限进行检查
if session("flag")>2 then
    response.Write "<p align=center><font color=red>您没有此项目管理权限!</font></p>"
    response.End
  end if
end if
%>
<html><head><title>Untitled Document</title>
<meta http-equiv="Content-Type" content="text/html; charset=gb2312">
<link href="../css/index_main.css" rel="stylesheet" type="text/css">
</head>
```

2）读取商品分类。

```
<%dim count
set rs=server.createobject("adodb.recordset")
rs.open "select * from shop_Nclass order by Nclassidorder ",conn,1,1
%>
```

3）商品分类列表联动。利用脚本知识，将商品分类信息保存在数组里，并将两个下拉列表框利用事件联系起来，实现联动。

```
<script language = "JavaScript">
var onecount;
onecount=0;
subcat = new Array();
<%
  count = 0
```

```
  do while not rs.eof
'将商品的二级分类名、大类 id 和相应的二级分类 id 存储子数组 subcat 中
%>
subcat[<%=count%>] = new Array("<%= trim(rs("Nclass"))%>","<%=
rs("anclassid")%>","<%= rs("Nclassid")%>");
<%
        count = count + 1
        rs.movenext
        loop
        rs.close
%>
onecount=<%=count%>;
//商品大类和二级分类下拉框联动函数
function changelocation(locationid)
    {
    document.myform.Nclassid.length = 0;
    var locationid=locationid;
var i;
//遍历 subcat 数组,查找与大类 localtionid 对应的二级分类条目
    for (i=0;i < onecount; i++)
        {
            if (subcat[i][1] == locationid)
            {
//根据大类的 id 信息在二级分类添加相应的条目
document.myform.Nclassid.options[document.myform.Nclassid.length] = new Option
(subcat[i][0], subcat[i][2]);
            }
        }
    }
</script>
<body>
```

4）商品类别。从数据库中读取商品大类和小类信息，动态建立列表框。

```
<table class="tableBorder" width="90%" border="0" align="center" cellpadding="0"
cellspacing="1" bgcolor="#FFFFFF">
```

```
<tr >
<td align="center" background="../images/admin_bg_1.gif" height="25"><b>
<font color="#ffffff">添加新商品</font></b> </td>
</tr>
<tr >
<!--使用表单的 onsubmit 事件截获表单提交过程，首先进行相关验证-->
<form name="myform" method="post" action="saveaddbook.asp? action=add"
OnSubmit="return checkkk()" >
<td>
    <table width="100%" border="0" align="center" cellpadding="5"
cellspacing="1" bgcolor="#ffffff"><tr >
    <td width="30%" align="right">选择商品的分类：</td> <td width="70%">
<%
'打开商品大类信息表
rs.open "select * from shop_anclass order by anclassidorder",conn,1,1
if rs.eof and rs.bof then
response.write "请先添加栏目。"
response.end
else
'将商品的大类编号和大类名添加到大类列表框中
'同时，对大类列表框加入 onchange 事件，以实现和二级分类联动
%>
  大类：<select name="anclassid" size="1" id="anclassid"
onChange="changelocation(document.myform.anclassid.options[document.myform.
anclassid.selectedIndex].value)">
<option selected alue="<%=rs("anclassid")%>"><%=trim(rs("anclass"))%>
</option>
<% dim selclass
'页面初始显示时，二级分类显示第一个商品大类的相关二级分类，selclass 保存
'第一个大类
selclass=rs("anclassid")
rs.movenext
'循环建立大类商品列表
do while not rs.eof
%>
<option value="<%=rs("anclassid")%>"><%=trim(rs("anclass"))%>
```

```
</option>
<%
rs.movenext
loop
end if
rs.close
%></select>
小类：
<select name="Nclassid">
<%
'根据第一大类的编号，即 selclass 中存储的内容，读取二级分类
rs.open "select * from shop_Nclass where anclassid="&selclass ,conn,1,1
if not(rs.eof and rs.bof) then
%>
<option selected value="<%=rs("NclassID")%>"><%=rs("Nclass")%>
</option>
<%
rs.movenext
'循环建立商品二级分类的列表框
do while not rs.eof
%>
<option value="<%=rs("NclassID")%>"><%=rs("Nclass")%></option>
<%
rs.movenext
loop
end if
    rs.close
    set rs = nothing
%>
</select></td> </tr><tr > <td align="right">
```

5）商品价格。从数据库中读取商品价格等级信息，动态建立价格等级列表框。

```
<%
'从字段表中读取相应的商品属性名称
set rs_s=server.createobject("adodb.recordset")
```

```
rs_s.open "select * from ziduan where ziduanorder=1 ",conn,1,1
%>
<input type="text" name="mch" size="12" value="<%=rs_s("ziduanname")%
>">
<%
rs_s.close
set rs_s=nothing
%>
</td><td><input name="bookname" type="text" id="bookname" size="30"> 浮
动价:<select name="fudongjia" size=1>
<%
'从浮动价表 shop_fudong 中读取浮动价格等级信息
set rs_s=server.createobject("adodb.recordset")
rs_s.open "select * from shop_fudong order by id ",conn,1,1
if rs_s.recordcount=0 then
  response.write "请先添加浮动价"
else
  while not rs_s.eof
%>
  <option value=<%=rs_s("id")%> ><%=rs_s("shuoming")%></option>
<%
  rs_s.movenext
  wend
end If
%>
    </select></td> </tr><tr ><td align="right">
```

6）商品品牌。从数据库中读取商品品牌信息，动态建立商品品牌列表框。

```
<%
'读取商品品牌属性名
set rs_s=server.createobject("adodb.recordset")
rs_s.open "select * from ziduan where ziduanorder=2 ",conn,1,1
%>
<input type="text" name="pp" size="12" value="<%=rs_s("ziduanname")%>">
<%
```

```
rs_s. close
set rs_s=nothing
%>
    </td><td><input name="pinpai" type="text" id="pinpai">
<%
'从表 pinpai 中读取商品品牌
set rs_s=server. createobject("adodb. recordset")
rs_s. open "select * from pinpai order by pinpaiorder ",conn,1,1
'利用品牌列表框的 onchange 事件把品牌列表和品牌文本框建立联动
%>
<select name="select"
onChange="(document. myform. pinpai. value=this. options[this. selectedIndex]. value)">
  <option selected>请选择品牌</option>
<%
while not rs_s. eof
%>
<option
value="<%=rs_s("pinpainame")%>"><%=rs_s("pinpainame")%></option>
<%
rs_s. movenext
wend
rs_s. close
set rs_s=nothing
%>
</select></td></tr><tr ><td align="right">
```

7）商品规格

```
<%
'读取商品规格字段
set rs_s=server. createobject("adodb. recordset")
rs_s. open "select * from ziduan where ziduanorder=3 ",conn,1,1
%>
<input type="text" name="isbn1" size="12" value="<%=rs_s("ziduanname")%>">
<%
rs_s. close
```

```
set rs_s=nothing
%>
</td><td><input name="isbn" type="text" id="isbn"></td> </tr><tr >
<td
align="right">
```

8）商品单位。从数据库中读取商品规格信息，动态建立商品规格选择列表框。

```
<%
'读取商品单位字段
set rs_s=server.createobject("adodb.recordset")
rs_s.open "select * from ziduan where ziduanorder=4 ",conn,1,1
%>
<input type="text" name="jj" size="12" value="<%=rs_s("ziduanname")%>">
<%
rs_s.close
set rs_s=nothing
%>
</td><td> <input name="bookchuban" type="text" id="bookchuban" size="7">
<%
'从 danwei 表中读取单位种类,并利用单位列表框的 onchange 和单位文本框建立联动
set rs_s=server.createobject("adodb.recordset")
rs_s.open "select * from danwei order by danweiorder ",conn,1,1
%>
<select name="select"
onChange="(document.myform.bookchuban.value=this.options[this.selectedIndex].value)">
<option selected>请选择单位</option>
<%
while not rs_s.eof
%>
<option value="<%=rs_s("danweiname")%>"><%=rs_s("danweiname")%></
option>
<%
   rs_s.movenext
wend
    rs_s.close
```

```
set rs_s=nothing
%>
</select></td></tr><tr ><td align="right">
```

9）商品价格。读取商品价格字段名，并利用脚本对价格文本框的内容进行验证，保证价格信息为 2 位小数的浮点数。

```
<%
'读取商品价格属性名
set rs_s=server.createobject("adodb.recordset")
rs_s.open "select * from ziduan where ziduanorder=5 ",conn,1,1
%>
<input type="text" name="jg" size="12" value="<%=rs_s("ziduanname")%>">
<%
rs_s.close
set rs_s=nothing
'通过对市场价文本框的 onkeypress,onpaste,ondrop 事件和 reginput 函数保证输入内容为数字
%>
</td><td>
市场价:<input name="shichangjia" type="text" id="shichangjia" size="6"
onKeyPress  = "return regInput(this,  /^\d*\.?\d{0,2}$/,
    String.fromCharCode(event.keyCode))"
      onpaste= "return regInput(this,  /^\d*\.?\d{0,2}$/,
    window.clipboardData.getData('Text'))"
      ondrop= "return regInput(this,  /^\d*\.?\d{0,2}$/,
    event.dataTransfer.getData('Text'))">
    会员价:
    <input name="huiyuanjia" type="text" id="huiyuanjia" size="6"
onKeyPress  = "return regInput(this,  /^\d*\.?\d{0,2}$/,
    String.fromCharCode(event.keyCode))"
      onpaste= "return regInput(this,  /^\d*\.?\d{0,2}$/,
    window.clipboardData.getData('Text'))"
      ondrop= "return regInput(this,  /^\d*\.?\d{0,2}$/,
    event.dataTransfer.getData('Text'))">
    VIP 价:
```

```
    <input name="vipjia" type="text" id="vipjia" size="6"
onKeyPress= "return regInput(this,  /^\d*\.?\d{0,2}$/,
    String.fromCharCode(event.keyCode))"
      onpaste    = "return regInput(this,  /^\d*\.?\d{0,2}$/,
    window.clipboardData.getData('Text'))"
      ondrop     = "return regInput(this,  /^\d*\.?\d{0,2}$/,
    event.dataTransfer.getData('Text'))">
      </td></tr><tr ><td align="right">
```

10）商品其他属性。

```
<%
'读取其他资料属性名
set rs_s=server.createobject("adodb.recordset")
rs_s.open "select * from ziduan where ziduanorder=6 ",conn,1,1
%>
<input type="text" name="zl" size="12" value="<%=rs_s("ziduanname")%>">
<%
rs_s.close
set rs_s=nothing
%></td><td>库存数:<input name="kucun" type="text" id="kucun" value="
10" size="6"
    onKeyPress= "return regInput(this,  /^[0-9]*$/,
    String.fromCharCode(event.keyCode))"
        onpaste    = "return regInput(this, /^[0-9]*$/,
    window.clipboardData.getData('Text'))"
        ondrop     = "return regInput(this,  /^[0-9]*$/,
    event.dataTransfer.getData('Text'))" >
    已销售:<input name="chengjiaocount" type="text" id="chengjiaocount"
value="0" size="6" onKeyPress   = "return regInput(this,  /^[0-9]*$/,
    String.fromCharCode(event.keyCode))"
        onpaste    = "return regInput(this,  /^[0-9]*$/,
    window.clipboardData.getData('Text'))"
        ondrop     = "return regInput(this,  /^[0-9]*$/,
    event.dataTransfer.getData('Text'))" readonly>
积 分:<input name="yeshu" type="text" id="yeshu" value="1" size="6"
```

```
onKeyPress= "return regInput(this,  /^[0-9]* $/,
    String. fromCharCode(event. keyCode))"
        onpaste= "return regInput(this,  /^[0-9]* $/,
    window. clipboardData. getData(' Text'))"
        ondrop= "return regInput(this,  /^[0-9]* $/,
    event. dataTransfer. getData(' Text'))" >
        </td></tr><tr ><td align="right">
```

11）商品图片。读取商品图片字段名，并显示在文本框中。

```
<%
'读取商品图片字段名
set rs_s=server. createobject("adodb. recordset")
rs_s. open "select * from ziduan where ziduanorder=7 ",conn,1,1
%>
<input type="text" name="tp" size="12" value="<%=rs_s("ziduanname")%>">
<%
rs_s. close
set rs_s=nothing
%>
</td><td><input name="bookpic" type="text" id="bookpic"
value="images/emptybook. gif" size="30">
     <input type="button" name="Submit2" value="上传小图片"
onClick = " window. open ('../situjiaduotu. asp? formname = myform&editname =
bookpic&uppath=bookpic&filelx=jpg ','',' status=no, scrollbars=no, top=20, left=
110,width=420,height=165')"> </td></tr><tr ><td></td><td>
    <input name="zhuang" type="text" id="zhuang" size="30">
     <input type="button" name="Submit2" value="上传大图片"
onClick="window. open('../situjiaduotu. asp? formname=myform&editname=zhuang&uppath=
bookpic&filelx=jpg','',' status=no,scrollbars=no,top=20,left=110,width=420,height=165')"
> </td></tr><tr ><td valign="top" align="right">
```

12）商品说明。

```
<%
'读取商品说明属性名
set rs_s=server. createobject("adodb. recordset")
```

```
rs_s.open "select * from ziduan where ziduanorder=8 ",conn,1,1
%>
<input type="text" name="nr" size="12" value="<%=rs_s("ziduanname")%>">
<%
rs_s.close
set rs_s=nothing
%>
</td><td><textarea name="bookcontent" cols="46" rows="8"
id="bookcontent"></textarea></td></tr><tr ><td></td><td height="30">
<input name="newsbook" type="checkbox" id="bestbook" value="1">
新品 <input name="bestbook" type="checkbox" id="bestbook" value="1">
推荐 <input name="tejiabook" type="checkbox" id="bestbook" value="1">
特价</td></tr><tr ><td></td><td height="30">
<input type="submit" name="Submit" value=" 添加保存 ">
<input onClick="ClearReset()" type=reset name="Clear" value=" 重新填写 ">
</td></tr></table></td></form></tr></table>
<!--#include file="copyright.asp"-->
</body>
</html>
<SCRIPT LANGUAGE="JavaScript">
```

13）商品输入资料检查。利用脚本，对商品的各项资料进行验证，如是否为空、格式是否符合要求等，保证商品各项数据资料的正确性。

```
<!—
//表单检查函数
function checkkk()
{
    if(checkspace(document.myform.bookname.value)) {
  document.myform.bookname.focus();
    alert("请输入商品名称!");
  return false;
}
    if(checkspace(document.myform.shichangjia.value)) {
  document.myform.shichangjia.focus();
    alert("请输入市场价格!");
```

```
  return false;
}
    if(checkspace(document.myform.huiyuanjia.value)) {
  document.myform.huiyuanjia.focus();
    alert("请输入会员价格!");
  return false;
}
    if(checkspace(document.myform.vipjia.value)) {
  document.myform.vipjia.focus();
    alert("请输入 VIP 会员价格!");
  return false;
  }
}
//检查字符串是否为空
function checkspace(checkstr) {
  var str = '';
  for(i = 0; i < checkstr.length; i++) {
    str = str + ' ';
  }
  return (str == checkstr);
}
//-->
</script>
<script>
//文本框模式验证函数
  function regInput(obj, reg, inputStr)
  {
    var docSel= document.selection.createRange()
    if (docSel.parentElement().tagName != "INPUT")  return false
    oSel = docSel.duplicate()
    oSel.text = ""
    var srcRange= obj.createTextRange()
    oSel.setEndPoint("StartToStart", srcRange)
    var str = oSel.text + inputStr + srcRange.text.substr(oSel.text.length)
    return reg.test(str)
  }
</script>
```

2. 商品添加页面 saveaddbook. asp 代码及解析

商品的添加和修改公用 saveaddbook. asp 页面功能进行商品的信息的维护。

(1) 参数检查

首先检查商品资料是否为空以及是否含有特殊的控制字符，防止非法访问。

```
<!--#include file="conn.asp"-->
<%
'检查商品的各属性值是否为空,不为空才继续添加商品
if request("bookname")="" or request("shichangjia")="" or request("huiyuanjia")=""
or request("vipjia")="" then
  response.Write "对不起,添加失败,请用正确的方式添加商品!"
  response.End
end if
//控制字符过滤函数,对回车、换行等字符进行过滤
function HTMLEncode2(fString)
  fString = Replace(fString, CHR(13), "")
  fString = Replace(fString, CHR(10) & CHR(10), "</P><P>")
  fString = Replace(fString, CHR(10), "<BR>")
  HTMLEncode2 = fString
end function
dim bookdate,dazhe
dazhe=round(request("huiyuanjia")/request("shichangjia"),2)
dim action,bookid
  bookid=request.QueryString("id")
  action=request.QueryString("action")
  shjianame=request.cookies("shopshop")("shjianame")
'根据参数 action 决定是对商品的相关属性值进行添加还是修改
select case action
```

(2) 添加商品新资料

根据参数要求，决定添加商品，对商品各字段添加内容。

```
'添加新商品
case "add"
  set rs=server.CreateObject("adodb.recordset")
  rs.Open "select * from shop_books",conn,1,3
'添加新记录,并将商品属性值存入相应的字段
```

```
rs.AddNew
rs("shjianame")="网上商城"
rs("shjiaid")=1
rs("mch")=trim(request("mch"))'
rs("pp")=trim(request("pp"))'
rs("isbn1")=trim(request("isbn1"))'
rs("jj")=trim(request("jj"))'
rs("jg")=trim(request("jg"))'
rs("zl")=trim(request("zl"))'
rs("tp")=trim(request("tp"))'
rs("nr")=trim(request("nr"))'
rs("anclassid")=int(request("anclassid"))'大类
rs("nclassid")=int(request("nclassid"))'小类
rs("bookname")=trim(request("bookname"))'商品名称
rs("pinpai")=trim(request("pinpai"))'商品品牌
rs("isbn")=trim(request("isbn"))'商品规格
rs("bookchuban")=trim(request("bookchuban"))'商品单位
rs("shichangjia")=trim(request("shichangjia"))  '市场价
rs("huiyuanjia")=trim(request("huiyuanjia"))  '会员价
rs("vipjia")=trim(request("vipjia"))  'VIP价
rs("dazhe")=dazhe  '打折
rs("kucun")=trim(request("kucun"))  '商品库存
rs("bookpic")=trim(request("bookpic"))  '小图片地址
rs("zhuang")=trim(request("zhuang"))'大图片地址
rs("bookcontent")=htmlencode2(trim(request("bookcontent")))  '简介
rs("banci")=request("fudongjia")  '浮动价
rs("yeshu")=trim(request("yeshu"))  '商品积分
if request("bestbook")=1 then  '推荐
    rs("bestbook")=1
else
    rs("bestbook")=0
end if
if request("newsbook")=1 then  '新品
    rs("newsbook")=1
else
    rs("newsbook")=0
```

```
end if
if request("tejiabook")=1 then '特价
    rs("tejiabook")=1
else
    rs("tejiabook")=0
end if
rs("chengjiaocount")=0 '成交计数
rs("liulancount")=0 '浏览计数
rs("adddate")=now() '加入日期
rs("pingji")=0 '评级人数
rs("pingjizong")=0 '总评级
' rs("bookmulu")=htmlencode2(trim(request("bookmulu"))) '目录
rs. Update
rs. Close
set rs=nothing
    response. Write "<script language=javascript>alert('添加成功!
');history. go(-1);</script>"
    response. End
```

（3）商品资料编辑

根据参数要求对商品资料进行修改，从数据库中取出相应的商品资料后，对各字段内容进行修改。

```
'商品编辑
case "edit"
set rs=server. CreateObject("adodb. recordset")
    rs. Open "select * from shop_books where bookid="&bookid,conn,1,3
rs("mch")=trim(request("mch"))
rs("pp")=trim(request("pp"))
rs("isbn1")=trim(request("isbn1")) '
rs("jj")=trim(request("jj")) '
rs("jg")=trim(request("jg")) '
rs("zl")=trim(request("zl")) '
rs("tp")=trim(request("tp")) '
rs("nr")=trim(request("nr")) '
rs("anclassid")=int(request("anclassid")) '大类
```

```
rs("nclassid")=int(request("nclassid")) '小类
rs("bookname")=trim(request("bookname")) '商品名称
rs("pinpai")=trim(request("pinpai")) '商品品牌
rs("isbn")=trim(request("isbn")) '商品规格
rs("bookchuban")=trim(request("bookchuban")) '商品单位
rs("shichangjia")=trim(request("shichangjia"))  '市场价
rs("huiyuanjia")=trim(request("huiyuanjia"))  '会员价
rs("vipjia")=trim(request("vipjia"))  ' VIP 价
rs("dazhe")=dazhe  '打折
rs("kucun")=trim(request("kucun"))  '商品库存
rs("bookpic")=trim(request("bookpic"))  '小图片地址
rs("zhuang")=trim(request("zhuang")) '大图片地址
rs("bookcontent")=trim(request("bookcontent"))  '简介
rs("banci")=request("fudongjia")  '浮动价
rs("yeshu")=trim(request("yeshu"))  '商品积分
if request("bestbook")=1 then  '推荐
    rs("bestbook")=1
else
    rs("bestbook")=0
end if
if request("newsbook")=1 then  '新品
    rs("newsbook")=1
else
    rs("newsbook")=0
end if
if request("tejiabook")=1 then  '特价
    rs("tejiabook")=1
else
    rs("tejiabook")=0
end if
rs. Update
rs. Close
set rs=nothing
response. Write "<script language=javascript>alert('修改成功!
');history. go(-1);</script>"
response. End
```

```
end select
%>
```

二、商品删除

商品删除管理主要通过 managebook. asp 页面显示商品信息，然后通过 editbook. asp 完成相应的删除操作。managebook. asp 页面的布局比较简单，读者可以自行根据图 5—2—8 所示完成。下面就页面代码功能进行详细的分析。

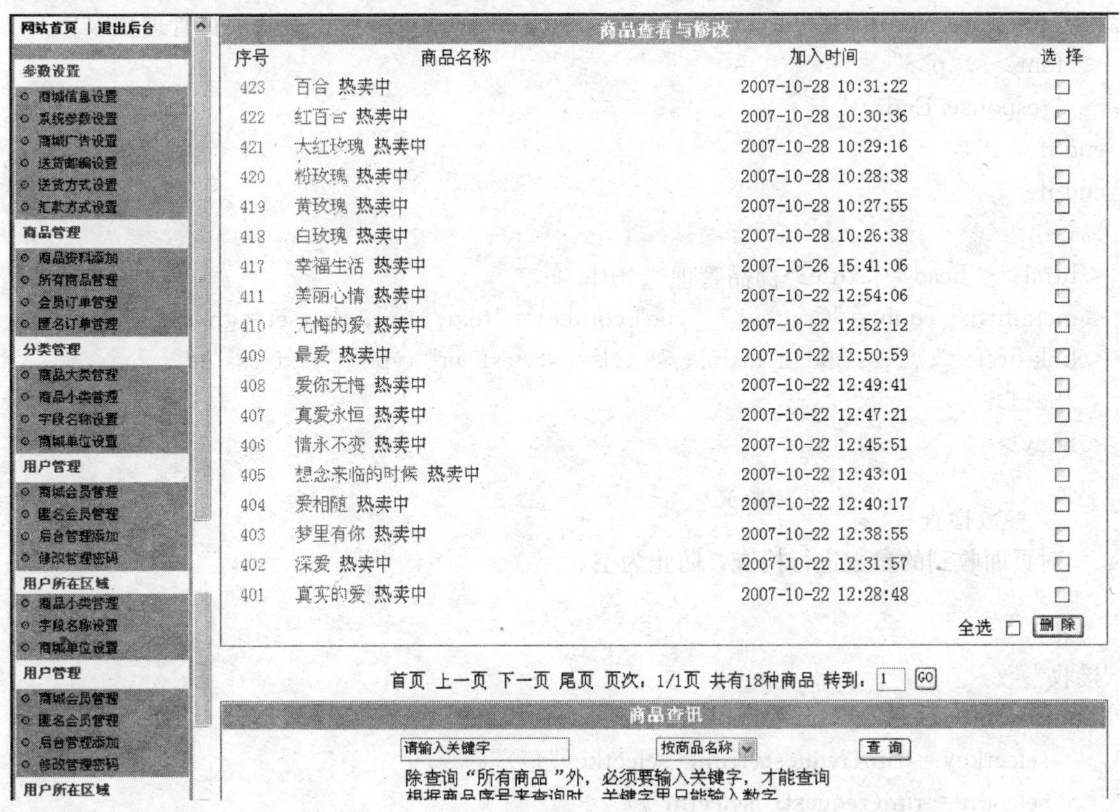

图 5—2—8　商品删除管理

商品的删除页面在显示商品的同时，在选择相应的商品后重新调用自己完成商品信息的删除功能。

商品删除页面 managebook. asp 代码及功能解析。

1. 用户身份检查

根据 session 变量 shop 和 flag 验证用户是否登录，以及身份等级。

```
<!--#include file="conn.asp"-->
<%
```

```
'用户身份核实及权限验证
if session("shop")="" then
    response.Write "<script language='javascript'>alert('网络超时或您还没有登录!');window.location.href='login.asp';</script>"
    response.End
else
if session("flag")=2 then
    response.Write "<p align=center><font color=red>您没有此项目管理权限!</font></p>"
    response.End
end if
end if
%>
<html><head><title>商品管理</title>
<meta http-equiv="Content-Type" content="text/html; charset=gb2312">
<link href="../css/index_main.css" rel="stylesheet" type="text/css">
</head>
<body>
```

2. 参数检查

对页面收到的参数进行检查，防止为空。

```
<%
'接收参数
dim selectm,selectkey,selectbookid
    selectkey=trim(request(trim("selectkey")))
    selectm=trim(request("selectm"))
if selectkey="" then
    selectkey=request.QueryString("selectkey")
end if
if selectkey="请输入关键字" then
    selectkey=""
end if
'//删除商品
if selectm="" then
    selectm=request.QueryString("selectm")
```

```
end if
selectbookid=request("selectbookid")
```

3. 删除商品

```
'根据选择的商品编号 selectbookid,删除相应的商品
if selectbookid<>"" then
    conn.execute "delete from shop_books where bookid in ("&selectbookid&")"
    response.Redirect "managebook.asp"
    response.End
end if
%>
<table width="100%" border="0" align="center" cellpadding="0" cellspacing="0">
<tr>
<form name="form1" method="post" action="">
<td height="100">
```

4. 确定分页

利用记录集 Recordset 的分页功能，对商品信息进行分页显示。

```
<%'开始分页
Const MaxPerPage=20
dim totalPut
dim CurrentPage
dim TotalPages
dim j
dim sql
dim rs
'管理员输入相应的页码,根据页码显示
  if Not isempty(request("page")) then
    currentPage=Cint(request("page"))
  else
    currentPage=1
end if
set rs=server.CreateObject("adodb.recordset")
```

5. 按查询条件查询商品

```
'判断管理员选择的商品种类查询相应的商品
select case selectm
case ""'没有选择
  rs.open "select bookid,bookname,adddate,shjianame,shjiaid,kucun from shop_books order by adddate desc",conn,1,1
case "0"'全部商品
  rs.open "select bookid,bookname,adddate,shjianame,shjiaid,kucun  from shop_books order by adddate desc",conn,1,1
case "bookid"'按商品序号
  if selectkey="" then
  selectkey=0
  end if
  rs.open "select bookid,bookname,adddate,shjianame,shjiaid,kucun  from shop_books where bookid="&selectkey&" order by adddate desc",conn,1,1
case "bookname"'按商品名称
  rs.open "select bookid,bookname,adddate,shjianame,shjiaid,kucun  from shop_books where bookname like '%"&selectkey&"%' order by adddate desc",conn,1,1
  case "bookcontent"
  rs.open "select bookid,bookname,adddate,shjianame,shjiaid,kucun  from shop_books where bookcontent like '%"&selectkey&"%' order by adddate desc",conn,1,1
case "news"'按新品
  if selectkey<>"" then
  rs.open "select bookid,bookname,adddate,shjianame,shjiaid,kucun  from shop_books where newsbook=1 and bookname like '%"&selectkey&"%' order by adddate desc",conn,1,1
  else
  rs.open "select bookid,bookname,adddate,shjianame,shjiaid,kucun  from shop_books where newsbook=1 order by adddate desc",conn,1,1
  end if
case "tuijian"'按推荐
  if selectkey<>"" then
  rs.open "select bookid,bookname,adddate,shjianame,shjiaid,kucun  from
```

```
shop_books where bestbook=1 and bookname like '%"&selectkey&"%' order by
adddate desc",conn,1,1
  else
  rs.open "select bookid,bookname,adddate,shjianame,shjiaid,kucun  from
shop_books where bestbook=1 order by adddate desc",conn,1,1
  end if
case "tejia"'按特价
  if selectkey<>"" then
  rs.open "select bookid,bookname,adddate,shjianame,shjiaid,kucun  from
shop_books where tejiabook=1 and bookname like '%"&selectkey&"%' order by
adddate desc",conn,1,1
  else
  rs.open "select bookid,bookname,adddate,shjianame,shjiaid ,kucun from
shop_books where tejiabook=1 order by adddate desc",conn,1,1
  end if
end select
if err.number<>0 then
  response.write "数据库打开出现错误,请联系系统管理员"
end if
```

6. 开始分页显示

根据商品总数和单个页面显示记录的多少计算出总的页面数，然后根据需要显示的页码将记录集指针移动到相应的记录处分条列出商品信息。

```
if rs.eof And rs.bof then
  Response.Write "<p align='center' class='contents'> 数据库中无数据！ </p>"
Else
'商品总数
  totalPut=rs.recordcount
'保证 currentpage 始终为正整数
  if currentpage<1 then
    currentpage=1
  end if
'提供的当前页不存在
  if (currentpage-1)*MaxPerPage>totalput Then
'商品总数能平均分配到各页,取当前页为最后一页
```

```
    if (totalPut mod MaxPerPage)=0 Then
      currentpage= totalPut \ MaxPerPage
    else
      currentpage= totalPut \ MaxPerPage + 1
    end if
  end if
```

7. 判定显示的页面

```
  if currentPage=1 then
    showContent
    showpage totalput,MaxPerPage,"managebook.asp"
  else
    if (currentPage-1) * MaxPerPage<totalPut Then
    '定位指针到指定的页面的第一条记录
      rs.move  (currentPage-1) * MaxPerPage
      dim bookmark
      bookmark=rs.bookmark
      showContent
      showpage totalput,MaxPerPage,"managebook.asp"
    else
    '提供的页面大于等于最大页数
      currentPage=1
      showContent
      showpage totalput,MaxPerPage,"managebook.asp"
    end if
  end if
  end if
%>
<%
'显示商品内容函数
sub showContent
  dim i
i=0%>
```

8. 商品显示布局

```
<table class="tableBorder" width="90%" border="0" align="center" cellpadding="3"
cellspacing="1" bgcolor="#FFFFFF">
<tr> <td colspan="4" align="center"
background="../images/admin_bg_1.gif"><b><font color="#ffffff">商品查看与
修改</font></b></td></tr><tr >
<td width="6%" align="center">序号</td>
<td width="33%" align="center">商品名称</td>
<td width="37%" align="center">加入时间</td>
<td width="8%" align="center">选 择</td>
</tr>
<%do while not rs.eof%>
<tr ><td align="center" class="link_dh_top5"><a
href=editbook.asp? id=<%=rs("bookid")%>><%=rs("bookid")%></a></td>
<td width="33%" STYLE='PADDING-LEFT: 10px' class="link_dh_top5"> <a
href=editbook.asp? id=<%=rs("bookid")%>>
<% if len(trim(rs("bookname")))>20 then
  response.write left(trim(rs("bookname")),18)&".."
  else
  response.write trim(rs("bookname"))
  end if%>
</a><%if rs("kucun")>0 then%><font color=blue> 热卖中</font>
<%else%>
<font color=red> 缺货</font>
<%end if%></td><td align="center"> <%=rs("adddate")%></td>
<td align="center"><input name="selectbookid" type="checkbox" id="selectbookid"
value="<%=rs("bookid")%>"></td></tr>
<%i=i+1
  if i>=MaxPerPage then Exit Do
  rs.movenext
  loop
  rs.close
  set rs=nothing%>
<tr >
<td height="30" colspan="4" align="right">全选
```

```
<input type="checkbox" name="checkbox" value="Check All" onClick="mm()">
<input type="submit" name="Submit" value="删 除" onClick="return test();">
 </td></tr></table>
<%
end sub
%>
```

9. 页面导航

利用商品分页信息，建立一个页面导航，便于管理人员选择相应的页面商品进行管理。

```
<%
'显示页面导航
Function showpage(totalnumber,maxperpage,filename)
  dim n
  if totalnumber Mod maxperpage=0 Then
    n= totalnumber \ maxperpage
  else
    n= totalnumber \ maxperpage+1
  end if
  response.Write "<form method=Post
action="&filename&"? selectm="&selectm&"&selectkey="&selectkey&" >"
  response.Write "<p align='center' class='contents'> "
  if CurrentPage<2 Then
    response.Write "<font class='contents'>首页 上一页</font> "
  else
    response.Write "<a
href="&filename&"? page=1&selectm="&selectm&"&selectkey="&selectkey&"
class='contents'>首页</a> "
    Response.Write "<a
href="&filename&"? page="&CurrentPage-1&"&selectm="&selectm&"&selectkey="
&selectkey&" class='contents'>上一页</a> "
  end if
  if n-currentpage<1 Then
    response.Write "<font class='contents'>下一页 尾页</font>"
  else
    response.Write "<a
```

```
href=" &filename&"? page = " & (CurrentPage + 1) & " &selectm = " &selectm& "
&selectkey="&selectkey&" class='contents'>"
    response. Write "下一页</a> <a
href = " &filename&"? page = " &n& " &selectm = " &selectm& " &selectkey = "
&selectkey&" class='contents'>尾页</a>"
  end if
    response. Write "<font class='contents'> 页次:</font><font
class='contents'>"&CurrentPage&"</font><font class='contents'>/"&n&"页</
font> "
    response. Write "<font class='contents'> 共有"&totalnumber&"种商品 "
    response. Write "<font class='contents'>转到:</font><input type='text'
name='page' size=2 maxlength=10 class=smallInput value="&currentpage&">"
    response. Write " <input type='submit'  class='contents' value='GO'
name='cndok'></form>"
end function
%>
```

10. 商品查询界面

```
<table width="12" height="7" border="0" cellpadding="0" cellspacing="0">
<tr> <td height=7></td></tr></table></td>
</form></tr></table>
<table class="tableBorder" width="90%" border="0" align="center" cellpadding="3"
cellspacing="1" bgcolor="#FFFFFF">
<tr><td align="center" background="../images/admin_bg_1.gif"><b><font
color="#ffffff">商品查询</font></b></td>
</tr><tr >
<form name="form2" method="post" action="managebook.asp">
<td height="50"> <table width="500" border="0" align="center" cellpadding="0"
cellspacing="0"><tr>
<td width="35%" align="center"><input name="selectkey" type="text"
id="selectkey" onFocus="this.value=''" value="请输入关键字">
</td><td width="45%" align="center">
<select name="selectm" id="selectm">
<option value="bookname">按商品名称</option>
<option value="bookcontent">按商品说明</option>
```

```
<option value="bookid">按商品序号</option>
<option value="0">全部商品</option>
<option value="news">按新品</option>
<option value="tejia">按特价</option>
<option value="tuijian">按推荐</option>
</select>
</td><td width="20%" height="30" align="center">
<input type="submit" name="Submit2" value="查询">
</td></tr><tr><td colspan=3 height=40>  除查询“所有商品”外，必须要输入关键字，才能查询<br>  根据商品序号来查询时，关键字里只能输入数字。
</td></tr></table></td></form></tr></table>
</body>
</html>
```

11. 商品选择

利用脚本实现商品删除确认功能和商品批量选择功能。

```
<script>
//商品删除确认
function test()
{
  if(! confirm('确认删除吗？')) return false;
}
</script>
<script language=javascript>
//全部选择商品
function mm()
{
  var a = document.getElementsByTagName("input");

if(a[0].checked==true){
//商品全部取消选择
  for (var i=0; i<a.length; i++)
      if (a[i].type == "checkbox") a[i].checked = false;
  }
  else
```

```
//商品全部选中
  {
  for (var i=0; i<a.length; i++)
      if (a[i].type == "checkbox") a[i].checked = true;
  }
}
</script>
```

思考与练习

一、完成网上书店的图书信息的添加。

二、完成网上书店的图书信息的修改和删除。

模块六

购　物　车

任务一　客户把选择的商品放入购物车

教学目标：

◆ 能够理解购物车的基本原理
◆ 能够将用户订购的商品添加进购物车
◆ 能够掌握购物车商品数量修改的技术
◆ 能够掌握数据库添加数据的基本方法

任务引入

传统购物车是指超市等大型自选商场中，顾客用于暂时存放所选商品的一种手推车。通常是有几层，可以存放不同的物品，有些还可以载小孩。网上商店所说的购物车是指买家可以像在超市里购物一样，随意添加、删除商品，选购完毕后，统一下单。网上商店的购物车要能够跟踪顾客所选的商品，记录下所选商品，还要能随时更新，可以支付购买，能给顾客提供很大的方便。在本任务中，将为“花样年华网上鲜花超市”网站制作一个如图 6—1—1 所示的购物车。

任务分析

无论是现实中的购物车还是网上商店提供的购物车，其基本功能就是给顾客提供暂时存

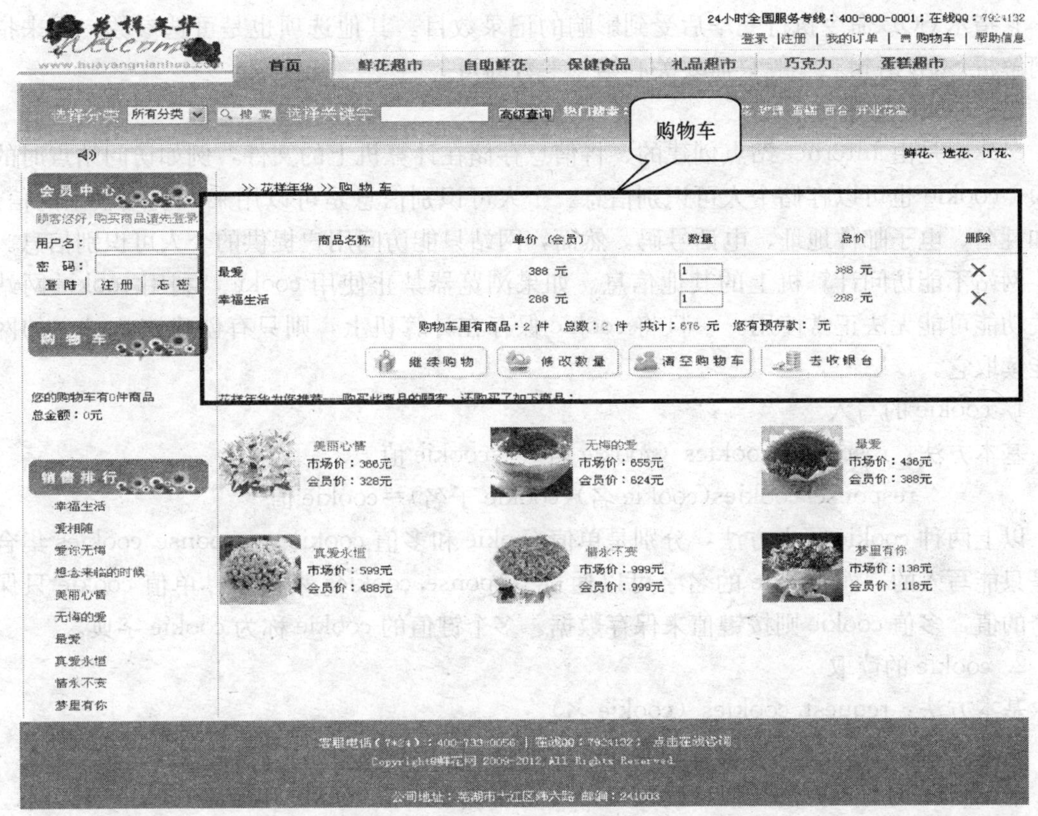

图 6—1—1 购物车

放自己选购的商品的容器。购物车中的商品是没有付费的，用户可以随时添加商品，或者从里面取消商品，放弃购买。针对这一特点，要求“花样年华网上鲜花超市”网站的购物车能让用户随时看到自己的购物车，并能随时向其中添加商品、删除商品。首先，在设计购物车时，要在所有商品展示页面上留下购物车的入口，即一个简单、明显的购物车进入链接，从而方便用户点击进入购物车。其次，要规划好购物车中临时商品的相关信息的保存问题。在网页设计中可以使用 cookie 来实现，也可以使用数据库来存储，“花样年华网上鲜花超市”网站的购物车采用了后者。因此购物车中商品的添加、修改和删除实际上是对数据库中购物车相关表格信息的添加、修改和删除。

相关知识

一、connection 对象的 execute 方法

connection 对象主要的功能是用来连接数据库，为其他对象提供可用的数据库链接。同时，该对象也提供了一些有用的方法来完成 SQL 语句的执行，如 execute 方法。

基本用法：对象名 . execute sql 语句，记录数，其他选项

SQL 语句即为需要 connection 对象完成的命令。记录数的数据类型是 Long，是可选参

数，它指示 SQL 命令执行完毕后受到影响的记录数目。其他选项也是可选参数，用来指示如何解析 SQL 语句。一般只需要关心第一参数即可。

二、cookie 技术

cookie 是由 Internet 站点创建的、将信息存储在计算机上的文件，例如访问站点时的首选项。cookie 也可以存储个人可识别信息。个人可识别信息是可以用来识别或联系的信息，例如姓名、电子邮件地址、电话号码。然而，网站只能访问用户提供的个人可识别信息。另外，网站不能访问计算机上的其他信息。如果浏览器禁止使用 cookie，利用 cookie 网站的相关功能可能无法正常使用。一旦将 cookie 保存在计算机上，则只有创建该 cookie 的网站才能读取它。

1. cookie 的写入

基本方法：response. cookies（cookie 名）＝cookie 值

response. cookies(cookie 名)(cookie 子名)＝cookie 值

以上两种 cookie 写入方法，分别是单值 cookie 和多值 cookie。response. cookies 集合的值是只能写入的。而 cookie 的名字可以通过 response. cookies 来读取。单值 cookie 只保存单个的值，多值 cookie 则按键值来保存数据。多个键值的 cookie 称为 cookie 字典。

2. cookie 的读取

基本方法：request. cookies（cookie 名）

request. cookies(cookie 名)(cookie 子名)

与 cookie 的写入方法类似，读取 cookie 也有读取单值 cookie 和多值 cookie 的区别。

三、页面跳转技术

在动态网站的编写过程中经常会用到页面跳转技术，即从一个页面跳转到另一个页面。ASP 提供了多种页面跳转的方法，例如 response 对象的 redirect 方法。

1. response 对象的 redirect 方法

基本用法：response. redirect（url）

redirect 方法使浏览器立即转向链接至指定的网页。其中，参数 URL 的数据类型是 String，表示 web 文件的 URL 地址。由于 response. redirect 的作用是告诉浏览器打开新网页，所以它必须放在没有数据输出到浏览器之前，换句话说，它必须放在＜html＞标记前面，或设置 reponse. buffer＝true 已启用缓冲处理，将输出存放在缓冲区。

2. server 对象的 end 方法

基本用法：response. end

该方法使 web 服务器停止处理脚本并返回当前结果，文件中剩余的内容将不被处理。

四、JavaScript 提示信息

JavaScript 脚本可以直接调用浏览器对象实现提示信息窗口。代码如下：

```
<script>alert(""非法访问!"");window. close();</script>
```

该段代码调用浏览器的 Windows 对象的 alert 方法，输出一个提示内容“非法访问”，然后调用 windows 的 close 方法关闭窗口。

任务实施

购物车在“花样年华网上鲜花超市”网站中通过数据库中的 shop _ action 表来实现，使用该表存储所有用户的订购商品的信息。因此向购物车添加商品、删除商品和修改购物车中商品的数量都是对该表的操作。同时，购物车相关功能主要通过 gouwu. asp 页面来实现，该页面通过区分参数 action 来完成相应的功能，比如 action 为 del 时表明删除购物车相应商品，action 为 add 时表明添加商品到购物车中。下面分别就添加商品、删除商品和修改商品数量来讲解购物车的功能。

一、向购物车添加商品

向购物车添加商品信息前，首先要明确基本要求。商品添加到哪个顾客的购物车中，添加什么商品，商品库存够不够。这几个问题明确了，购物车页面要处理的数据也基本清楚了。下面来分析购物车 gouwu. asp 中有关添加商品的代码。

1. 客户身份确认及安全检查

该部分代码为购物车商品添加、删除和商品显示的公用代码。首先对用户的身份进行验证，如果是匿名用户则记录进数据库。同时，对参数进行简单的注入攻击检查。

```
<!--#include file="conn.asp"-->
<%
dim bookid,username,action
'获取具体执行的操作信息
action=request.QueryString("action")
'检查用户的 cookie 内容,从而跟踪用户的身份
if request.Cookies("shop22cn")("username")<>"" then
  '有 cookie 用户,读取并存储在 username 中以备后面使用
  username=trim(request.Cookies("shop22cn")("username"))
else
  '没有 cookie
  if request.Cookies("shop22cn")("dingdanusername")="" then
    '临时使用当前日期和时间建立用户
    username=now()
    username=replace(trim(username),"-","")
    username=replace(username,":","")
```

```
        username=replace(username," ","")
        '将用户名写入 cookie
        response.Cookies("shop22cn")("dingdanusername")=username
        '将用户存入数据库用户表 user 中,并记录为匿名用户
        set rs=server.CreateObject("adodb.recordset")
        rs.open "select * from [user] ",conn,1,3
        rs.addnew
        rs("username")=username
        rs("niming")=1
        rs.update
        rs.close
        set rs=nothing
    else
        '已经建立匿名账号的用户,直接读取 cookie 的内容存储在 username 中
        username=request.Cookies("shop22cn")("dingdanusername")
    end if
end if
'获取订购的商品编号
    bookid=request.QueryString("id")
'简单的防注入检查
if InStr(action,"")>0 then
    response.write"<script>alert(""非法访问!"");window.close();</script>"
    response.end
end if
'简单的安全检查
if bookid<>"" then
    if not isnumeric(bookid) then
        response.write"<script>alert(""非法访问!"");window.close();</script>"
        response.end
    else
        if not isinteger(bookid) then
        response.write"<script>alert(""非法访问!"");window.close();</script>"
        end if
    end if
end if
```

2. 添加商品到购物车

添加商品到购物车如图 6—1—2 所示。

>> 花样年华 >> 购 物 车

商品名称	单价（会员）	数量	总价	删除
最爱	388 元	1	388 元	×
幸福生活	288 元	1	288 元	×

购物车里有商品：2 件　总数：2 件　共计：676 元　您有预存款：　元

图 6—1—2　添加商品到购物车

首先检查用户的身份，从数据库提取相应的商品价格，然后检查商品库存是否充足，查看是否缺货，并根据实际情况给出提示信息。若商品不缺货，购物车中有商品，则修改购物车中商品数量；若购物车中没有该商品，则添加商品到购物车中。

```
    case "add"
'检查商品是否存在,并根据用户的身份读取相应的价格
    set rs_s=server.CreateObject("adodb.recordset")
    rs_s.open "select * from shop_books where bookid="&bookid,conn,1,1
      if request.Cookies("shop22cn")("reglx")=2 then
        danjia=rs_s("vipjia")
      else
        danjia=rs_s("huiyuanjia")
      end if
    kucun=rs_s("kucun")
    bookname=rs_s("bookname")
    shjiaid=rs_s("shjiaid")
    rs_s.close
    set rs_s=nothing
'检查库存数量是否充足
    if kucun<=0 then
      response.write "<script language=javascript>alert('你选购的商品
“"&bookname&"”暂时缺货不能放到购物车里,请选购其他商品！');
window.close();</script>"
```

```
        response. end
    end if
'检查商品缺货状态
    set rs=server. CreateObject("adodb. recordset")
    rs. open "select bookid,username,bookcount,zonger from shop_action where
username='"&username&"' and bookid="&bookid&" and zhuangtai=7",conn,1,3
    if rs. recordcount=1 then
    '购物车中已有该商品
        if kucun<(rs("bookcount")+1) then
            response. write "<script language=javascript>alert('你选购的商品
""&bookname&""暂时缺货不能放到购物车里,请选购其他商品!
');window. close();</script>"
            response. end
        end if
        '增加商品订购数量
            rs("zonger")=(rs("bookcount")+1) * danjia
            rs("bookcount")=rs("bookcount")+1
            rs. update
            rs. close
            set rs=nothing
            response. Redirect "gouwu. asp? action=show"
    else
    '购物车没有该商品,添加该商品
    rs. close
    set rs=server. CreateObject("adodb. recordset")
    rs. open "select bookid,username,shjiaid,zhuangtai,zonger,bookcount,niming from
shop_action",conn,1,3
    rs. addnew
    rs("bookid")=bookid
    rs("username")=username
    rs("zhuangtai")=7
    rs("bookcount")=1
    rs("shjiaid")=shjiaid
    rs("zonger")=danjia
    if request. Cookies("shop22cn")("username")="" then
    rs("niming")=1
```

```
    end if
    rs. update
    rs. close
    set rs=nothing
    response. Redirect "gouwu. asp? action=show"
    end if
```

二、从购物车删除商品

顾客打开购物车页面，点击想要删除商品的所在行后面的叉号，如图 6—1—3 所示。

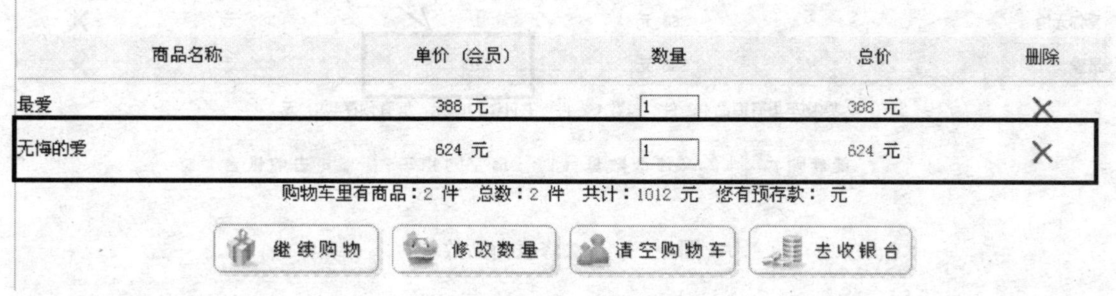

图 6—1—3　删除商品

在页面经过刷新以后，相应的商品已经删除，如图 6—1—4 所示。

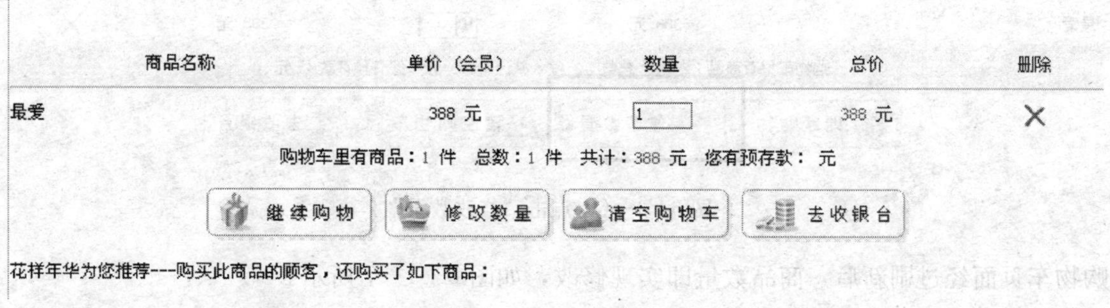

图 6—1—4　商品删除成功

删除购物车商品的功能比较简单，只要从 shop _ action 表中删除相应的商品信息即可。以下是相关功能代码解析：

```
case "del"
'删除购物车相关商品
```

```
    conn. execute "delete from shop_action where
actionid="&request. QueryString("actionid")
'刷新购物车
    response. redirect "gouwu. asp? action=show"
    response. End
```

三、修改购物车商品数量

修改购物车中商品购买数量，只在需要修改的商品所在行的数量文本框输入需要购买的数量，如图 6—1—5 所示。

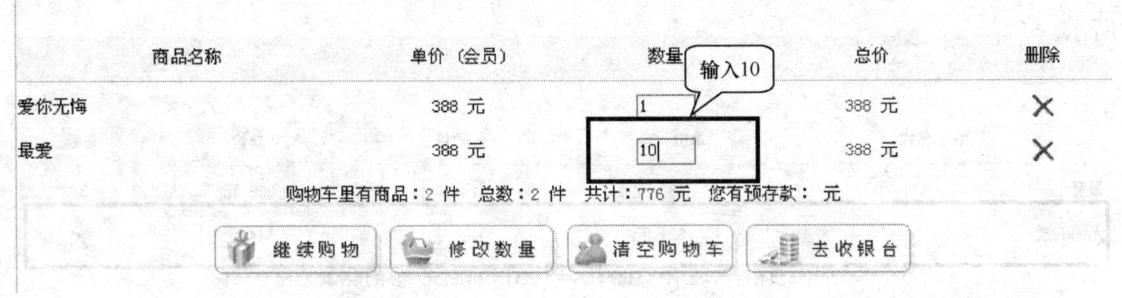

图 6—1—5 修改商品数量

然后点击购物车页面修改数量按钮，如图 6—1—6 所示。

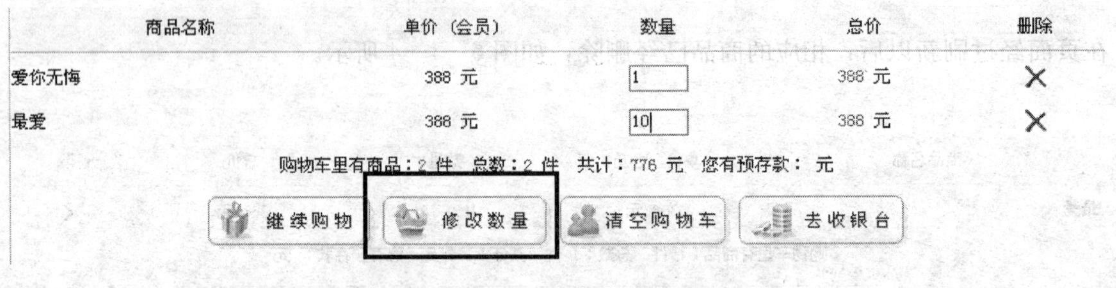

图 6—1—6 点击“修改数量”

购物车页面经过刷新后，商品数量即实现修改，如图 6—1—7 所示。

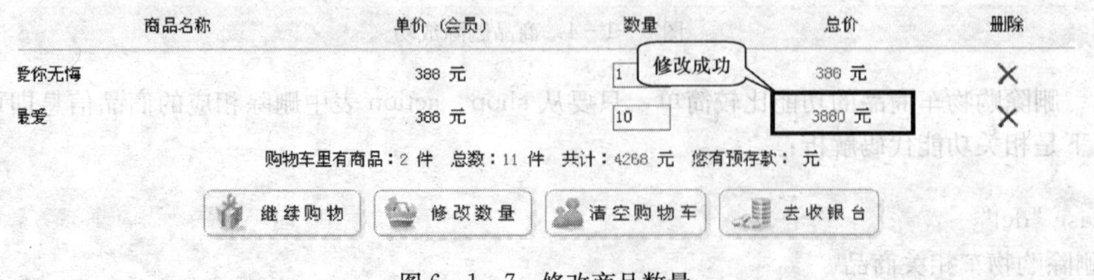

图 6—1—7 修改商品数量

“花样年华网上鲜花超市”网站对购物车商品数量修改功能进行了简化处理，当用户点击购物车修改数量按钮时，修改数量页面 xgsl. asp 将对购物车所有商品的数量进行重新检查，然后根据最新的数量信息更新购物车内的商品的数量和总额信息。修改数量页面 xgsl. asp 代码及解析如下：

```
<!--#include file="conn.asp"-->
<%
'获取商品 id 信息
actionid=request("actionid")
'商品 id 为空
if actionid="" then
   response.write "<script language=javascript>alert('对不起，您没有选择商品！');
window.close();</script>"
   response.End
end if
'通过循环，对购物车中每一个商品数量进行更新
for i=1 to request.form("actionid").count
   '订购数量为 0，调整订购数量为 1，其他数量按实际订购数量计算
   if request.form("bookcount")(i)<=0 then
   bookcount=1
   else
   bookcount=request.form("bookcount")(i)
   end if

   set rs_s=server.CreateObject("adodb.recordset")
   rs_s.open "select * from shop_books where
bookid="&request.form("bookid")(i),conn,1,1
'根据用户身份，提取商品的价格
   if request.Cookies("shop22cn")("reglx")=2 then
      danjia=rs_s("vipjia")
   else
      danjia=rs_s("huiyuanjia")
   end if
'提取商品的库存数量和商品名
   kucun=rs_s("kucun")
   bookname=rs_s("bookname")
```

```
  rs_s.close
  set rs_s=nothing
'检查库存
  if kucun<cint(bookcount) then
    response.write "<script language=javascript>alert('你选购的商品
“"&bookname&"”库存不足，不能修改数量，请选购其他商品！');
window.location.href='gouwu.asp? action=show';</script>"
    response.end
  end if
'修改购物车标 shop_action 中相应的商品数量和总额内容
    conn.execute("update shop_action set
bookcount="&bookcount&",zonger="&danjia*bookcount&" where
actionid="&request.form("actionid")(i))
next
'返回购物车网页
  response.Redirect "gouwu.asp? action=show"
%>
```

思考与练习

一、根据本章内容，完成网上书店的购物车的商品添加功能。

二、完成网上书店的购物车的商品修改、删除功能。

任务二　客户查看购物车

教学目标：

- ◆ 能够完成购物车功能页面的基本布局设计
- ◆ 能够完成购物车商品信息的展示
- ◆ 能够掌握数据库多表查询技术
- ◆ 能够理解表单提交的原理，控制表单的提交

任务引入

购物车的基本功能是让用户暂时存放商品。现实中顾客结账前要在收银台前清点自己的商品，网上购物车如何实现清点商品，用户如何查看自己购物车里到底有哪些商品呢？如图6—2—1 所示能清楚地看到自己已经购买的商品的相关信息。

商品名称	单价（会员）	数量	总价	删除
爱你无悔	388 元	1	388 元	✕
无悔的爱	624 元	2	1248 元	✕

购物车里有商品：2 件　总数：3 件　共计：1636 元　您有预存款： 元

继续购物　修改数量　清空购物车　去收银台

图 6—2—1　购物车局部

任务分析

“花样年华网上鲜花超市”网站的商品购物车实现起来比较简单，仅利用数据库表 shop_action 来保存购物车相关商品信息。查看购物车功能只要利用该表读取商品的相关信息并在购物车页面显示。显示商品信息时要注意，shop_action 表中仅有商品的编号等信息内容，而购物车需要显示商品的名称等信息。因此，在完成该部分功能时需要掌握数据库多表查询技术。同时，为了购物车美观，还对表单的提交过程作了调整，从而让购物车的功能更丰富。

相关知识

一、表单提交

一个表单有三个基本组成部分：表单标签、表单域、表单按钮。表单按钮包括提交按钮、复位按钮，用于将数据传送到服务器上的 CGI 脚本或者取消输入，提交按钮的类型为 submit，复位按钮的类型为 reset。当用户点击提交或者复位按钮时，系统将产生相应的表单提交或者复位事件，从而触发浏览器完成表单提交或者复位操作。如果想自己控制表单的提交，则不能使用 submit 类型的提交按钮，必须使用脚本来完成相应的功能。

```
onclick="this.form.action='xgsl.asp';this.form.submit()"
```

在表单域中，可以通过各种对象来完成表单的提交操作。例如本部分任务使用的图片表单域来完成的表单提交操作。onclick 是利用图片的点击事件来触发相应的代码，this.form.action，this 代表当前的图片，form 为图片所在的表单，action 为表单的 action

属性。this. form. submit()完成表单的提交。

二、多表查询技术

多表查询也称连接查询，如果一个查询需要对多个表进行操作就称为连接查询，连接查询的结果集或结果称为表之间的连接。连接查询实际上是通过各个表之间共同列的关联性来查询数据。多表查询分为：自连接查询，对同一个表进行连接操作；内连接查询，又可分为自然连接、等值连接、不等值连接三种；外连接查询，又可分为左外连接、右外连接、全外连接三种；交叉连接查询，也称无条件查询；联合查询。

内连接查询是最常用的一种查询。它的基本用法如下：

```
select 字段名列表 from 表名［inner］join 表名 on 连接条件［where 条件表达式］
```

字段名列表为需要提取的数据信息，如果多个表中有相同的字段名，需要在字段名前加上表名，以点号隔开，如学生表・姓名，课程表・姓名。连接条件为多个表之间的关联条件，一般通过关联字段连接多个表，如学生表・学号＝成绩表・学号。条件表达式是 select 语句查询的基本条件，与一般的查询条件类似。

如：查询 200201 班的所有同学的课程成绩相关的信息。

```
select 学生表・学号,学生表・姓名,学生表・班级代号,成绩表・课程代号,成绩表・课程成绩 from 学生表 INNER JOIN 成绩表 on 学生表・学号＝成绩表・学号 where 学生表・班级代号＝"200201"
```

任务实施

一、购物车布局分析

购物车整体布局比较简单，读者可直接利用前面章节学习的知识利用 Dreamweaver 实现，下面仅就基本布局结构进行分析。购物车页面在保持整个网站风格统一的前提下，把网站的头部等相关内容使用 include 语句包括到购物车页面即可。在购物车页面主体区域，上部通过一个列的表格把用户选择的商品显示出来，显示的时候，仅显示商品的名称、单价、购买数量、总价和删除按钮。下部利用两行三列表格向用户显示推荐商品相关信息内容。如图 6—2—2、图 6—2—3 所示。

二、购物车显示部分代码分析

购物车相关功能主要是通过一个页面 gouwu. asp 来实现的，不同的功能通过传递不同的参数来实现。本部分购物车的显示要求页面通过 action 参数能够收到 show 值，从而通过选择语句实现显示的功能。

1. 购物车头部布局

购物车的头部即是整个网站的共同的头部，因此包含相关的页面即可，如全局变量内容页面 webconfig. asp，网站页面头部代码 webtop. asp 等。

图 6—2—2 购物车效果图

商品名称	单价（VIP）	数量	总价	删除
	10 元	10	元	×
购物车里有商品：10 件 总数：件 共计：元 您有预存款：元				
继续购物 修改数量 清空购物车 去收银台				
“花样年华”为您推荐---购买此商品的顾客，还购买了如下商品：				
花名 市场价：元 会员价：元				
25% (185)	15% (110)	15% (110)	15% (110)	10% (225)
745				

图 6—2—3 购物车设计图

```
case "show"
  '显示购物车
  %>
  <!--#include file="webconfig.asp"-->
  <title><%=webname%>--我的购物车</title>
  <meta http-equiv="Content-Type" content="text/html; charset=gb2312">
  <link  href="css/index_main.css" rel="stylesheet" type="text/css" />
  <!--#include file="webtop.asp"-->
  <TABLE width=930 border=0 align=center cellPadding=0 cellSpacing=0
bgcolor="#FFFFFF">
    <TBODY> <tr><td width="185" background="images/index_02.jpg"
class="link_dh_top3"><!--#include file="history.asp"-->
<!--#include file="gouwucheinfo.asp"-->
<!--#include file="xiaoshourank.asp"--></td>
<td width="745" valign="top"><table width="745" height="40" border="0"
cellpadding="0" cellspacing="0">
<tr> <td height="61" valign="top" background="image/images/yemian/picw4.gif">
<table width="745" height="40" border="0" cellpadding="0" cellspacing="0">
<tr> <td width="22" height="40"> </td><td width="723">&gt;&gt;
<%=webname%> >> 购物车 </td></tr></table></td></tr>
</table>
```

2. 读取购物车中的商品

读取购物车中的商品信息，要通过联合商品信息表和购物车表 shop _ books、shop _ action查找商品的名称等信息。在设计联合查询时要注意数据库表相关结构，同时最好首先在 sql server 中先行测试语句的正确性，再放到代码中使用。

```
<%
'联合购物车表 shop_action 和商品表 shop_books 查询相关信息
  set rs=server.CreateObject("adodb.recordset")
  rs.open "select
shop_action.actionid,shop_action.bookid,shop_action.bookcount,shop_action.zonger,
shop_action.shjiaid,shop_books.bookname,shop_books.shichangjia,shop_books.
huiyuanjia,shop_books.vipjia from shop_books inner join  shop_action on
shop_books.bookid=shop_action.bookid where
shop_action.username='"&username&"' and shop_action.zhuangtai=7",conn,1,1
%>
```

3. 购物车商品显示布局

购物车在显示商品信息时，根据用户身份显示商品的不同价格。要辨别用户的身份，需要读取相关的 cookie 信息。特别注意的是用户的浏览器如果禁用 cookie 功能，相关功能可能无法正常完成。

```
<table width="745" align="right" border="0" cellspacing="0" cellpadding="0">
    <tr><td bgColor=#ffffff colSpan=5 height=1></TD>
    </tr>
    <form name='form1' method='post' action=xgsl.asp>
    <tr bgcolor=#f1f1f1 align=center>
    <td width=25% height="30">商品名称</td>
    <td width=15%>单价
<%
  '确定用户类型
  if request.Cookies("shop22cn")("reglx")=2 then %>
      (VIP)
<%else%>
      (会员)
<%end if%>
    </td>
    <td width=15%>数量</td>
    <td width=15%>总价</td>
    <td width=10%>删除</td> </tr>
<tr>  <td bgColor=#cccccc colSpan=5 height=1></TD>
  </tr> <tr><td bgColor=#f1f1f1 colSpan=5 height=3></TD></tr>
  <%
  shuliang=rs.recordcount
  jianshu=0
  zongji=0
```

4. 显示购物车商品

显示购物车商品时要根据不同的用户身份分别计算相应商品的金额，同时在利用循环显示商品信息的时候要记录商品数量等信息，从而显示整个购物车的小计信息。

```
'显示购物车商品条目
do while not rs.eof%>
```

```
<tr bgcolor="#FFFFFF">
<td height="30" width="25%" class="table-xia"><a
href=list.asp?id=<%=rs("bookid")%> ><%=rs("bookname")%></a>
<input name=bookid type=hidden value="<%=rs("bookid")%>">
<input name=actionid type=hidden value="<%=rs("actionid")%>">
</td>
<td width="15%" height="30" align="center" class="table-xia"><%
if request.Cookies("shop22cn")("reglx")=2 then
   response.write rs("vipjia")
else
   response.write rs("huiyuanjia")
end if%>元</td>
<td align="center" width="15%" height="30" class="table-xia"><input
class=wenbenkuang name=bookcount value="<%=rs("bookcount")%>" size=5>
</td>
<td align="center" width="15%" height="30" class="table-xia"><font
color=red><%=rs("zonger")%></font> 元</td>
<td align="center" width="10%" height="30" class="table-xia"><a
href=gouwu.asp? action=del&actionid=<%=rs("actionid")%>><img
src=images/trash.gif border=0></a> </td>
  </tr>
<%
dim bookiid
  bookiid=rs("bookid")
'记录商品的总数和总额信息
jianshu=jianshu+rs("bookcount")
zongji=zongji+rs("zonger")
rs.movenext
loop
rs.close
set rs=nothing
%>
```

5. 购物车底部小计

根据购物车中商品的详细信息，进行简单的统计，如购物车中的商品总数等。

```
<tr bgcolor="#FFFFFF">
<td height=30 colspan=5 align=center class=table-xia> 购物车里有商品：<font color=red><%=shuliang%></font> 件  总数：<font color=red><%=jianshu%></font> 件  共计：<font color=red><%=zongji%></font> 元  您有预存款：<%=request.Cookies("shop22cn")("yucun")%> 元 </td>
</tr>
<tr bgcolor="#FFFFFF">
  <td align="center" height=50 colspan=5><input name="imageField" type="image" src="images/cart01.gif" width="115" height="36" border="0" onFocus="this.blur()" onClick="javascript:window.close()">
  <input name="imageField2" type="image" src="images/cart03.gif" width="115" height="36" border="0" onFocus="this.blur()" onClick="this.form.action='xgsl.asp';this.form.submit()">
        <input name="imageField22" type="image" src="images/cart02.gif" width="115" height="36" border="0" onFocus="this.blur()" onClick="this.form.action='qkgwc.asp';this.form.submit()">
  <input name="imageField222" type="image" src="images/cart04.gif" width="115" height="36" border="0" onFocus="this.blur()" onClick="this.form.action='jszx.asp';this.form.submit()">
</td></tr>
<tr bgcolor="#FFFFFF">
<td height="60" colspan="5" ><table width="100%" border="0" cellspacing="0" cellpadding="0">
<tr><td><table width="550" height="25" border="0" cellpadding="0" cellspacing="0">
```

6. 购物车下部推荐商品

根据购物车最后一个商品名，显示相关商品信息。此处对推荐商品进行了简化，实际网店可利用详细的用户行为统计信息来进行商品推荐。

```
<tr>  <td><%=webname%>为您推荐---购买此商品的顾客，还购买了如下商品：</td></tr></table>
  <%
  if bookiid="" then
    response.write "<br><br><br><tr><td>对不起，本栏目还没有比较适合您选购的商品！</td></tr>"
```

```
    else
    '根据购物车的最后一个商品 id 查询相关商品
    sql="select top 6 * from shop_books where anclassid = (select anclassid from 
shop_books where bookid = "&bookiid&") order by chengjiaocount,adddate desc "
    set rs=server.createobject("adodb.recordset")
    rs.open sql,conn,1,1
  %>
    <table width="745" border="0" cellspacing="0" cellpadding="0"
align="center"><tr>
<%
if not rs.eof then
i=1
```

7. 显示推荐商品

循环显示推荐商品的具体信息，为了保持布局不被破坏，对部分内容较多的字段，比如商品的名称、介绍等进行了截取。

```
'循环显示推荐商品信息
do while not rs.eof%>
    <td width="195" align="center" valign="top"><table width="161"
border="0" align="left" cellpadding="0" cellspacing="0" class="main">
      <tr><td height="116">
<%
'显示商品的图片
if rs("bookpic")="" then
  response.write "<div align=center><a href=list.asp? id="&rs("bookid")&"><img
src=images/emptybook.gif width=75 height=75 border=0></a></div>"
else
%>
<div align="center"><a href=list.asp? id=<%=rs("bookid")%> target="_blank"><img
src="<%=trim(rs("bookpic"))%>"  width=75 border=0 height="75"
alt="<%=trim(rs("bookname"))%>"></a>
  <%end if%>
</div></td>
<td width="59%" class="link_dh_top5"><a href=list.asp? id=<%=rs("bookid")%>
target="_blank"></a> <a href=list.asp? id=<%=rs("bookid")%> target="_blank"
```

```
>  
<%
'商品的名字只显示5个字符
if len(trim(rs("bookname")))>6 then
   response.write left(trim(rs("bookname")),5)&"."
else
   response.write trim(rs("bookname"))
end if
%></a><br>
    市场价:<%=trim(rs("shichangjia"))%>元<br>
    会员价:<%=trim(rs("huiyuanjia"))%>元</td></tr></table>
   <div align="left"></div></td>
<%
'显示的时候,每行仅显示3个商品
if i mod 3 = 0 then%>
   </tr>
<%end if
   rs.movenext
   i=i+1
loop
rs.close
end if
end if
%>
</table></td></tr></table> </td></tr>
</form>
</table></td></tr></table></TD></TR></TBODY>
</TABLE>
<!--#include file="webbottom.asp"-->
<%end select%>
```

? 思考与练习

一、完成网上书店购物车的布局设计。

二、完成网上书店购物车内商品的显示。

模块七

客户后台

任务一　订单查看

教学目标：

- ◆ 能够掌握客户后台页面和会员信息分类页面的布局设计
- ◆ 能够利用 Cookies 记录已登录客户，并能对自己的订单进行查看
- ◆ 能够掌握数据库条件查询语句和数据库多表查询技术
- ◆ 能够完成订单详细信息的展示、订单状态的修改和订单删除

任务引入

现实生活中顾客购买商品在收银台付款时会收到一张发票或小票，上面记录本次交易的订单号或交易号、商品名称、单价、数量和金额等。顾客可以通过这个小票查看自己的订单信息，然后到销售人员手里取货或到仓库里提货，并且可以凭借发票享受售后服务。那么网上用户在付款后如何查看自己的订单，用户依据什么来收货和享受售后服务呢？如图 7—1—1 所示的“我的订单”中的“订单号”可以用来收货和享受售后服务，单击“订单号”就可以查看到订单的详细信息，如图 7—1—2 所示。

任务分析

要完成“花样年华网上鲜花超市”网站的查看订单页面设计，首先应该设计客户登录

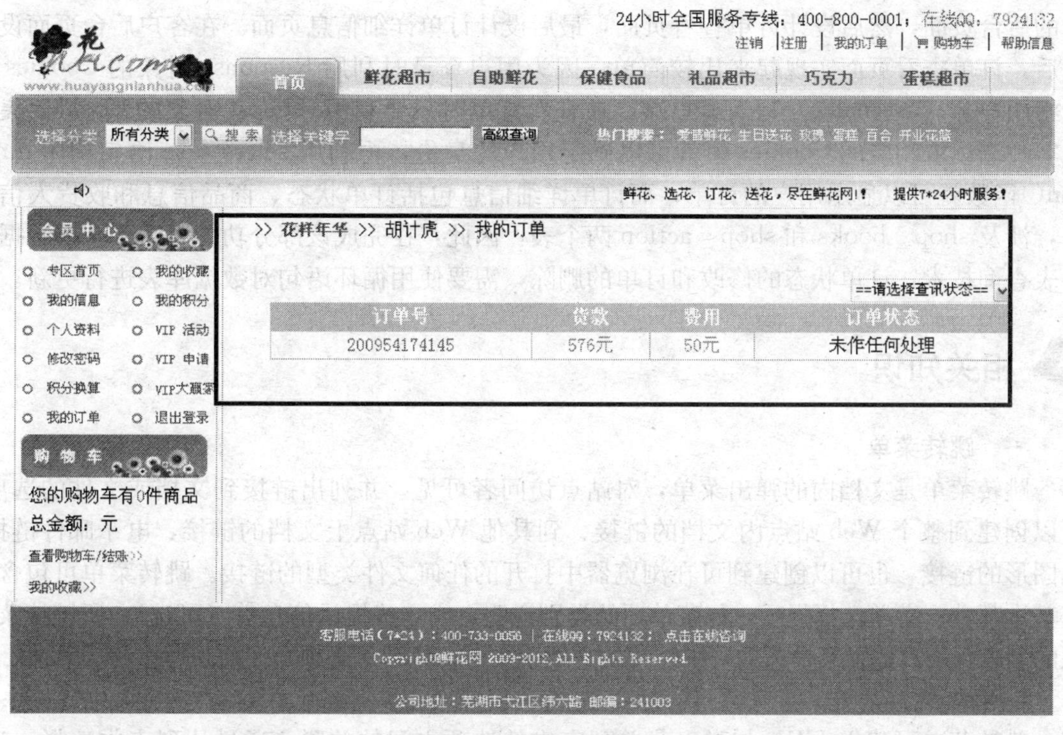

图 7—1—1　客户订单

订购数量订单号为：200954174145，详细资料如下：		
订单状态：	☑未作任何处理→ ☑用户已经划出款→ ☐服务商已经收到款→ ☐服务商已经发货→ ☐用户已经收到货 修改订单状态	
商品列表：	商品名称：幸福生活；订购数量：2；会员价格：288元；金额小计：576元 订单总额：576元＋费用：50元　共计：626元	
收货人姓名：	胡计虎	查看送货费用说明
收货地址：	芜湖市	查看商家联系方式
邮编：	232001	查看商家汇款方式
联系电话：	5971024	
电子邮件：	hujihu@126.com	
送货方式：	普通平邮	
支付方式：	网上支付	
是否要发票：	不需要发票	
您的留言：		
下单日期：	2009-5-4 17:41:45	
删除订单　关闭窗口		

图 7—1—2　客户订单详细信息

后的后台页面，然后设计订单查看页面，最后设计订单详细信息页面。在客户后台页面设计好后，订单查看页面实现起来比较简单，因为用户登录时利用 Response 对象的 Cookies 集合将用户名（username）写入客户端，在查看订单时只要利用 request 对象的 Cookies 集合从客户端读取相应的 Cookies 值就可以确定用户的身份，再利用 select case 语句调用 dingdan()函数就可以显示用户的订单；而订单详细信息包括订单状态、商品信息和收货人信息等，涉及 shop _ books 和 shop _ action 两个表，因此，在完成该部分功能时需要掌握数据库多表查询技术；订单状态的修改和订单的删除，需要使用循环语句对数据库表进行更新。

相关知识

一、跳转菜单

跳转菜单是文档内的弹出菜单，对站点访问者可见，并列出链接到文档或文件的选项。可以创建到整个 Web 站点内文档的链接、到其他 Web 站点上文档的链接、电子邮件链接、到图形的链接，也可以创建到可在浏览器中打开的任何文件类型的链接。跳转菜单可包含三个基本部分：菜单选择提示，如菜单项的类别说明，或一些提示信息等（可选）；所链接菜单项的列表，用户选择某个选项，则链接的文档或文件被打开（必须）；“前往”按钮（可选）。

1. 插入跳转菜单

跳转菜单可建立 URL 与弹出菜单列表中的选项之间的关联。通过从列表中选择一项，用户将被重定向（或“跳转”）到指定的 URL。

2. 编辑更改跳转菜单项

可更改列表顺序或项所链接到的文件，也可添加、删除或重命名项；若要更改链接文件的打开位置，或者添加或更改菜单选择提示，必须使用“行为”面板；也可以使用属性检查器编辑跳转菜单项。

二、订单状态的设置

当用户登陆录，可以在会员中心“我的订单”栏目查看订单信息。其中，订单状态主要有以下几个部分：

1. 全部订单状态

包括用户在这个网站订购的所有订单。

2. 未作任何处理

(1) 如果用户选择的是“银行转账”“邮局汇款”和“电子汇款”的支付方式，那么在用户下单成功后将看到的订单处理状态为“未作任何处理”。客服人员会在 3 h 内对用户的订单进行确认。

(2) 如果用户选择的是“在线支付”的支付方式，那么系统会自动对用户的订单进行确认。

(3) 在“未处理”状态下，用户可以在会员专区取消订单。

3. 用户已经划出款

如果用户选择的是“银行转账”“邮局汇款”和“电子汇款”的支付方式，并且已经付款了，就可以在“用户已经划出款”前的方框打“√”，然后单击“修改订单状态”，订单支付状态为“用户已经划出款”。

4. 服务商收到款或订单已确认

(1) 如果用户选择的是“银行转账”“邮局汇款”和“电子汇款”的支付方式，在汇款或转账后可联系一下客服人员进行订单支付确认，财务确认后会将用户的订单状态更改为“服务商收到款”。

(2) 如果用户选择的是“在线支付”的支付方式而且已经通过网上银行支付货款了，就可以在“订单已确认”前的方框打“√”，然后单击“修改订单状态”，订单状态即为“订单已确认”。

5. 服务商已经发货

(1) 如果用户选择的是“普通平邮”“特快专递（EMS)”“送货上门”“普通货运发货”的送货方式，库管人员已经对订单商品进行出库操作，用户马上就可以收到包裹。

(2) 如果用户选择的是“自行取货”，那么，在订单商品送到自提点之后，用户就可以去自提点取订单商品了。

6. 用户已经收到货或订单已完成

(1) 如果用户选择的是“银行转账”“邮局汇款”和“电子汇款”的支付方式，并且已经收到货，就可以在“用户已经收到货”前的方框打“√”，然后单击“修改订单状态”，订单支付状态为“用户已经收到货”。

(2) 如果用户选择的是“在线支付”的支付方式，并且已经收到货，就可以在“订单已完成”前的方框打“√”，然后单击“修改订单状态”，订单状态为“订单已完成”。

任务实施

一、客户后台页面设计

1. 客户后台页面布局设计

客户后台页面布局比较简单，在保持整个网站风格统一的前提下，把网站的头部、底部和用户导航等页面用include语句包含进来，然后在客户后台页面主体区域，通过一个一列的表格把客户选择的订单、收藏和个人资料等主要信息显示出来就可以了。具体设计步骤如下：

(1) 使用Dreamweaver菜单文件—新建（在常规中选择动态页，ASP VBScript）本站客户后台页面user. asp。切换到代码视图，在网页代码的最顶端加上“＜！－－＃include file＝"conn. asp"－－＞”和“＜！－－＃include file＝"webconfig. asp"－－＞”，以便客户后台页面能建立到数据库的连接和获取网站基本参数。

(2) 在设计视图中，打开CSS样式面板，单击下方的“附加样式表”按钮，链接外部样式表为CSS/ index _ main. css。

(3) 单击“常用”工具栏上的表格按钮，打开【插入表格】对话框，将“行数”设为“3”，“列数”设为“1”，“宽度”设置为“930像素”，其他选项都设置为“0”。

（4）选定表格，在“属性”面板的“对齐”选项上选择“居中对齐”。

（5）把光标定位于第一行，然后插入网页头部文件 webtop. asp。

（6）选中表格第二行，继续插入表格（1 行、2 列、宽 930，填充为 0，边框、间距均为 0）。选定刚插入的表，左边一列为其添加 CSS 样式“link _ dh _ top3”，然后用 include 语句把会员信息分类页面 userinfo. asp 和购物车信息页面 gouwucheinfo. asp 包含进来；右边一列继续插入表格（10 行、1 列、宽 100%，填充为 0，边框、间距均为 0），插入收藏、积分、订单，修改个人资料、密码等主要信息，表格下方用 include 语句把客户相关信息 user _ inc. asp 包含进来。客户后台主体部分就制作好了，如图 7—1—3 所示。

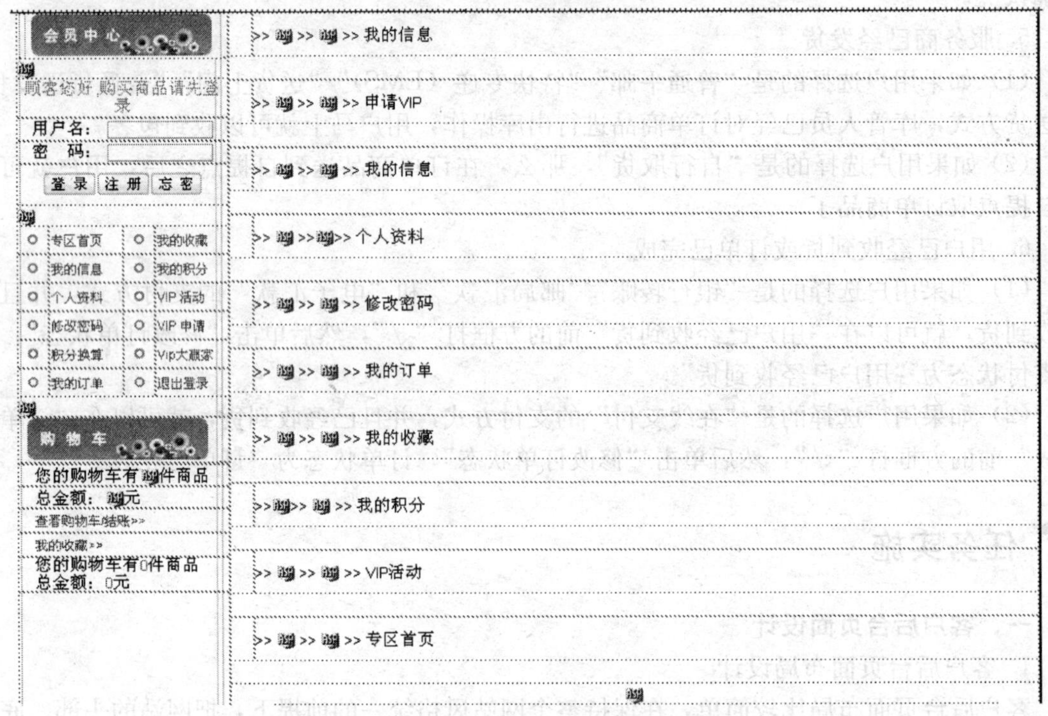

图 7—1—3　客户后台页面主体部分设计图

（7）选中表格第三行，插入网页底部文件 webbottom. asp。

2. 会员信息分类页面 userinfo. asp 设计与代码

（1）使用 Dreamweaver 菜单“文件”—“新建”（在常规中选择动态页，ASP VBScript），新建本站会员信息分类页面 userinfo. asp。

（2）在设计视图中，打开 CSS 样式面板，单击下方的“附加样式表”按钮，链接外部样式表为 CSS/ index _ main. css。

（3）单击“常用”工具栏上的表格按钮，打开【插入表格】对话框，将“行数”设为“2”，“列数”设为“1”，“宽度”设置为“195 像素”，其他选项都设置为“0”，如图 7—1—4 所示。

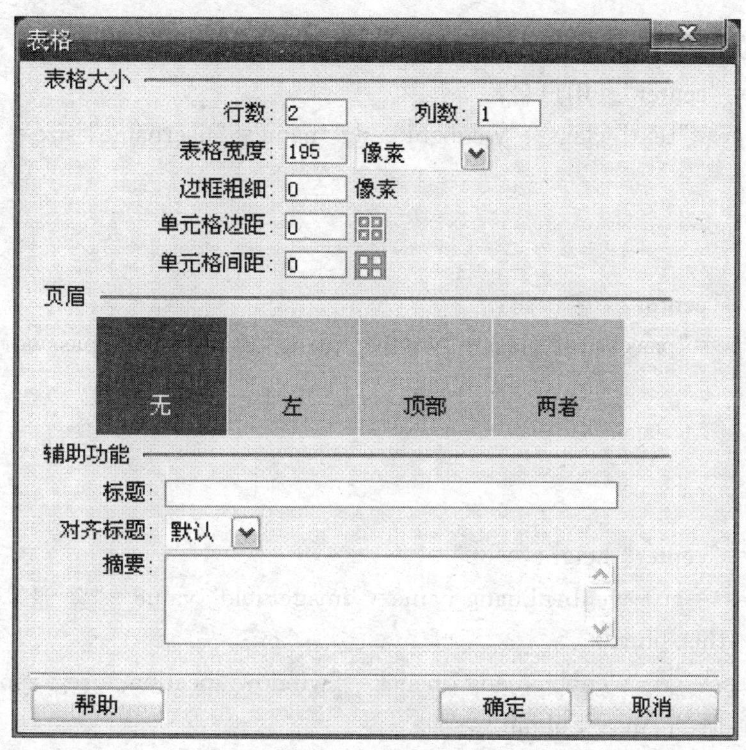

图 7—1—4 新建表格

（4）选定表格，在“属性”面板的“对齐”选项上选择“居中对齐”，并为表格添加样式“link_dh_top3”。

（5）把光标定位于第一行，然后点击插入工具栏“常用”类别下的 按钮，在该单元格中插入网站会员中心图像 images/list_dh1.jpg。

（6）选中表格第二行，首先检查用户是否已经登录，然后据此显示不同的内容，相应的代码如下：

1）用户没有登录

```
'用户没有登录
<%if request.Cookies("shop22cn")("username")="" then%>
<table width="100%" border="0" cellspacing="0" cellpadding="2"
align="center">
<form name="userlogin" method="post" action="checkuserlogin.asp">
<tr>
<td align="center"><font color="#999999">顾客您好,购买商品请先登录
</font></td>
```

```
</tr>
<tr>
<td align="center">用户名：
<input type="text" class="wenbenkuang" name="username" size="14">
</td>
</tr>
<tr>
<td align="center">密　码：
<input type="password" class="wenbenkuang" name="userpassword"
size="14">
</td>
</tr>
<tr>
<td align="center" height="38">
<input class=go-wenbenkuang name="imageField" value="登 录" type=submit
onFocus="this.blur()">
<input class=go-wenbenkuang onclick="window.location='reg.asp'" type=reset
value="注 册" name=Submit2>
<input class=go-wenbenkuang onclick="window.location='getpwd.asp'"
type=button value="忘 密" name=Submit3>
</td>
</tr>
</form>
</table>
```

2）用户已经登录

```
'另外一种情况，用户已经登录
<%else%>
<table width="100%" align="center" border="0" cellspacing="0"
cellpadding="2">
<tr>
<td width="15%" align="center"><img src="images/ring01.gif"></td>
<td width="35%"><a href="user.asp">专区首页</a></td>
<td width="15%" align="center"><img src="images/ring01.gif"></td>
<td width="35%"><a href="user.asp?action=shoucang">我的收藏</a></td>
```

```
</tr>
<tr>
<td width="15%" align="center"><img src="images/ring01. gif"></td>
<td width="35%"><a href="user. asp? action=myinfo">我的信息</a></td>
<td width="15%" align="center"><img src="images/ring01. gif"></td>
<td width="35%"><a href="user. asp? action=jifen">我的积分</a></td>
</tr>
<tr>
<td width="15%" align="center"><img src="images/ring01. gif"></td>
<td width="35%"><a href="user. asp? action=userziliao">个人资料</a></td>
<td width="15%" align="center"><img src="images/ring01. gif"></td>
<td width="35%"><a href="user. asp? action=viphd">VIP 活动</a></td>
</tr>
<tr>
<td width="15%" align="center"><img src="images/ring01. gif"></td>
<td width="35%"> <a href="user. asp? action=savepass">修改密码</a></td>
<td width="15%" align="center"><img src="images/ring01. gif"></td>
<td width="35%"><a href="user. asp? action=sqvip">VIP 申请</a></td>
</tr>
<tr>
  <td align="center"><img src="images/ring01. gif"></td>
  <td><a href="user. asp? action=jifen">积分换算</a></td>
  <td align="center"><img src="images/ring01. gif"></td>
          <td><a href="vip_win. asp">Vip 大赢家</a></td>
</tr>
<tr>
<td width="15%" align="center"><img src="images/ring01. gif"></td>
<td width="35%"><a href="user. asp? action=dindan">我的订单</a></td>
<td width="15%" align="center"><img src="images/ring01. gif"></td>
<td width="35%"><a href=logout. asp>退出登录</a></td>
</tr>
'如果用户是 VIP 客户
<%if request. Cookies("shop22cn")("reglx")=2 then%>
<%else%>
<%end if%>
</table>
```

```
<%end if%>
```

3. 客户分类详细信息 **user _inc. asp** 设计与代码

在该页面中通过定义若干函数，将各部分不同功能代码进行了分割。这里不具体讲解，等相关页面用到某个函数时再具体讲解。

二、订单查看页面设计

在用户点击页面头部“我的订单”或者页面左边“会员中心”下面“我的订单”时，在订单页面主体区域通过一个列的表格把用户的订单显示出来，显示的时候仅显示订单号、货款、费用和订单状态，如图 7—1—5 所示。

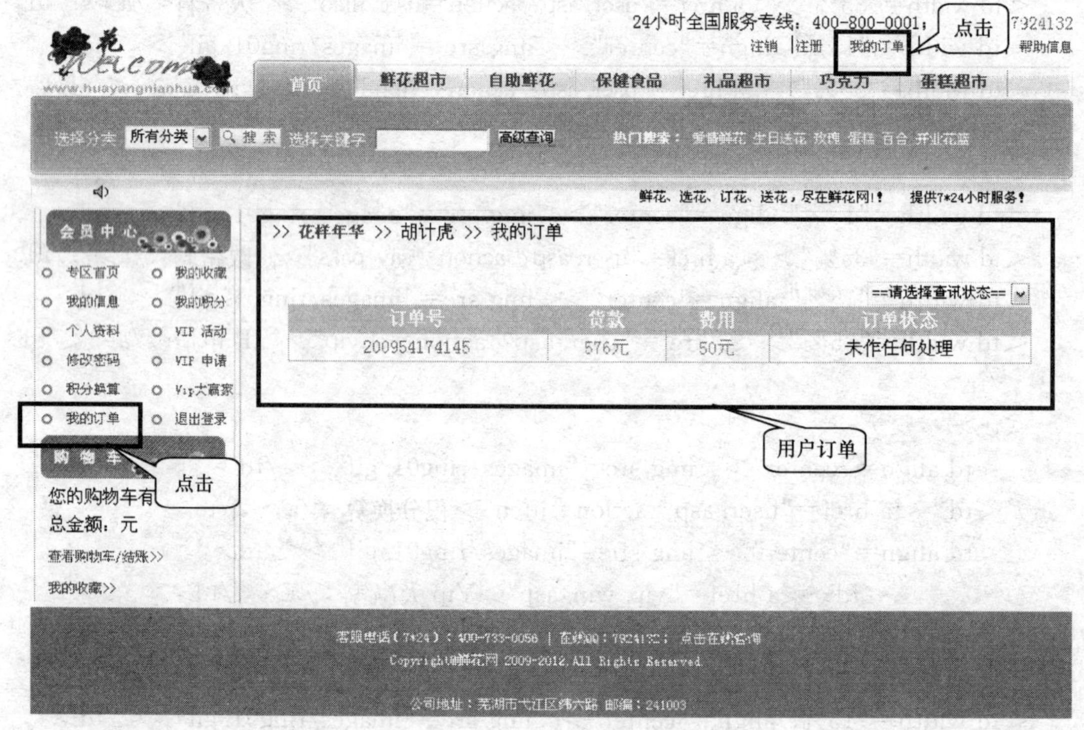

图 7—1—5 用户订单查看

下面分页面来分析功能代码。

1. user. asp 页面代码

该页面中有整个用户后台功能的统一分流控制代码，所有相关后台功能都需要经过该页面进行分流。

```
<! --#include file="user_inc. asp"-->
<%xAction=lcase(request("action"))
select case xAction
```

```
case "dingdan"
  call dingdan()
%>
```

以上代码根据 action 参数传递过来的值决定下面将要执行的内容。在这里 action 参数传递“dingdan”值，该值将直接调用 dingdan () 函数功能来实现“我的订单”查看功能。

2. user _ inc. asp 页面代码功能

在该页面中通过定义若干函数，将各部分不同功能代码进行了分割。与“我的订单”查看功能相关的代码及注释是 dingdan () 函数。相关代码如下，相关表格的布局制作读者可参照相关参数自行设计。

```
    <%
    sub dingdan()
    '首先检查用户是否已经登录,防止非法用户直接调用该页面
    if request. Cookies("shop22cn")("username")="" then
    response. Redirect "user. asp"
    response. End
    end if
    %>
    <table width="90%" border="0" align="center" cellpadding="0"
cellspacing="1">
    <tr>
    <td width="100%" align="right">
```

根据用户选择的状态，产生不同的状态值。如果用户不选择和选择全部订单状态，状态的值为 0；其他情况就根据用户选择订单状态，状态值也相应的变化，相关代码如下：

```
    <select name="zhuangtai" onChange="var
jmpURL=this. options[this. selectedIndex]. value ; if(jmpURL! =")
{window. location=jmpURL;} else {this. selectedIndex=0 ;}" >
    <option value="user. asp? action=dingdan&zhuangtai=0" selected>==请选择查
讯状态==</option>
    <option value="user. asp? action=dingdan&zhuangtai=0" >全部订单状态
</option>
    <option value="user. asp? action=dingdan&zhuangtai=1" >未作任何处理
</option>
    <option value="user. asp? action=dingdan&zhuangtai=2" >用户已经划出款
```

```
</option>
    <option value="user. asp? action=dingdan&zhuangtai=3" >服务商已经收到款
</option>
    <option value="user. asp? action=dingdan&zhuangtai=4" >服务商已经发货
</option>
    <option value="user. asp? action=dingdan&zhuangtai=5" >用户已经收到货
</option>
    </select>
    </td>
    </tr>
    </table>
    <table width="90%" border="0" align="center" cellpadding="3" cellspacing="1"
bgcolor="#cccccc">
    <tr bgcolor="#cccccc" align="center">
    <td><strong><font color="#ffffff">订单号</font></strong></td>
    <td><strong><font color="#ffffff">货款</font></strong></td>
    <td><strong><font color="#ffffff">费用</font></strong></td>
    <td><strong><font color="#ffffff">订单状态</font></strong></td>
    </tr>
```

根据用户选择的状态，产生不同的状态值，根据不同的状态值显示不同的内容。要显示的内容是从数据库表 shop _ action 中读取出来的，相关代码如下：

```
    <%set rs=server. CreateObject("adodb. recordset")
    '自定义 zhuangtai,获取用户选择的状态值
    dim zhuangtai
    zhuangtai=request. QueryString("zhuangtai")
    '如果选择的状态值为"0"或为"空"时
    if zhuangtai=0 or zhuangtai="" then
    select case zhuangtai
    '状态值为 0 时,打开数据库表 shop_action,根据查询条件显示相关的内容
    case "0"
     rs. open "select
distinct(dingdan),userzhenshiname,actiondate,shouhuoname,songhuofangshi,zhifufang-
shi,zhuangtai from shop_action where
username='"&request. Cookies("shop22cn")("username")&"' and zhuangtai<6 order by
```

```
actiondate desc",conn,1,1
    '状态值为“空”时，打开数据库表 shop_action，根据查询条件读取表中相关项
    case ""
        rs.open "select
distinct(dingdan),userzhenshiname,actiondate,shouhuoname,songhuofangshi,zhifufangshi,zhuangtai from shop_action where
username='"&request.Cookies("shop22cn")("username")&"' and zhuangtai<5 order by
actiondate desc",conn,1,1
        end select
    '当状态值不为“0”和“空”时，打开数据库表 shop_action，根据查询条件读取表中相关项
     else
        rs.open "select
distinct(dingdan),userzhenshiname,actiondate,shouhuoname,songhuofangshi,zhifufangshi,zhuangtai from shop_action where
username='"&request.Cookies("shop22cn")("username")&"' and
zhuangtai="&zhuangtai&" order by actiondate",conn,1,1
        end if
        do while not rs.eof
          %>
        '显示数据库表 shop_action 中的相关项的内容
    <tr bgcolor="#FFFFFF" align="center">
          <td>
          <a href="dingdan.asp? dan=<%=trim(rs("dingdan"))%>"
target="_blank"><%=trim(rs("dingdan"))%></a></div>
          </td>
          <td >
              <%dim shop22cn,rs2
        set shop22cn=server.CreateObject("adodb.recordset")
        shop22cn.open "select sum(zonger) as zonger from shop_action where
dingdan='"&trim(rs("dingdan"))&"'",conn,1,1
        response.write "<font color=#FF6600>"&shop22cn("zonger")&"元</font>"
        shop22cn.close
        set shop22cn=nothing%>
        </td>
        <td>
            <%
```

```
        set shop22cn=server.CreateObject("adodb.recordset")
        shop22cn.open "select feiyong from shop_action where 
dingdan='"&trim(rs("dingdan"))&"'",conn,1,1
        response.write "<font color=#FF6600>"&shop22cn("feiyong")&"元</font>"
        shop22cn.close
        set shop22cn=nothing%>
          </td>
          <td>
              <%select case rs("zhuangtai")
        case "1"
        response.write "未作任何处理"
        case "2"
        response.write "用户已经划出款"
        case "3"
        response.write "服务商已经收到款"
        case "4"
        response.write "服务商已经发货"
        case "5"
        response.write "用户已经收到货"
        end select%>
        </td>
        </tr>
      <%
        rs.movenext
      loop
      rs.close
      set rs=nothing%>
    </table><br>
    <%
    end sub
```

三、订单详细信息页面设计

如图 7—1—6 所示，在用户点击订单号时，就打开一个页面把用户订单详细信息显示出来，显示的时候仅显示订单号、货款、费用和订单状态，如图 7—1—7 所示。

下面分页面来分析功能代码。

1. 订单详细信息头部

包含数据库连接页面 conn.asp、全局变量内容页面 webconfig.asp 和对用户是否登录的判断。

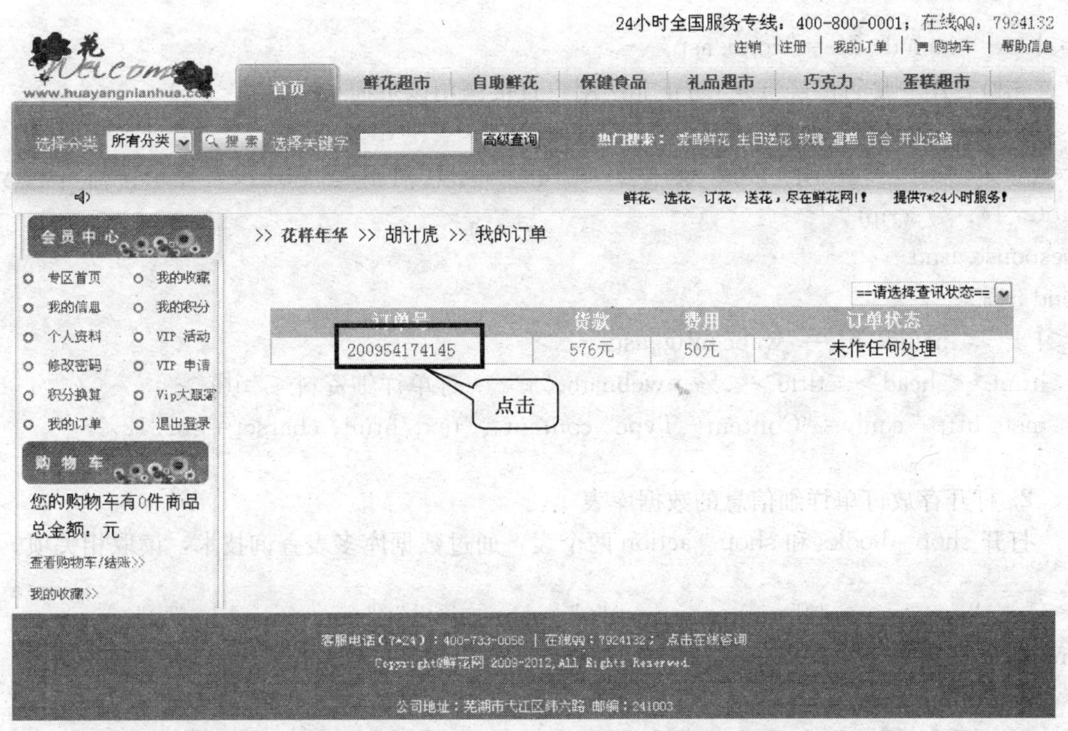

图 7—1—6 用户点击订单

订购数量订单号为：200954174145，详细资料如下：

订单状态：	☑未作任何处理→ ☑用户已经划出款→ □服务商已经收到款→ □服务商已经发货→ □用户已经收到货 修改订单状态	
商品列表：	商品名称：幸福生活；订购数量：2；会员价格：288元；金额小计：576元 订单总额：576元＋费用：50元 共计：626元	
收货人姓名：	胡计虎	查看送货费用说明
收货地址：	芜湖市	查看商家联系方式
邮编：	232001	查看商家汇款方式
联系电话：	5971024	
电子邮件：	hujihu@126.com	
送货方式：	普通平邮	
支付方式：	网上支付	
是否要发票：	不需要发票	
您的留言：		
下单日期：	2009-5-4 17:41:45	

删除订单 关闭窗口

图 7—1—7 用户订单详细信息

```
<!--#include file="conn.asp"-->
'首先检查用户是否已经登录,防止非法用户直接调用该页面
<%if request.Cookies("shop22cn")("username")="" then
response.write "<script language=javascript>alert('对不起,您还没有登录!');history.go(-1);</script>"
response.End
end if%>
<!--#include file="webconfig.asp"-->
<html><head><title><%=webname%>--订单详细资料</title>
<meta http-equiv="Content-Type" content="text/html; charset=gb2312">
```

2. 打开存放订单详细信息的数据库表

打开 shop_books 和 shop_action 两个表，通过数据库多表查询技术，读取相关项。

```
<body leftmargin="0" rightmargin="0" topmargin="0" marginwidth="0"
marginheight="0">
<%dim dingdan
dingdan=request.QueryString("dan")
set rs=server.CreateObject("adodb.recordset")
rs.open "select
shop_books.bookid,shop_books.shjiaid,shop_books.bookname,shop_books.shichangjia,
shop_books.huiyuanjia,shop_action.actiondate,shop_action.shousex,shop_action.danjia,
shop_action.feiyong,shop_action.fapiao,shop_action.userzhenshiname,shop_action.shou-
huoname,shop_action.dingdan,shop_action.youbian,shop_action.liuyan,shop_action.zhi-
fufangshi,shop_action.songhuofangshi,shop_action.zhuangtai,shop_action.zonger,shop_
action.useremail,shop_action.usertel,shop_action.shouhuodizhi,shop_action.bookcount
from shop_books inner join shop_action on
shop_books.bookid=shop_action.bookid where
shop_action.username='"&request.Cookies("shop22cn")("username")&"' and
dingdan='"&dingdan&"'",conn,1,1
'如果在数据库 shop_books 和 shop_action 两个表中找不到所要的信息
if rs.eof and rs.bof then
response.write "<p align=center>此订单中有商品已被管理员删除,无法进行正确计算!
<br>订单取消,请通知管理员或重新下订单!</p>"
response.End
end if
```

```
%>
<table width="760" border="0" align="center" cellpadding="0" cellspacing="0">
<tr> <td height="10"></td></tr>
<tr>
<td>
<table width="100%" border="0" cellpadding="5" cellspacing="1"
bgcolor="#cccccc" align="center">
                    <tr><td colspan="3">  <strong><font
color="#ffffff">订购数量订单号为:<font
color="#FF0000"><%=dingdan%></font>,详细资料如下:</font></strong></td>
                </tr>
```

3. 订单状态

根据订单目前的情况和相应的限制，修改订单所处的状态。

```
<tr bgcolor="#FFFFFF">
<td width="15%" align="right">订单状态:</td>
<td colspan="2">
<table width="98%" border="0" cellspacing="0" cellpadding="0" align="center">
<tr>
<form name="form1" method="post"
action="savedingdan.asp? dan=<%=dingdan%>&action=save">
                        <td>
                          <%zhuang()%>
                          <br>
'根据状态值确定是否能修改订单状态
<%if rs("zhuangtai")<>5 then %>
<input class="go-wenbenkuang" name="submit" value="修改订单状态"
type="submit">
<%else
response.write "<font color=red><b>订单工作流程全部完成</b></font>"
      end if%>
                        </td>
                      </form>
                    </tr>
                  </table>
```

```
                </td>
              </tr>
```

4. 商品列表

从数据库表 shop _ books 和 shop _ action 中读取订单信息，显示订单中的商品名称、订购数量、会员价格和金额。

```
<tr bgcolor="#FFFFFF">
<td align="right">商品列表:</td>
<td colspan="2">
<table width="98%" border="0" align="center" cellpadding="5" cellspacing="1"
bgcolor="#cccccc">
<tr align="center">
<td><strong><font color="#ffffff">商品名称</font></strong></td>
<td><strong><font color="#ffffff">订购数量</font></strong></td>
<td><strong><font color="#ffffff">会员价格</font></strong></td>
<td><strong><font color="#ffffff">金额小计</font></strong></td>
</tr>
<%zongji=0
        do while not rs.eof%>
<tr bgcolor="#FFFFFF">
<td style='PADDING-LEFT: 5px' height="22">
<a href=list.asp? id=<%=rs("bookid")%> ><%=trim(rs("bookname"))%>
</a></td>
                              <td height="22">
<div align="center"><%=rs("bookcount")%></div>
                              </td>
                              <td height="22">
<div align="center"><%=rs("danjia")&"元"%></div>
                              </td>
<td height="22"> <div align="center"><%=rs("zonger")&"元"%></div></td>
                            </tr>
   <%zongji=rs("zonger")+zongji
   feiyong=rs("feiyong")
   rs.movenext
   loop
```

```
rs.movefirst%>
                                    <tr bgcolor="#FFFFFF">
                                      <td colspan="4" height="22">
                                        <div align="right">订单总额：
<%=zongji%>元+费用:<%=feiyong%>元    共计:<%=zongji+feiyong%>元
                                              </div>
                                      </td>
                                    </tr>
                                  </table>
                                </td>
                              </tr>
```

5. 收货人信息、配送方式和付款方式等

从数据库表 shop _ books 和 shop _ action 中读取收货人信息，送货方式和支付方式等，并在表格布局相应位置显示出来。

```
<tr bgcolor="#FFFFFF">
<td align="right">收货人姓名:</td>
<td width="47%"style="PADDING-LEFT:12px">
<%=trim(rs("userzhenshiname"))%></td>
<td width="38%" style="PADDING-LEFT: 12px">
<a href="help.asp? action=feiyong" >查看送货费用说明</a></td>
</tr>
<tr bgcolor="#FFFFFF">
<td align="right">收货地址:</td>
<td style="PADDING-LEFT: 12px"><%=trim(rs("shouhuodizhi"))%></td>
<td style="PADDING-LEFT: 12px"><a href="lianxi.asp"><font color=red>查看商家联系方式</font></a></td>
</tr>
<tr bgcolor="#FFFFFF">
<td style="PADDING-LEFT: 12px"><%=trim(rs("youbian"))%></td>
<td style="PADDING-LEFT: 12px"><a href="help.asp? action=fukuan"><font color=red>查看商家汇款方式</font></a></td>
</tr>
<tr bgcolor="#FFFFFF">
<td align="right">联系电话:</td>
```

```
<td style="PADDING - LEFT: 12px"><%=trim(rs("usertel"))%></td>
<td style="PADDING - LEFT: 12px"> </td>
</tr>
<tr bgcolor="#FFFFFF">
<td align="right">电子邮件:</td>
<td style="PADDING - LEFT: 12px"><%=trim(rs("useremail"))%></td>
<td style="PADDING - LEFT: 12px"> </td>
</tr>
<tr bgcolor="#FFFFFF">
<td align="right">送货方式:</td>
<td style="PADDING - LEFT: 12px">
'打开数据库表 shop_songhuo,读取送货方式,并显示出来
<%set rs2=server.CreateObject("adodb.recordset")
    rs2.Open "select * from shop_songhuo where
songid="&rs("songhuofangshi"),conn,1,1
    response.Write trim(rs2("subject"))
    rs2.Close
    set rs2=nothing%>
  </td>
<td style="PADDING - LEFT: 12px"> </td>
</tr>
<tr bgcolor="#FFFFFF">
<td align="right">支付方式:</td>
<td style="PADDING - LEFT: 12px">
'打开数据库表 shop_songhuo,读取支付方式,并显示出来
<%set rs2=server.CreateObject("adodb.recordset")
    rs2.Open "select * from shop_songhuo where
songid="&rs("zhifufangshi"),conn,1,1
    response.Write trim(rs2("subject"))
    rs2.close
    set rs2=nothing%>
</td>
<td style="PADDING - LEFT: 12px"> </td>
</tr>
<tr bgcolor="#FFFFFF">
<td align="right">是否要发票:</td>
```

```
<td style="PADDING - LEFT: 12px">
<%if rs("fapiao")=1 then %>
<font color=red>需要发票</font>
<%else%>
不需要发票
<%end if%>
</td>
<td style="PADDING - LEFT: 12px"> </td>
</tr>
<tr bgcolor="#FFFFFF">
<td align="right">您的留言:</td>
<td style="PADDING - LEFT: 12px"><%=trim(rs("liuyan"))%></td>
<td style="PADDING - LEFT: 12px"> </td>
</tr>
<tr bgcolor="#FFFFFF">
<td align="right">下单日期:</td>
<td style="PADDING - LEFT: 12px"><%=rs("actiondate")%></td>
<td style="PADDING - LEFT: 12px"> </td>
</tr>
```

6. 用户删除订单

用户在下订单以后，如果发现订单有误或者不想购买了，可以删除订单，但前提条件是订单“未作任何处理”，如果“用户已经划出款”就不可以再删除了。

```
<tr bgcolor="#FFFFFF">
<td height="40" colspan="3" align="center">
<%if rs("zhuangtai")=1 then%>
<input class="go - wenbenkuang" type="submit" name="submit" value="删除订单"
onClick="if(confirm('您确定要删除吗? '))
location. href=' savedingdan. asp? action=del&dan=<%=dingdan%>';else return;">
<%end if%>
<input class=go - wenbenkuang onClick=javascript:window. close() type=reset value
=关闭窗口 name=submit>
</td>
</tr>
</table>
```

```
</td>
</tr>
</table>
```

7. 订单的查看和状态修改

当订单处于“用户已经划出款”和“用户已经收到货”状态时，用户可以查看和修改订单状态，并且默认选中已经处理过的状态；订单处于“服务商已经收到款”和“服务商已经发货”，用户是无法修改的，只有网站的管理员才可以修改。

```
<%
sub zhuang()
select case rs("zhuangtai")
'根据不同的状态值,订单显示不同的几种状态
case "1"%>
<input name="checkbox" type="checkbox" DISABLED id="checkbox"
value="checkbox" checked>未作任何处理<span style='font-family:Wingdings;'></a>
</span>
'根据选择的支付方式的不同,订单显示不同的两种状态
<%if rs("zhifufangshi")><27 then %>
<input name="zhuangtai" type="checkbox" id="zhuangtai" value="2" checked>用户
已经划出款<span style='font-family:Wingdings;'></a></span>
<input type="checkbox" name="checkbox2" value="checkbox" DISABLED>服务商
已经收到款<span style='font-family:Wingdings;'></a></span>
<input type="checkbox" name="checkbox3" value="checkbox" DISABLED>服务商
已经发货<span style='font-family:Wingdings;'></a></span>
<input type="checkbox" name="checkbox4" value="checkbox" DISABLED>用户已
经收到货
<%else%>
<input name="zhuangtai" type="checkbox" id="zhuangtai" value="3">订单已确认
<span style='font-family:Wingdings;'></a></span>
<input type="checkbox" name="checkbox4" value="checkbox" DISABLED>订单已
完成
<%end if%>
<%case "2"%>
<input name="checkbox" type="checkbox" DISABLED id="checkbox"
value="checkbox" checked>未作任何处理<span style='font-family:Wingdings;'></a>
```

```
</span>
<input name="checkbox" type="checkbox" id="zhuangtai" value="2" checked
DISABLED>用户已经划出款<span style='font-family:Wingdings;'></a></span>
<input type="checkbox" name="checkbox2" value="checkbox" DISABLED>服务商
已经收到款<span style='font-family:Wingdings;'></a></span>
<input type="checkbox" name="checkbox3" value="checkbox" DISABLED>服务商
已经发货<span style='font-family:Wingdings;'></a></span>
<input type="checkbox" name="checkbox4" value="checkbox" DISABLED>用户已
经收到货
<%case "3"%>
<input name="checkbox" type="checkbox" DISABLED id="checkbox"
value="checkbox" checked>未作任何处理<span style='font-family:Wingdings;'></a>
</span>
'根据选择的支付方式的不同，订单显示不同的两种状态
<%if rs("zhifufangshi")<27 then %>
<input name="checkbox" type="checkbox" id="zhuangtai" value="2" checked
DISABLED>用户已经划出款<span style='font-family:Wingdings;'></a></span>
<input type="checkbox" name="checkbox2" value="checkbox" checked
DISABLED>服务商已经收到款<span style='font-family:Wingdings;'></a></span>
<input type="checkbox" name="checkbox3" value="checkbox" DISABLED>服务商
已经发货<span style='font-family:Wingdings;'></a></span>
<input type="checkbox" name="checkbox4" value="checkbox" DISABLED>用户已
经收到货
<%else%>
<input name="checkbox" type="checkbox" DISABLED id="checkbox"
value="checkbox" checked>订单已确认<span style='font-family:Wingdings;'></a>
</span>
<input type="checkbox" name="checkbox1" value="checkbox" >订单已完成
<%end if%>
<%case "4"%>
<input name="checkbox" type="checkbox" DISABLED id="checkbox"
value="checkbox" checked>未作任何处理<span style='font-family:Wingdings;'></a>
</span>
<input name="checkbox" type="checkbox" id="zhuangtai" value="2" checked
DISABLED>用户已经划出款<span style='font-family:Wingdings;'></a></span>
<input type="checkbox" name="checkbox2" value="checkbox" checked
```

```
DISABLED>服务商已经收到款<span style='font-family:Wingdings;'></a></span>
<input type="checkbox" name="checkbox3" value="checkbox" checked
DISABLED>服务商已经发货<span style='font-family:Wingdings;'></a></span>
<input type="checkbox" name="zhuangtai" value="5" >用户已经收到货
<%case "5"%>
<input name="checkbox" type="checkbox" DISABLED id="checkbox"
value="checkbox" checked>未作任何处理<span style='font-family:Wingdings;'></a>
</span>
'根据选择的支付方式的不同,订单显示不同的两种状态
<%if rs("zhifufangshi")<27 then %>
<input name="checkbox" type="checkbox" id="zhuangtai" value="2" checked
DISABLED>用户已经划出款<span style='font-family:Wingdings;'></a></span>
<input type="checkbox" name="checkbox2" value="checkbox" checked
DISABLED>服务商已经收到款<span style='font-family:Wingdings;'></a></span>
<input type="checkbox" name="checkbox3" value="checkbox" checked
DISABLED>服务商已经发货<span style='font-family:Wingdings;'></a></span>
<input type="checkbox" name="checkbox4" value="checkbox" checked
DISABLED>用户已经收到货
<%else%>
<input name="checkbox3" type="checkbox" DISABLED value="checkbox"
checked>订单已确认<span style='font-family:Wingdings;'></a></span>
<input type="checkbox" name="checkbox4" value="checkbox" checked
DISABLED>订单已完成
<%end if%>
<%end select
end sub%>
</body>
</html>
```

四、订单保存页面 savedingdan.asp 代码分析

下面来具体分析 savedingdan.asp 相关功能代码。

1. 订单状态修改

如图 7—1—8 所示，在用户选择“用户已经划出款”后，单击“修改订单状态”时，就弹出一个如图 7—1—9 所示的对话框；在用户选择“用户已经收到货”后，单击“修改订单状态”时，就弹出一个如图 7—1—10 所示的对话框。

订购数量订单号为：200954174145，详细资料如下：		
订单状态：	☑未作任何处理→ ☑用户已经划出款→ □服务商已经收到款→ □服务商已经发货→ □用户已经收到货 修改订单状态　点击	
商品列表：	商品名称：幸福生活；订购数量：2；会员价格：288元；金额小计：576元 订单总额：576元＋费用：50元　共计：626元	
收货人姓名：	胡计虎	查看送货费用说明
收货地址：	芜湖市	查看商家联系方式
邮编：	232001	查看商家汇款方式
联系电话：	5971024	
电子邮件：	hujihu@126.com	
送货方式：	普通平邮	
支付方式：	网上支付	
是否要发票：	不需要发票	
您的留言：		
下单日期：	2009-5-4 17:41:45	
删除订单　关闭窗口		

图 7—1—8　修改订单状态

图 7—1—9　订单状态修改成功

图 7—1—10　订单修改最后结果

```
<! --#include file="conn.asp"-->
<%dim dingdan,action
action=request.QueryString("action")
dingdan=request.QueryString("dan")
select case action
case "save"
'先判断状态值是否为空
if request("zhuangtai")<>"" then
  set rs=server.CreateObject("adodb.recordset")
  rs.Open "select zhuangtai from shop_action where
dingdan='"&dingdan&"'",conn,1,3
'使用循环语句更新状态值
do while not rs.EOF
  old_zhuangtai=rs("zhuangtai")
    rs("zhuangtai")=request("zhuangtai")
    rs.Update
    rs.MoveNext
  loop
  rs.Close
  set rs=nothing
end if
'根据新老状态的变化、用户的身份和购买商品的金额来修改积分,同时通过是否购买会员卡,来修改 VIP 信息
if cint(request("zhuangtai"))=5 and old_zhuangtai<>5 then
  jifen=0
  ifhuyuanka=0
    set rs2=server.CreateObject("adodb.recordset")
    rs2.Open "select vipid from shop_sys",conn,1,1
    vipid=rs2("vipid")
    rs2.close
    set rs2=nothing
  set rs=server.CreateObject("adodb.recordset")
  rs.Open "select bookcount,bookid from shop_action where
dingdan='"&dingdan&"'",conn,1,1
  while not rs.eof
    set rs2=server.CreateObject("adodb.recordset")
```

```
    rs2. Open "select bookid,yeshu from shop_books where
bookid="&rs("bookid"),conn,1,1
    jifen=jifen+rs("bookcount") * rs2("yeshu")
    rs2. close
    set rs2=nothing

    if rs("bookid")=cint(vipid) then
      ifhuyuanka=1
    end if

    rs. MoveNext
  wend
  rs. Close
  'response. write ifhuyuanka&""&vipid
  'response. end
  set rs=server. CreateObject("adodb. recordset")
  rs. Open "select jifen,reglx,vipdate from [user] where
username='"&request. Cookies("shop22cn")("username")&"'",conn,1,3
  rs("jifen")=rs("jifen")+jifen
  if ifhuyuanka=1 then
    rs("reglx")=2
    if rs("vipdate")<>"" then
    if rs("vipdate")<date then
    rs("vipdate")=date+365
    else
    rs("vipdate")=rs("vipdate")+365
    end if
    else
    rs("vipdate")=date+365
    end if
  end if
  rs. Update
  rs. Close
  set rs=nothing

  if ifhuyuanka=1 then
```

```
    response. Write "<script language=javascript>alert('订单状态修改成功！您本次购物获得积分："&jifen&"，你本次购买了会员卡，恭喜你现在已经成为本站的 VIP 用户!!');history. go(-1);</script>"
  else
    response. Write "<script language=javascript>alert('订单状态修改成功！您本次购物获得积分："&jifen&"');history. go(-1);</script>"
  end if
else
  response. Write "<script language=javascript>alert('订单状态修改成功！');history. go(-1);</script>"
end if
```

2. 删除订单

如图 7—1—11 所示，当订单处于“未作任何处理”时，用户点击“删除订单”按钮，就弹出一个如图 7—1—12 所示的对话框，点击“确定”按钮，弹出如图 7—1—13 所示的对话框，订单删除成功。

订购数量订单号为：200954174145，详细资料如下：

订单状态：	☑未作任何处理→ ☑用户已经划出款→ □服务商已经收到款→ □服务商已经发货→ □用户已经收到货 [修改订单状态]	
商品列表：	商品名称：幸福生活；订购数量：2；会员价格：288元；金额小计：576元 订单总额：576元＋费用：50元　共计：626元	
收货人姓名：	胡计虎	查看送货费用说明
收货地址：	芜湖市	查看商家联系方式
邮编：	232001	查看商家汇款方式
联系电话：	5971024	
电子邮件：	hujihu@126.com	
送货方式：	普通平邮	
支付方式：	网上支付	
是否要发票：	不需要发票	
您的留言：		
下单日期：	2009-5-4 17:41:45	

点击

[删除订单] [关闭窗口]

图 7—1—11　用户删除订单

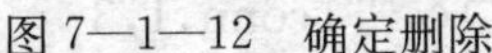
图 7—1—12　确定删除

图 7—1—13　订单删除成功

```
case "del"
set rs=server.CreateObject("adodb.recordset")
rs.open "select username,dingdan from shop_action where dingdan='"&dingdan&"'
",conn,1,1
'先判断此订单是不是用户自己的
if request.Cookies("shop22cn")("username")<>trim(rs("username")) then
response.Write "您无权删除此订单!"
response.End
end if
'删除前要返还库存及积分
set rs=server.CreateObject("adodb.recordset")
rs.open "select * from shop_action where  dingdan='"&dingdan&"' and
zhuangtai=1",conn,1,1
while not rs.eof
  set rs_s=server.CreateObject("adodb.recordset")
  rs_s.open "select * from shop_books where bookid="&rs("bookid"),conn,1,3
  rs_s("kucun")=rs_s("kucun")+rs("bookcount")
  rs_s("chengjiaocount")=rs_s("chengjiaocount")-rs("bookcount")
  rs_s.update
  rs_s.close
  set rs_s=nothing
rs.movenext
wend
rs.close
z_jifen=0
set rs=server.CreateObject("adodb.recordset")
rs.open "select * from shop_action_jp where  dingdan='"&dingdan&"'",conn,1,1
while not rs.eof
```

```
z_jifen=z_jifen+rs("jifen")
rs.movenext
wend
rs.close
set rs=server.CreateObject("adodb.recordset")
rs.open "select * from [user] where
username='"&request.Cookies("shop22cn")("username")&"'",conn,1,3
rs("jifen")=rs("jifen")+z_jifen
rs.update
rs.close
set rs=nothing
'只能是订了未付款时删除
conn.execute "delete from shop_action where dingdan='"&dingdan&"' and
zhuangtai=1"
conn.execute "delete from shop_action_jp where dingdan='"&dingdan&"'"
response.Write "<script language=javascript>alert('订单删除成功!
');window.close();</script>"
end select
%>
```

思考与练习

一、完成网上书店客户后台设计。

二、完成网上书店客户订单查看设计。

任务二　查询和修改客户信息

教学目标

- 能够掌握数据库添加数据查询的方法
- 能够掌握客户端脚本验证的基本技巧
- 能够掌握页面传递参数的基本方法

任务引入

为了提高服务水平，方便用户对个人信息内容进行更新，使网站及时根据用户最新资料开展服务，根据系统需求分析目标，现对如图 7—2—1 所示的客户信息的查询和修改功能进行完善。

图 7—2—1 查询和修改用户信息

任务分析

用户的相关信息有很多，如姓名、年龄、积分等，这些信息内容的多少取决于网站相关功能的需求。本部分任务仅就用户的个人相关信息的查询和修改进行实现。

用户的个人信息是在用户注册为网站会员身份时所提供的相关信息，一旦用户相关信息发生改变，需要提供相关功能让用户及时更新个人信息。对于用户信息的更新，基本思路是先从数据库中读取原有的个人信息，显示在页面上，然后用户修改以后直接提交保存即可实现个人信息内容的更新。实现该部分的时候，要注意有些信息内容是不允许更新的，如用户的注册名，因此在显示相关新内容的时候用户将不能修改这部分内容。

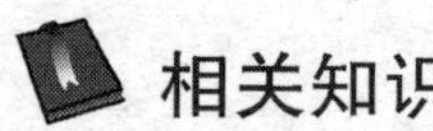

相关知识

一、SQL 函数调用

在 SQL 语句中可以调用 SQL 的基本函数实现相应的功能，如统计、求和等。基本语法如下：

SELECT function（列）FROM 表

在 SQL 语句中，基本的函数类型和种类有若干种。函数的基本类型有 Aggregate 函数和 Scala 函数。前者是指一些合计函数，如求和函数 sum，计数函数 count 等。Scala 函数即数量函数，它的操作面向某个单一的值，并返回基于输入值的一个单一的值，如求文本域的长度函数 len，截取文本域内容的函数 left 等。

二、客户端验证

客户端验证一方面可以对用户输入的数据进行检查，防止输入非法数据；另一方面，可以减轻服务的压力，如大量的用户验证任务交由服务器来执行，将严重影响服务器的负载能力。同时，通过客户端验证也可以增加用户使用的体验感，让用户不用等待即可实现。相关验证功能前面章节已分析，此处不再进行解释。

三、select 分流功能

在编写动态网站相关页面时，组织页面代码并使网站代码结构清晰是很重要的。这样做一方面可以使代码简洁，另一方面也可以使整个网站页面结构清晰。根据代码的功能不同分别放在不同页面，从而实现页面流量的分流。

页面的分流即把功能相似的代码统一起来，再通过一个控制页面进行控制，它就像一个管理者，由它来决定执行相应的代码。例如，在本部分任务中，user. asp 页面就像一个管理者，像一座桥梁，由它来统筹客户后台的相关功能代码的执行。而本部分的 user _ inc. asp 就像一个代码工具箱，里面装有各种功能代码，等待 user. asp 页面来调用。

任务实施

一、“我的信息”查看

当用户点击客户后台的“我的信息”链接时，页面将跳转到 user. asp，该页面根据收到的 action 参数为“myinfo”调用 user _ inc. asp 中的用户信息查询函数 myinfo（），从而显示相关的信息内容，如图 7—2—2 所示。

下面分页面来分析功能代码。

1. user. asp 页面代码

该页面中有整个用户后台功能的统一分流控制代码，所有相关后台功能都需要经过该页面进行分流。

>> 花样年华 >> test >> 我的信息

我的统计信息	
用户类型：	普通会员
登录次数：	4
累计积分：	0
总购物金额：	
预存款：	
收藏的商品数：	1

图 7—2—2 “我的信息”查看

```
<! --#include file="user_inc.asp"-->
<%xAction=lcase(request("action"))
select case xAction
case""
    call myinfo()
case"myinfo"
    call myinfo()
%>
```

以上代码根据 action 参数传递过来的值决定下面将要执行的内容。在这里，如果 action 参数传递空值或者“myinfo”值将直接调用 myinfo（）函数功能来实现“我的信息”查看功能。

2. user _ inc. asp 页面代码功能

在该页面中通过定义若干函数，将各部分不同功能代码进行了分割。与“我的信息”查看功能相关的代码及注释是 myinfo（）函数。相关代码如下，相关表格的布局制作读者可参照相关参数自行设计。

```
'首先检查用户是否已经登录,防止非法用户直接调用该页面
sub myinfo()
  if request.Cookies("shop22cn")("username")<>""then
  %>
  <table width="90%"border="0"align="center"cellpadding="3"cellspacing="1"bg-
color="#cccccc">
      <tr align="center">
      <td colspan="2"><strong><font color=#FFFFFF>我的统计信息
</font></strong></td>
      </tr>
```

```
    <%
'打开 user 用户表,读取用户基本信息
      set shop22cn=server.CreateObject("adodb.recordset")
      shop22cn.open"select * from[user]where
username='"&request.Cookies("shop22cn")("username")&"'",conn,1,1
      ky_jifen=shop22cn("jifen")
      %>
    <tr bgcolor="#ffffff"align="center">
      <td width="50%">用户类型:</td>
      <td width="50%"><font color=red>
        <%
'根据 cookie 中的内容检查用户的类型
  if request.Cookies("shop22cn")("reglx")=2 then%>
    VIP 用户
    <%else%>
    普通会员
    <%end if%>
    </font>
      <%if request.Cookies("shop22cn")("reglx")=2 then%>
    期限:<%=shop22cn("vipdate")%>
    <%end if%></td>
   </tr>
   <tr bgcolor="#ffffff"align="center">
     <td>登录次数:</td>
     <td><%=shop22cn("logins")%></td>
   </tr>
   <tr bgcolor="#ffffff"align="center">
     <td>累计积分:</td>
     <td><%=shop22cn("jifen")%></td>
   </tr>
   <%
'打开 shop_action 表读取用户购物历史记录
    set bjx1=server.CreateObject("adodb.recordset")
    bjx1.open"select sum(zonger)as sum_jine from shop_action where
username='"&request.Cookies("shop22cn")("username")&"'and
zhuangtai<=5",conn,1,1
```

```
    %>
  <tr bgcolor="#ffffff"align="center">
    <td>总购物金额:</td>
    <td><%=bjx1("sum_jine")%></td>
  </tr>
  <%bjx1.close
    set bjx1=nothing%>
  <tr bgcolor="#ffffff"align="center">
    <td><font color="#FF0000">预存款:</font></td>
    <td><%=shop22cn("yucun")%></td>
  </tr>
  <%if request.Cookies("shop22cn")("reglx")=2 then%>
  <tr bgcolor="#ffffff"align="center">
    <td>VIP 期限:</td>
    <td><%=shop22cn("vipdate")%></td>
  </tr>
  <%end if%>
  <%
'打开 shop_action 表读取用户收藏夹记录
    set bjx1=server.CreateObject("adodb.recordset")
    bjx1.open"select count(*)as rec_count from shop_action where
username='"&request.Cookies("shop22cn")("username")&"'and
zhuangtai=6",conn,1,1
    %>
  <tr bgcolor="#ffffff"align="center">
    <td>收藏的商品数:</td>
    <td><%=bjx1("rec_count")%></td>
  </tr>
  <%bjx1.close
    set bjx1=nothing%>
  <%shop22cn.close
    set shop22cn=nothing%>
 </table>
 <%else%>
 <table width="90%"height="60"border="0"align="center"cellpadding="0"
cellspacing="0"bgcolor="#cccccc">
```

```
    <tr>
    <td bgcolor="#FFFFFF"><div align="center">请登录后操作</div></td>
    </tr>
  </table>
  <%end if%>
  <br>
  <%
end sub
```

二、个人资料更新

用户点击“个人资料”链接，页面跳转到 user. asp 页面执行相关代码（读者可参照“我的信息”代码进行分析），然后根据 action 参数为 userziliao 值执行函数 userziliao ()。该函数首先读取用户的基本信息显示在网页上以供用户进行修改，如图 7—2—3 所示。

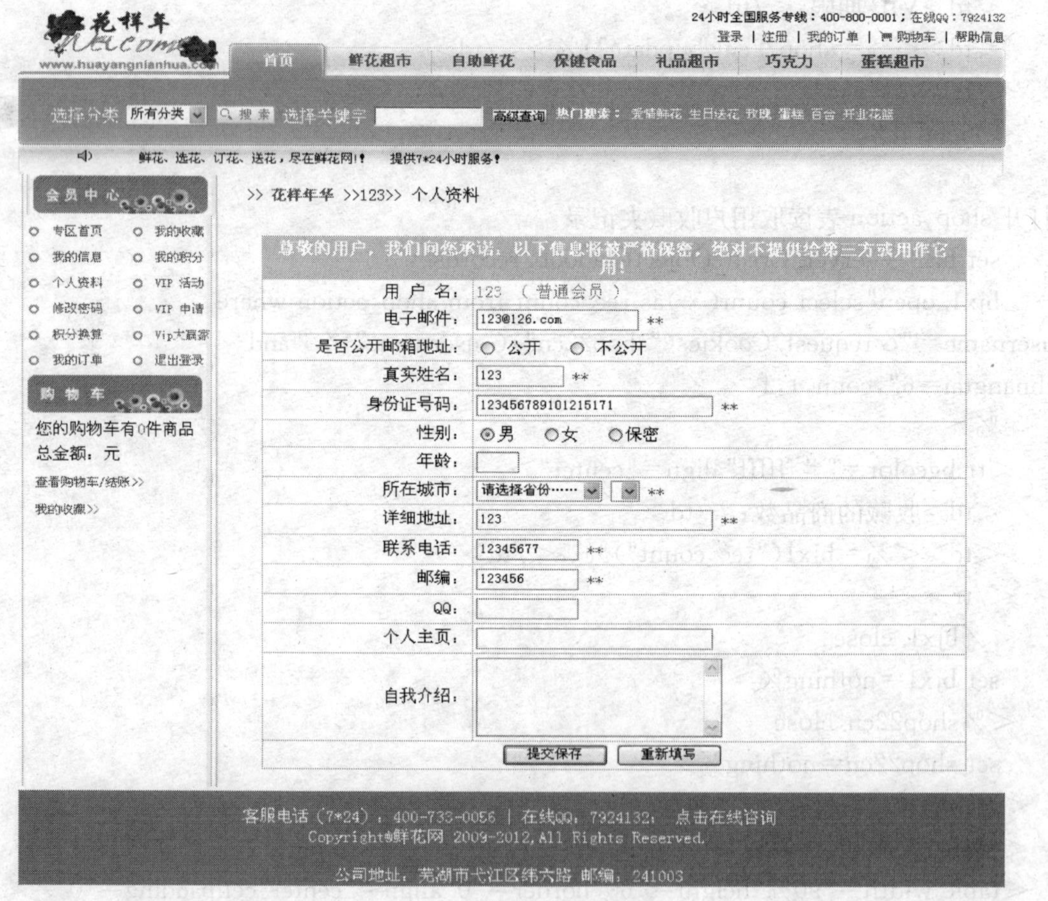

图 7—2—3 用户个人资料修改

相关代码如下：

1. 身份检查及相关表单检查代码

每个页面头部都必须带有用户身份检查的代码，防止非法用户进入。同时，合法用户对个人资料修改时也要进行必要的检查，比如是否允许空值，是否允许带有空格等。

```
'检查用户身份状态,防止非法用户进入该页面
  if request. Cookies("shop22cn")("username")=""then
  response. Redirect"user. asp"
  response. End
  end if
  %>
  <script language=JavaScript>
  <%//脚本代码,读取省份、城市信息
    dim sql,i,j
    set rs_s=server. createobject("adodb. recordset")
    sql="select * from szSheng order by shengorder"
    rs_s. open sql,conn,1,1
'动态构造列表框,前面相关功能已经介绍,本部分不再详细解释
  %>
    var selects=[];
    selects['xxx']=new Array(new Option('请选择城市……','xxx'));
  <%
    for i=1 to rs_s. recordcount
  %>
    selects['<%=rs_s("ShengNo")%>']=new Array(
  <%
    set rs_s1=server. createobject("adodb. recordset")
    sql="select * from szShi where shengid="&rs_s("id")&"order by shiorder"
    rs_s1. open sql,conn,1,1
    if rs_s1. recordcount>0 then
      for j=1 to rs_s1. recordcount
      if j=rs_s1. recordcount then
  %>
      new
Option('<%=trim(rs_s1("shiname"))%>','<%=trim(rs_s1("shiNo"))%>'));
  <%     else
  %>
```

```
    new
Option('<%=trim(rs_s1("shiname"))%>','<%=trim(rs_s1("shiNo"))%>'),
 <%
    end if
    rs_s1.movenext
    next
  else
 %>
    new Option('','0'));
 <%
  end if
  rs_s1.close
  set rs_s1=nothing
  rs_s.movenext
  next
 rs_s.close
 set rs_s=nothing
 %>
 //表单检查函数,防止省份没有选择
 function chsel(){
   with(document.userinfo){
     if(szSheng.value){
       szShi.options.length=0;
       for(var i=0;i<selects[szSheng.value].length;i++){
             szShi.add(selects[szSheng.value][i]);
       }
     }
   }
 }
 //表单检查函数,查看输入内容是否为阿拉伯数字
 function IsDigit()
 {
 return((event.keyCode>=48)&&(event.keyCode<=57));
 }
 //检查内容是否为空格
 function checkspace(checkstr){
```

```
    var str='';
    for(i=0;i<checkstr.length;i++){
      str=str+'';
    }
    return(str==checkstr);
  }
  //表单内容检查函数
  function checkuserinfo()
  {
  if(document.userinfo.useremail.value.length!=0)
    {
      if(document.userinfo.useremail.value.charAt(0)=="."||
         document.userinfo.useremail.value.charAt(0)=="@"||
         document.userinfo.useremail.value.indexOf('@',0)==-1||
         document.userinfo.useremail.value.indexOf('.',0)==-1||
         document.userinfo.useremail.value.lastIndexOf("@")==document.userinfo.
useremail.value.length-1||
document.userinfo.useremail.value.lastIndexOf(".")==document.userinfo.useremail.
value.length-1)
       {
       alert("e-mail 地址格式不正确!");
       document.userinfo.useremail.focus();
       return false;
       }
    }
  else
    {
    alert("e-mail 不能为空!");
    document.userinfo.useremail.focus();
    return false;
    }
    if(checkspace(document.userinfo.userzhenshiname.value)){
    document.userinfo.userzhenshiname.focus();
    alert("对不起,请填写您的真实姓名!");
    return false;
}
```

```
    if(checkspace(document.userinfo.sfz.value))  {
    document.userinfo.sfz.focus();
    alert("对不起,请填写您的身份证号码!");
    return false;
    }
if((document.userinfo.sfz.value.length!=15)&&(document.userinfo.sfz.value.length!=18)){
       document.userinfo.sfz.focus();
       alert("对不起,请正确填写身份证号码!");
       return false;
    }
    if(checkspace(document.userinfo.shouhuodizhi.value)){
       document.userinfo.shouhuodizhi.focus();
       alert("对不起,请填写您的详细地址!");
       return false;
    }
    if(checkspace(document.userinfo.youbian.value)){
       document.userinfo.youbian.focus();
       alert("对不起,请填写邮编!");
       return false;
    }
    if(document.userinfo.youbian.value.length!=6){
       document.userinfo.youbian.focus();
       alert("对不起,请正确填写邮编!");
       return false;
    }
    if(checkspace(document.userinfo.usertel.value)){
    document.userinfo.usertel.focus();
    alert("对不起,请留下您的联系电话!");
    return false;
    }
  }
  </script>
```

2. 读取用户个人信息并显示

读取用户个人信息的时候，需要将字段内容赋予表单各元素的 value 属性，特别是对于省份和城市的信息内容的显示比较复杂，涉及两个列表框，读者要特别注意。

```
<%
    '从 user 表中读取用户的个人信息,并赋予表单元素的 value 属性
    set rs=server.CreateObject("adodb.recordset")
    rs.open"select * from[user]where
username='"&request.Cookies("shop22cn")("username")&"'",conn,1,1
    %>
    <table width="90%"border="0"align="center"cellpadding="3"cellspacing="1"
bgcolor="#cccccc">
    <form name="userinfo"method="post"
action="saveuserinfo.asp? action=userziliao">
      <tr>
      <td colspan=2 align="center"><strong><font color=#FFFFFF>尊敬的用
户,我们向您承诺:以下信息将被严格保密,绝对不提供给第三方或挪作他用! </font>
</strong></td>
      </tr>
      <tr bgcolor="#ffffff">
     <td width="30%"align="right">用户名:</td>
     <td width="70%"><font color=#FF6600>
     <%=request.Cookies("shop22cn")("username")%> (
      <%if rs("reglx")=2 then%>
      VIP 用户  期限:<%=rs("vipdate")%>
      <%else%>
      普通会员
      <%end if%>
      )</font></td>
    </tr>
    <tr bgcolor="#ffffff">
      <td align="right">电子邮件:</td>
      <td>
      <input name=useremail class="wenbenkuang"type=text
value="<%=trim(rs("useremail"))%>">
      <font color="#FF0000">* *</font></td>
    </tr>
    <tr bgcolor="#ffffff">
      <td align="right">是否公开邮箱地址:</td>
      <td>
```

```
<input type="radio"name="ifgongkai"value="1"<%if rs("ifgongkai")=1 then%>checked<%end if%>>
公开
<input type="radio"name="ifgongkai"value="0"<%if rs("ifgongkai")=0 then%>checked<%end if%>>
不公开</td>
</tr>
<tr bgcolor="#ffffff">
<td align="right">真实姓名:</td>
<td>
<input name=userzhenshiname class="wenbenkuang"type=text value="<%=trim(rs("userzhenshiname"))%>"size="10">
<font color="#FF0000">* *</font></td>
</tr>
<tr bgcolor="#ffffff">
<td align="right">身份证号码:</td>
<td>
<input name=sfz type=text class="wenbenkuang"
value="<%=trim(rs("sfz"))%>"size="30"maxlength="18">
<font color="#FF0000">* *</font></td>
</tr>
<tr bgcolor="#ffffff">
<td align="right">性别:</td>
<td><input type="radio"name="shousex"value="1"<%if
rs("sex")=1 then%>checked<%end if%>>男
<input type="radio"name="shousex"
value="0"<%if rs("sex")=0 then%>checked<%end if%>>女
<input type="radio"name="shousex"
value="2"<%if rs("sex")=2 then%>checked<%end if%>>保密</td>
</tr>
<tr bgcolor="#ffffff">
<td align="right">年龄:</td>
<td>
<input name=nianling type=text class="wenbenkuang"
value="<%=trim(rs("nianling"))%>"size="4"maxlength="2">
</td>
```

```
    </tr>
    <tr bgcolor="#ffffff">
     <td align="right">所在城市:</td>
     <td>
      <select size="1"class="wenbenkuang"name="szSheng"
onChange=chsel()>
        <option value="xxx"selected>请选择省份……</option>
        <%
  '读取省份内容,构造列表框
  dim tmpShengid
  tmpShengid=0
  set rs_s=server.createobject("adodb.recordset")
  sql="select * from szSheng order by shengorder"
  rs_s.open sql,conn,1,1
  while not rs_s.eof
    if rs("szSheng")=rs_s("ShengNo")then
      tmpShengid=rs_s("id")
  %>
      <option value="<%=rs_s("ShengNo")%>"selected
><%=trim(rs_s("ShengName"))%></option>
                <%
    else
  %>
      <option value="<%=rs_s("ShengNo")%>"
><%=trim(rs_s("ShengName"))%></option>
      <%
    end if
    rs_s.movenext
  wend
  rs_s.close
  set rs_s=nothing
  %>
      </select>
      <select size="1"class="wenbenkuang"name="szShi">
  <%
  '根据选择省份的 id 信息,读取相应省份的城市信息,构造列表框
```

```
  set rs_s=server.createobject("adodb.recordset")
  sql="select * from szShi where shengid="&tmpShengid&"order by shiorder"
  rs_s.open sql,conn,1,1
  while not rs_s.eof
  %>
        <option value="<%=rs_s("ShiNo")%>"<%if
rs("szShi")=rs_s("ShiNo")then%>selected<%end
if%>><%=trim(rs_s("ShiName"))%></option>
              <%
    rs_s.movenext
  wend
  rs_s.close
  set rs_s=nothing
  %>
      </select>
……部分代码省略,读者可自行根据源文件阅读……
end sub
```

当用户填写完资料，点击“提交保存”按钮时，将触发表单，执行页面 saveuserinfo.asp，并产生相关提示，如图 7—2—4 所示。

图 7—2—4　个人资料修改成功提示

相关的代码及注释如下。

```
<!--#include file="conn.asp"-->
<!--#include file="md5.asp"-->
<%
'从 action 接受操作指示,从 cookie 中提取用户名
        dim action,username
        action=request.QueryString("action")
        username=request.Cookies("shop22cn")("username")
```

```
    select case action
……其他无关代码省略……
//用户资料修改
case"userziliao"
'根据用户姓名,打开用户相关记录
    set rs=server.CreateObject("adodb.recordset")
    rs.open"select * from[user]where username='"&username&"'",conn,1,3
'对用户资料字段进行更新
    rs("useremail")=trim(request("useremail"))
    if request("ifgongkai")=""then
    rs("ifgongkai")=0
    else
    rs("ifgongkai")=trim(request("ifgongkai"))
    end if
    rs("userzhenshiname")=trim(request("userzhenshiname"))
    rs("sfz")=trim(request("sfz"))
    rs("sex")=trim(request("shousex"))
    rs("nianling")=trim(request("nianling"))
    rs("szsheng")=trim(request("szsheng"))
    rs("szshi")=trim(request("szshi"))
    rs("shouhuodizhi")=trim(request("shouhuodizhi"))
    rs("usertel")=trim(request("usertel"))
    rs("youbian")=trim(request("youbian"))
    rs("oicq")=trim(request("qq"))
    rs("homepage")=trim(request("homepage"))
    rs("content")=trim(request("content"))
'提交对用户资料的修改
    rs.update
    rs.close
    set rs=Nothing
'给出用户资料修改成功提示
    response.Write"<script language=javascript>alert('您的个人资料修改成功!');
window.location.href='"&request.servervariables("http_referer")&"';</script>"
    response.end
```

三、修改密码

用户点击修改密码后，通过 userinfo. asp 页面调用函数 savepass（）提供界面给用户输入新的密码，如图 7—2—5 所示，在这里需要对用户的旧密码进行验证，以防止恶意用户冒充真正的用户进行密码修改操作。

>> 花样年华 >> 123 >> 修改密码

尊敬的用户，我们向您承诺：以下信息将被严格保密，绝对不提供给第三方或用作它用！	
用 户 名：	123
新 密 码：	** 不修改请为空
密码确认：	**
提交保存　重新填写	

图 7—2—5　密码修改界面

代码如下：

```
'检验用户
    if request.Cookies("shop22cn")("username")=""then
    response.Redirect"user.asp"
    response.End
    end if
    %>
    <script language=JavaScript>
//密码输入框内容检验
    function checkspace(checkstr){
     var str='';
     for(i=0;i<checkstr.length;i++){
       str=str+'';
     }
    return(str==checkstr);
    }
//密码长度和两次输入密码一致性检验
    function passcheck()
    {
      if(document.userpass.userpassword.value.length<6||
document.userpass.userpassword.value.length>20){
      document.userpass.userpassword.focus();
```

```
        alert("密码长度不能为空,在 6 位到 20 位之间,请重新输入!");
        return false;
    }
if(document.userpass.userpassword.value!==document.userpass.userpassword2.value)
    {
        document.userpass.userpassword.focus();
        alert("对不起,两次密码输入不一样!");
        return false;
    }
  }
  </script>
  <%
'读取用户名
  set rs=server.CreateObject("adodb.recordset")
  rs.open"select * from[user]where
username='"&request.Cookies("shop22cn")("username")&"'",conn,1,1
  %>
……静态布局页面,读者可参照源代码自行分析……
```

用户填写完新的密码后，点击“提交保存”按钮，调用 saveuserinfo. asp 页面中相关代码实现保存，代码及注释如下：

```
'打开用户表
    set rs=server.CreateObject("adodb.recordset")
    rs.open"select * from[user]where username='"&username&"'",conn,1,3
'提交密码不为空的条件下,修改用户密码
    if trim(request("userpassword"))<>""then
      rs("userpassword")=md5(trim(request("userpassword")))
    end If
'提交修改
    rs.update
    rs.close
    set rs=Nothing
'给出密码修改成功提示
    response.Write"<script language=javascript>alert('密码更改成功! ');window.lo-
cation.href='"&request.servervariables("http_referer")&"';</script>"
    response.End
```

思考与练习

一、完成网上书店的用户信息的查询功能。
二、完成网上书店的用户资料的更新功能。
三、思考如何改进网上商城用户的后台功能。

模块八

后台用户管理

任务　用户查询和删除

教学目标
◆ 能够掌握复选框定义和使用
◆ 能够掌握 Delete 语句的使用
◆ 能够掌握精确查询和模糊查询的区别用法

任务引入

为了更有针对性地展开营销，“花样年华网上鲜花超市”网站将用户分为三种类型，分别是会员用户、VIP 用户和匿名用户，不同类型的用户有不同的权限和优惠幅度。系统后台管理员要能够对这些用户的信息进行管理，包括用户信息的查看、用户信息的删除、用户信息的查询等。其中会员用户和 VIP 用户的管理是通过“商城会员管理”来实现的，而匿名用户是通过“匿名会员管理”来实现的。在本任务中，将为“花样年华网上鲜花超市”网站完成“商城会员管理”功能的设计，如图 8—1—1 所示。

任务分析

“花样年华网上鲜花超市”网站对会员信息的管理，包括会员信息查询和删除管理。不管是查询还是删除，都需要浏览会员信息，而会员信息存储在数据库中，因此在实现浏览会

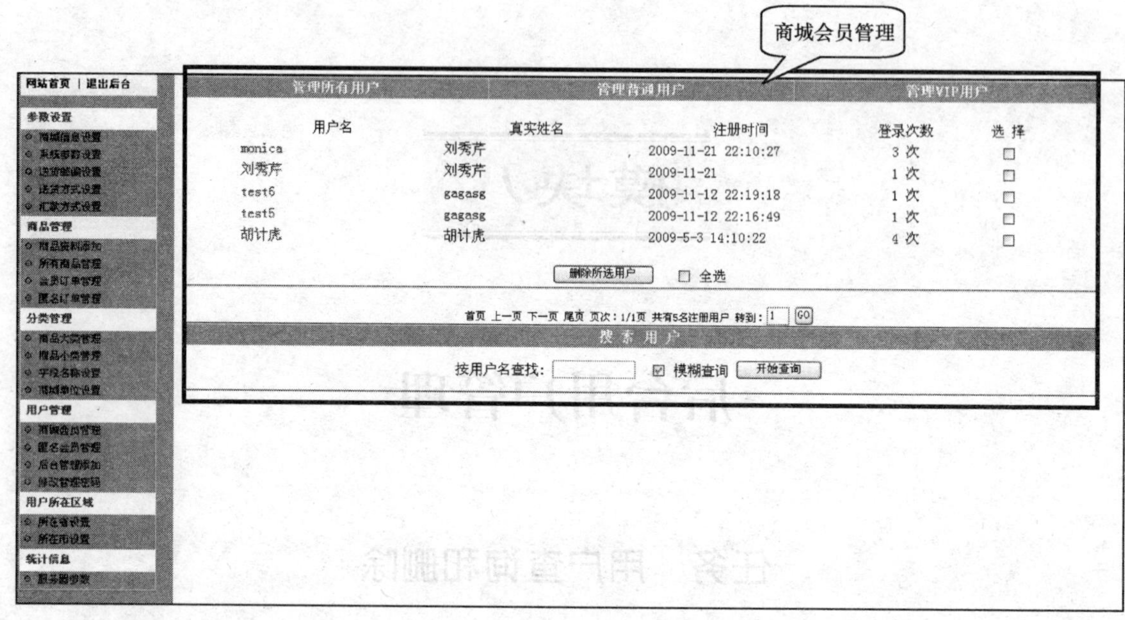

图 8—1—1　商城会员管理

员功能的时候要遵循“打开数据库—提取数据—按固定格式显示数据”的基本思路。查询会员信息，需要输入用户名的相关信息，可以精确查询，也可以模糊查询，根据管理员的不同选择执行不同的查询语句即可。删除会员信息与浏览会员信息相结合，在每个会员信息的后面使用复选框，复选框的 value 值对应会员的 userid。表单提交后，根据复选框的选择情况使用 Delete 语句删除用户相关信息。

通过以上的分析不难发现，浏览功能、删除功能和查询功能有很大的关联性，可以放在一个页面中，如图 8—1—1 所示，将这个页命名为 manageuser. asp，删除处理部分单独放在 saveuser. asp。要完成功能设计，首先做网页的布局，然后是通过表单来实现功能。页面布局的方法在前面的模块已多次详细地进行了展示，本模块不再做详细的设计步骤的展示。

实现“商城会员管理”功能主要需要解决以下问题：获得复选框选择的客户编码，使用 Delete 语句删除用户信息，用户信息的精确查询和模糊查询。

相关知识

一、复选框的使用

复选框是常用的表单控件，它允许用户从这组选项中选择多个选项。在 HTML 语言中，将 type 属性设为 checkbox 时可以使用 input 标记创建一个复选框。语法格式如下：

<input type="checkbox"name=" 字符串"value=" 字符串" [checked] />

其中 value 属性指定提交时的值；checked 属性是可选项，若使用该属性，则当第一次打开表单时该复选框处于选中状态。当提交表单时，假如复选框被选中，它的内部名称和值都会包含在表单结果中；假如复选框未选中，则只有名称纳入表单结果，但值为空。

在 Dreamweaver 中，可以通过如下操作完成插入复选框。在文档窗口中，将插入点放在表单轮廓内；在插入栏的“表单”类别中，点击“复选框”按钮，如图 8—1—2 所示。

图 8—1—2 点击“复选框”按钮

更多的时候，特别是在管理类型的界面中，使用同名的复选框组。当提交表单时，使用 request（“复选框组名”）或 request. form（“复选框组名”），返回的是所有选中的复选框对应的 value 值组成的字符串，不同的值中间用逗号隔开。如下代码所示的复选框组 chkb1，相同的 name 和 id 有不同的 value 值。

```
<input name="chkb1"type="checkbox"id="chkb1"value="1">
<input name="chkb1"type="checkbox"id="chkb1"value="2">
<input name="chkb1"type="checkbox"id="chkb1"value="中国">
```

若选中第一个和第三个复选框后提交表单，在处理页，使用 chkb1info＝request. form（“chkb1”）获取提交的参数，则 chkb1info 是字符串类型，且值为“1，中国”。

二、Delete 语句的使用

在 SQL 语言中，通过 DELETE 语句可以从数据库表中删除已有记录。语法格式如下：

```
DELETE[FROM]<目标表名>[WHERE<搜索条件>]
```

其中，FROM 是可选关键字，用于 DELETE 关键字与＜目标表名＞之间；＜目标表名＞指定要从其中删除记录的表的名称；WHERE 子句指定要从目标表中删除哪些记录，若省略 WHERE 子句，则目标表中的所有记录被删除。

而常用的搜索条件有三种类型，“＝”类型、LIKE 类型和 IN 类型。

IN 类型，指使用 IN 运算符来查询数据表中指定列值为某些给定值的数据行。例如：

```
DELETE  FROM 学生信息表 WHERE 学号 IN(20080123,20080101,20080109)
```

“＝”类型和 LIKE 类型在下文中会做介绍，这里不再赘述。

三、精确查询和模糊查询

一般搜索条件是“＝”类型的为精确查询，LIKE 类型为模糊查询。

精确查询的字段取值必须严格等于给定值才算符合条件，例如：学号＝‘200908023’，其中的含义是只有学号是 200908023 的才符合搜索条件。

模糊查询时确定关键字，搜索与指定模式匹配的字符串、日期或时间值。LIKE 关键字使用常规表达式包含值所要匹配的模式。模式包含要搜索的字符串，字符串中可包含四种通配符的任意组合。通配符的说明见表 8—1—1。

表 8—1—1　　通配符的说明

通配符	含义
%	包含 0 个或更多字符的任意字符串
—	任何单个字符
[]	指定范围（例如［a-f］）或集合（例如［abcdef］）内的任何单个字符
[∧]	不在指定范围（例如［^a-f］）或集合（例如［^abcdef］）内的任何单个字符

例如：

```
SELECT * FROM USERS WHERE NAME LIKE'%张三%'
```

其意为查询 USERS 表中，所有名字中含有“张三”这词的用户信息，其中“穆张三”“张三立”“张三”都符合。这就是模糊查询，只要跟指定的模式串匹配就行，不是确指。

任务实施

一、设置“商城会员管理”的链接指向

打开后台管理主页框架对应的文件“menu. asp”，设置“商城会员管理”的链接指向，如下代码：

```
<tr>
<td height=20>⊙<a href=manageuser. asp? action=all target=right>商城会员管理
</a></td>
</tr>
<tr>
<td height=20>⊙匿名会员管理</td>
</tr>
```

二、利用表格进行网页布局的设计

1. 创建文档，设计页面

新建一个文档，类型为 ASP VBScript 动态页，将其保存为文件“manageuser. asp”，设置统一的页面属性，利用表格完成界面设计。方法与前面的模块相同，这里不再赘述。注意该页分为上下两个表单，一个为用户管理表单，另一个为搜索用户表单。如图 8—1—3 所示。

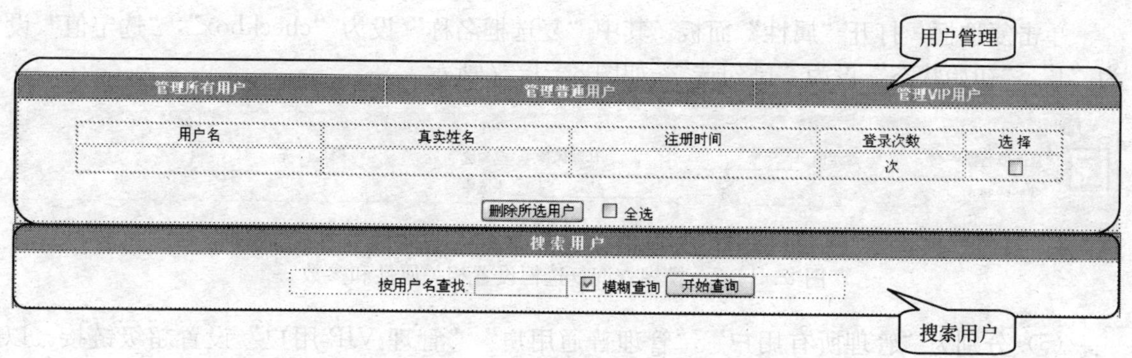

图 8—1—3　用户管理和搜索用户表单

2. 对重要组件进行属性设置

（1）选择复选框设置

单击复选框，打开“属性”面板，其中“复选框名称”设为“userid”，“初始状态”设为“未选中”。如图 8—1—4 所示。

图 8—1—4　复选框设置相关属性参数

（2）全选复选框设置

单击复选框，打开“属性”面板，其中“复选框名称”设为“checkbox2”，“选定值”设为“Check All”，“初始状态”设为“未选中”。如图 8—1—5 所示。

图 8—1—5　复选框设置相关属性参数

（3）用户名文本框设置

单击文本框，打开“属性”面板，其中“文本域”设为“namekey”，“字符宽度”设为“12”，“类型”设为“单行”。如图 8—1—6 所示。

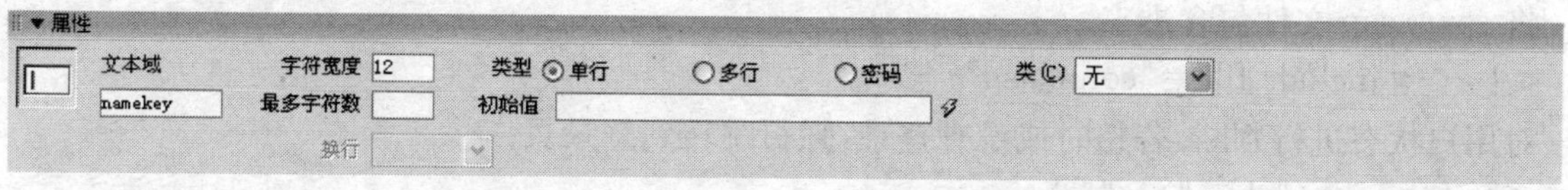

图 8—1—6　用户名文本框设置相关属性和参数

（4）模糊查询复选框设置

单击复选框，打开“属性”面板，其中“复选框名称”设为“checkbox”，“选定值”设为“1”，“初始状态”设为“已勾选”。如图 8—1—7 所示。

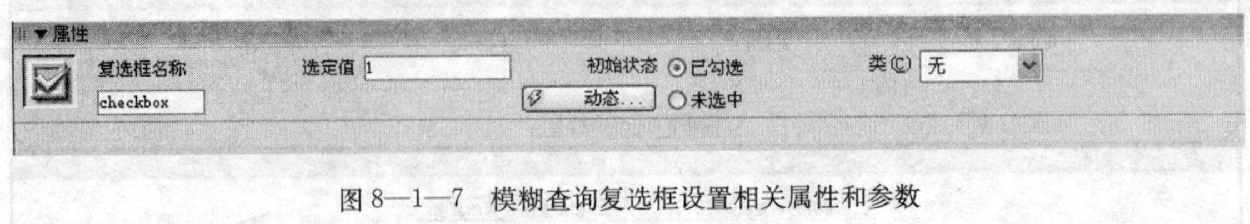

图 8—1—7　模糊查询复选框设置相关属性和参数

（5）分别为“管理所有用户”“管理普通用户”“管理 VIP 用户”设置超级链接。以“管理所有用户”为例，选中“管理所有用户”，打开“属性”面板，“链接”设为“manageuser. asp? action=all”，如图 8—1—8 所示。“管理普通用户”的设置如图 8—1—9 所示。“管理 VIP 用户”的设置如图 8—1—10 所示。

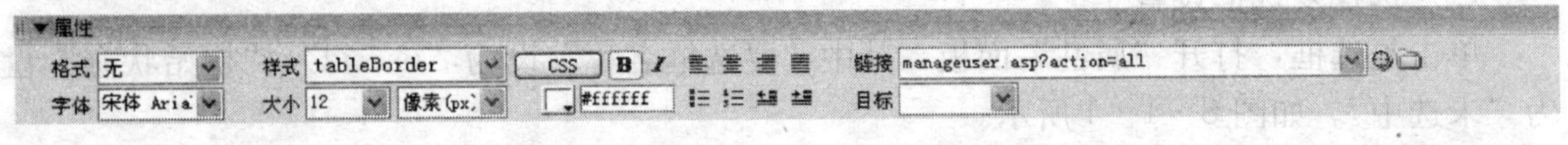

图 8—1—8　设置管理所有用户

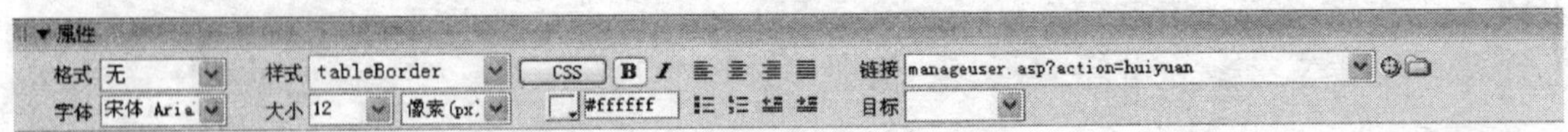

图 8—1—9　设置管理普通用户

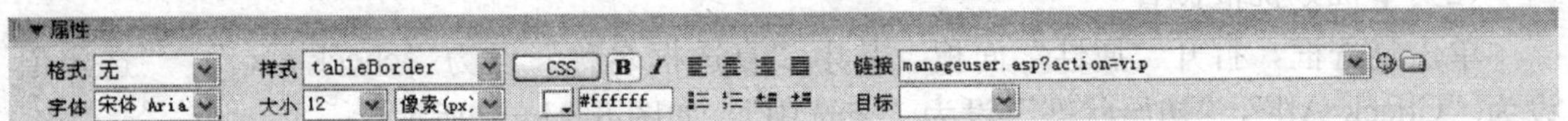

图 8—1—10　设置管理 VIP 用户

三、切换到代码视图，添加动态处理

1. 用户查询和删除源代码（manageruser. asp）及解析

对静态 html 标记稍作调整，插入需要的 ASP 功能代码，即可实现功能。以下代码按顺序组合在一起即是 manageruser. asp，但为了方便说明和突出每个部分的功能，现分成下面 4 个部分进行解析。

（1）接受参数值，获取所需数据源。

```
'将 conn.asp 文件包含进来
<!--#include file="conn.asp"-->
'对用户状态进行判断，若超时或没有登录，强行跳转到登录页
<%if session("shop")=""then
response.Write"<script language='javascript'>alert('网络超时或您还没有登录！');window.location.href='login.asp';</script>"
```

```
response. end
else
'对管理权限进行判断,flag 值若大于 1,则用户没有该项目管理权限
if session("flag")>1 then
response. Write"<p align=center><font color=red>您没有此项目管理权限!
</font></p>"
response. end
end if
end if%>
<html><head><title>Untitled Document</title>
<meta http-equiv="Content-Type"content="text/html;charset=gb2312">
<link href="../css/index_main. css"rel="stylesheet"type="text/css">
</head>
<body>
<%        '开始分页设置
Const MaxPerPage=20
    dim totalPut
    dim CurrentPage
    dim TotalPages
dim j
    dim sql
'获取当前页码,存放在 currentPage 变量中
  if Not isempty(request("page"))then
    currentPage=Cint(request("page"))
  else
    currentPage=1
  end if
'接受 action、checkbox、namekey 的参数值。action 指查询类型,可能取值为"all""huiyuan"
"vip"。Checkbox 记录是否勾中模糊查询
' Namekey 记录所输入的查询条件
    dim namekey,checkbox,action
    action=request. QueryString("action")
    checkbox=request("checkbox")
    namekey=request("namekey")
'在 namekey 中查找单引号,若发现则提示"非法访问",并自动定位到首页
    if InStr(namekey,"'")>0 then
```

```
response.write"<script>alert(""非法访问!"");location.href=""../index.asp"";</
script>"
response.end
end if
'若参数为空,则从 QueryString 集合中获取
    if namekey=""then namekey=request.QueryString("namekey")
    if checkbox=""then checkbox=request.querystring("checkbox")
'创建记录集对象
    set rs=server.CreateObject("adodb.recordset")
'若没有勾中用户信息后对应的复选框,则根据 action 的取值决定查询哪些用户信息;若已
勾中,进一步判断是否"模糊查询"
    if namekey=""then
    select case action
    case"all"
        rs.open"select username,userid,userzhenshiname,logins,adddate from[user]where
niming=0 order by adddate desc",conn,1,1
    case"huiyuan"
        rs.open"select username,userid,userzhenshiname,logins,adddate from[user]where
reglx=1 and niming=0 order by adddate desc",conn,1,1
        case"vip"
        rs.open"select username,userid,userzhenshiname,logins,adddate from[user]where
reglx=2 and niming=0 order by adddate desc",conn,1,1
    end select
else
        if checkbox=1 then
        rs.open"select username,userid,userzhenshiname,logins,adddate from[user]where
username like '%"&namekey&"%' and niming=0 order by adddate desc",conn,1,1
        else
        rs.open"select username,userid,userzhenshiname,logins,adddate from[user]where
username='"&namekey&"' and niming=0 order by adddate desc",conn,1,1
        end if
        end if
'处理查询结果
    if err.number<>0 then
        response.write"数据库中无数据"
    end if
```

```
    if rs. eof And rs. bof then
        Response. Write"<p align='center' class='contents'>对不起,没有找到此用户!
</p>"
    else
'分页显示的参数处理,处理总记录数、当前页码
        totalPut=rs. recordcount
        if currentpage<1 then
          currentpage=1
        end if
        if (currentpage - 1) * MaxPerPage>totalput then
          if (totalPut mod MaxPerPage)=0 then
          currentpage=totalPut\MaxPerPage
        else
          currentpage=totalPut\MaxPerPage + 1
          end if
        end if
'根据当前页码,调用过程 showContent,输出用户信息;调用函数 showpage,并
给定对应的参数值,显示分页栏
        if currentPage=1 then
          showContent
          showpage totalput,MaxPerPage,"manageuser. asp"
        else
          if (currentPage - 1) * MaxPerPage<totalPut then
            rs. move  (currentPage - 1) * MaxPerPage
            dim bookmark
            bookmark=rs. bookmark
            showContent
            showpage totalput,MaxPerPage,"manageuser. asp"
        else
            currentPage=1
            showContent
            showpage totalput,MaxPerPage,"manageuser. asp"
        end if
      end if
    end if
```

（2）定义过程，用于将用户信息显示在表格中。

```
'定义过程,将用户信息显示在表格中
sub showContent
    dim i
    i=0
%>
<table class="tableBorder"width="90%"border="0"align="center"cellpadding="3"
cellspacing="1"bgcolor="#FFFFFF">
<tr align="center">
'设置分类链接,不同的链接,传递不同 action 参数过去
<td width="30%"align="center"background="../images/admin_bg_1.gif"><a
href="manageuser.asp? action=all"><b><font color="#ffffff">管理所有用户
</font></b></a></td>
<td width="30%"align="center"background="../images/admin_bg_1.gif"><a
href="manageuser.asp? action=huiyuan"><b><font color="#ffffff">管理普通用户
</font></b></a></td>
<td width="30%"align="center"background="../images/admin_bg_1.gif"><a
href="manageuser.asp? action=vip"><b><font color="#ffffff">管理 VIP 用户
</font></b></a></td>
</tr>
<tr>
<form name="form1"method="post"action="saveuser.asp? action=del">
<td height="100"valign="top"colspan="3"><br>
<table width="90%"border="0"align="center"cellpadding="2"cellspacing="1">
<tr align="center">
<td width="25%">用户名</td>
<td width="25%">真实姓名</td>
<td width="25%">注册时间</td>
<td width="15%">登录次数</td>
<td width="10%">选择</td>
</tr>
'使用循环结构,逐条读取数据记录集 rs,并将对应的字段显示在对应的栏目中
<%do while not rs.eof%>
<tr>
<td style="PADDING-LEFT:10px"><a
href=listuser.asp? id=<%=rs("userid")%>><%=trim(rs("username"))%></a></td>
```

```
<td style="PADDING - LEFT:10px"><%=trim(rs("userzhenshiname"))%></
td>
<td style="PADDING - LEFT:10px"><%=rs("adddate")%></td>
<td align="center"><%=rs("logins")%>次</td>
<td align="center">
'将该条记录的userid字段值设为复选框的value,用来删除用户信息
<input name="userid"type="checkbox"id="userid"
value="<%=rs("userid")%>"></td>
</tr>
        <%i=i+1
      '每页显示记录到每页显示记录数,则退出循环
        if i>=MaxPerPage then Exit Do
        rs. movenext
        loop%>
</table>
<p align="center">
<input type="submit"name="Submit"value="删除所选用户"onClick="return confirm
('您确定要删除该用户吗? ')">  
<input type="checkbox"name="checkbox2"value="Check All"onClick="">
全选
</p>
</td>
</form>
</tr>
</table>
<%
end sub
```

(3) 定义函数，用于制作分页显示栏。

```
'分页显示栏的制作函数,需要参数总记录数totalnumber,
'每页显示记录数maxperpage和一个地址字符串filename
Function showpage(totalnumber,maxperpage,filename)
        dim n
'根据总记录数totalnumber和每页显示记录数maxperpage,求总页数n
     If totalnumber Mod maxperpage=0 Then
        n=totalnumber\maxperpage
```

```
        Else
          n=totalnumber\maxperpage+1
        End If
'根据当前页码，输出不同分页显示栏
        Response.Write"<form method=Post
action="&filename&"? action="&action&"&checkbox="&checkbox&"&namekey
="&namekey&">"
        Response.Write"<p align='center' class='contents'>"
'当前页码小于2，则输出的“首页上一页”无链接
        If CurrentPage<2 Then
          Response.Write"<font class='contents'>首页上一页</font>"
        Else
'当前页码大于等于2，则输出有链接的首页和上一页，注意page的取值不同
            Response.Write"<a
href="&filename&"? action="&action&"&page=1&checkbox="&checkbox&"
&namekey="&namekey&"class='contents'>首页</a>"
            Response.Write"<a
href="&filename&"? action="&action&"&page="&CurrentPage-1&"&checkbox
="&checkbox&"&namekey="&namekey&"class='contents'>上一页</a>"
        End If
'当前页码currentpage大于或等于总页数n，则输出的“下一页尾页”无链接
        If n-currentpage<1 Then
          Response.Write"<font class='contents'>下一页尾页</font>"
        Else
'当前页码currentpage小于总页数n，则输出的有链接的下一页和尾页，注意page的取值不同
          Response.Write"<a
href="&filename&"? action="&action&"&page="&(CurrentPage+1)&"&checkbox
="&checkbox&"&namekey="&namekey&"class='contents'>"
          Response.Write"下一页</a><a
href="&filename&"? action="&action&"&page="&n&"&checkbox="
&checkbox&"&namekey="&namekey&"class='contents'>尾页</a>"
        End If
'显示当前页CurrentPage和总页数n
    Response.Write"<font class='contents'>页次:</font><font
class='contents'>"&CurrentPage&"</font><font class='contents'>/"&n&"页</font>"
    Response.Write"<font class='contents'>共有"&totalnumber&"名注册用户"
```

```
    Response. Write"<font class=' contents '>转到:</font><input type=' text' name='
page' size=2 maxlength=10 class=smallInput value="&currentpage&">"
    Response. Write" <input type=' submit' class=' contents' value=' GO' name='
cndok'></form>"
End Function
            %>
```

（4）查询表单

```
<table class="tableBorder"width="90%"border="0"align="center"cellpadding="3"
cellspacing="1"bgcolor="#FFFFFF">
<tr><td align="center"background="../images/admin_bg_1. gif"><b><font
color="#ffffff">搜 索 用 户</font></b></td>
</tr>
<tr>
<td height="50">
<table width="500"border="0"align="center"cellpadding="0"cellspacing="0">
<tr>
<form name="form2"method="post"action="manageuser. asp? action=select">
<td align="center">
按用户名查找:
<input name="namekey"type="text"id="namekey"size="12"> 
<input name="checkbox"type="checkbox"id="checkbox"value="1"checked>
模糊查询
<input type="submit"name="Submit2"value="开始查询">
</div></td></form></tr></table></td></tr></table>
<!--#include file="copyright. asp"-->
</body>
</html>
'全选按钮触发的函数,设置所有项选中或所有项取消选中
<script language=javascript>
function mm()
{
    var a=document. getElementsByTagName("input");
if(a[0]. checked==true){
for (var i=0;i<a. length;i++)
        if (a[i]. type=="checkbox")a[i]. checked=false;
```

```
  }
  else{
  for (var i=0;i<a.length;i++)
       if (a[i].type=="checkbox")a[i].checked=true;
    }
  }
</script>
```

2. 用户删除处理 saveuser.asp

创建该页，类型同样是动态页 ASP VBScript，添加如下的代码。

```
<!--#include file="conn.asp"-->
<!--#include file="../md5.asp"-->
<%
'对用户状态进行判断,若超时或没有登录,强行跳转到登录页
if session("shop")=""then
response.Write"<script language='javascript'>alert('网络超时或您还没有登录!');window.location.href='login.asp';</script>"
response.End
else
'对管理权限进行判断,flag 值若大于 1,则用户没有该项目管理权限
if session("flag")>1 then
response.Write"<p align=center><font color=red>您没有此项目管理权限!
</font></p>"
response.End
end if
end if
'获取上一页 id 和 action 中的参数值,其中 id 是选中的 userid,action 是命令类型
dim userid,action
action=request.QueryString("action")
userid=request.QueryString("id")
if userid=""then userid=request("userid")
select case action
case"save"
'部分代码省略
'参数 action 的取值如果是 del,则删除 userid 中所有的用户信息,以及与这些用户相关联的其他信息
```

```
case"del"
conn.execute"delete from[user]where userid in ("&userid&")"
conn.execute"delete from shop_action where userid in ("&userid&")"
conn.execute"delete from shop_action_jp where userid in ("&userid&")"
conn.execute"delete from shop_his where userid in ("&userid&")"
'返回上一个页面
response.Redirect request.servervariables("http_referer")
end select
%>
```

思考与练习

完成网上书店的会员信息的查询和删除管理功能。

模块九

订 单 管 理

任务　订单查询和删除

教学目标

- 能够掌握下拉式菜单的使用
- 能够理解订单信息的分类浏览
- 能够掌握分页显示技术
- 能够掌握使用 Delete 语句删除订单信息

任务引入

在“花样年华网上鲜花超市”网站，用户选中中意的商品就可以下订单了，但这才仅仅是一笔交易的开始。一个订单的状态要经过一系列的变化才能最终完成这笔交易，其中包括未做任何处理、用户划出款、服务商收到款、服务商发货、用户收到货 5 个状态。作为后台管理员，要对用户订单的状态进行及时的跟踪，并及时对某些垃圾订单进行删除，“会员订单管理”就是用于完成这种功能需求的模块。在本任务中，将为“花样年华网上鲜花超市”网站完成“会员订单管理”功能的设计，如图 9—1—1 所示。

任务分析

“花样年华网上鲜花超市”网站对订单信息的管理，包括查询订单信息和删除管理。不

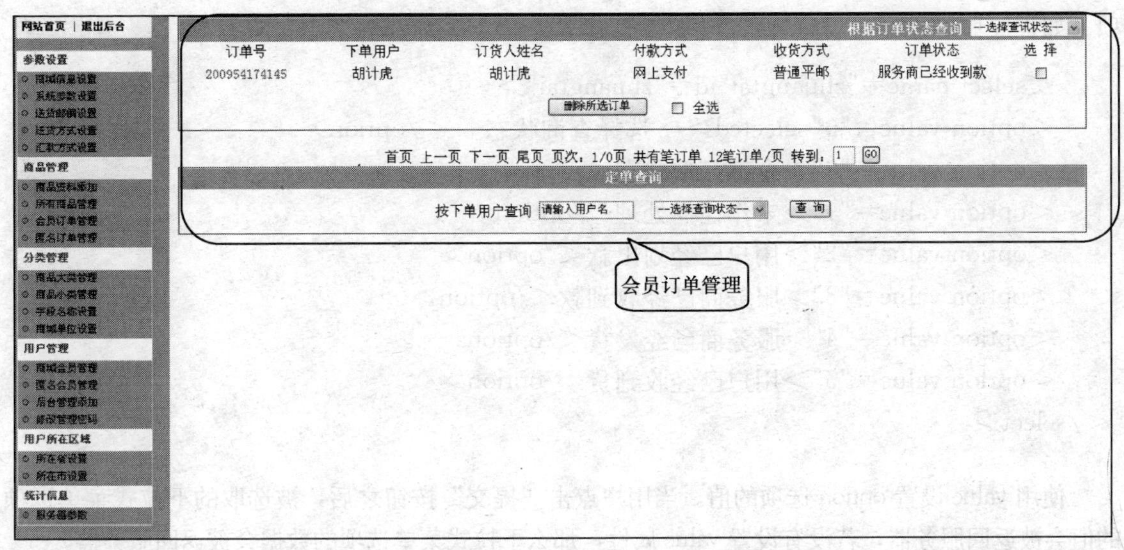

图 9—1—1　会员订单管理

管是查询还是删除，都需要浏览订单信息。同样，在实现浏览订单功能的时候也要遵循“打开数据库—提取数据—按固定格式显示数据”的基本思路。查询订单信息需要输入用户名的相关信息，还可以使用下拉式菜单选择查询订单的状态，最后根据管理员的不同选择执行不同的查询语句即可。删除订单信息与前面的删除会员信息基本一样，不同的是通过下拉式菜单可以浏览不同类型的订单信息。

通过以上的分析不难发现，浏览功能、删除功能和查询功能有很大的关联性，可以放在一个页面中，如图 9—1—1 所示，将这个页命名为 editdingdan. asp，删除处理部分单独放在 savedingdan. asp。要完成功能设计，首先做网页的布局，然后通过表单来实现功能。页面布局的方法在前面的模块已多次详细地进行了展示，本模块不再展示详细的设计步骤。

该模块要完成的功能与上一个模块“后台客户管理”非常相似，同样都有信息的浏览、删除管理和查询功能。在本模块中，重点介绍下拉式菜单的使用、订单信息的分类浏览和分页显示技术。

实现“会员订单管理”功能主要需要解决以下问题：下拉式菜单的使用，订单信息的分类浏览，分页显示技术，使用 Delete 语句删除订单信息。

相关知识

一、下拉式菜单

1. 下拉式菜单

“下拉式菜单”允许浏览者从下拉式清单中选择项目，例如：嗜好、兴趣、学历等，可以使用<SELECT>…</SELECT>标记搭配<OPTION>标记来制作下拉式菜单。<SELECT>…</SELECT>标记的用途是在表单中插入下拉式菜单。

<OPTION>标记放在<SELECT>…</SELECT>标记之间以指定下拉式菜单的选

项。如程序中的例子。

```
    <select name="zhuangtai"id="zhuangtai">
    <option value="0"selected>- -选择查询状态- -</option>
    <option value="0">全部订单状态</option>
    <option value="1">未作任何处理</option>
    <option value="2">用户已经划出款</option>
    <option value="3">服务商已经收到款</option>
    <option value="4">服务商已经发货</option>
    <option value="5">用户已经收到货</option>
</select>
```

使用 value 设置 option 选项的值。当用户点击“提交”按钮之后，被选取的下拉式菜单选项的值会被返回服务器，若没有设置 value 属性，那么下拉式菜单选项的数据会被返回服务器。

2. 下拉式菜单的 onChange 事件

在下拉式菜单中，onChange 是当下拉选项发生改变时所触发的事件。

```
<select name="select"onChange="var
jmpURL=this. options[this. selectedIndex]. value ;if(jmpURL! =")
{window. location=jmpURL;} else {this. selectedIndex=0 ;}">
    <option value="editdingdan. asp? zhuangtai=0"selected>- -选择查询状态
- -</option>
    <option value="editdingdan. asp? zhuangtai=0">全部订单状态</option>
    <option value="editdingdan. asp? zhuangtai=1">未作任何处理</option>
    <option value="editdingdan. asp? zhuangtai=2">用户已经划出款</option>
    <option value="editdingdan. asp? zhuangtai=3">服务商已经收到款</option>
    <option value="editdingdan. asp? zhuangtai=4">服务商已经发货</option>
    <option value="editdingdan. asp? zhuangtai=5">用户已经收到货</option>
    </select>
```

onChange 事件触发后所执行的代码是一段 JavaScript 脚本。var jmpURL=this. options [this. selectedIndex] . value，表示将选择项的 value 值赋给 jmpURL 变量。if (jmpURL! =") {window. location=jmpURL;} else

{this. selectedIndex=0;}，表示如果 jmpURL 变量的值非空，则将其值赋给 Window 对象的 Location 属性，否则设置该下拉式菜单的选中项索引为 0。这里再解释一下 window. location，该属性设置的是窗口的新 URL 地址，能完成打开指定地址 URL 的功能。在这里，通过对下拉式菜单选项的操作，完成链接到选项对应的 URL 地址的功能。

3. 参数的接受

查询部分下拉式菜单 zhuangtai 使用的是表单提交，并且提交方式是“POST”，需要使用 form 集合获取参数。而管理部分，下拉式菜单中 onChange 事件使用 URL 链接，zhuangtai 参数设置在 URL 地址中，需要使用 QueryString 集合获取参数。两部分的指向是同一页，但 zhuangtai 参数的接受方法是不同的，所以使用 zhuangtai=Request("zhuangtai")，ASP 能够自动识别传值方式是 GET 还是 POST，所以无论是 Request. form("zhuangtai")，还是 Request. querystring ("zhuangtai")，都可以用 zhuangtai=Request("zhuangtai")代替。

```
dim zhuangtai,namekey
'先从 form 集合获取参数
namekey=trim(request("namekey"))
zhuangtai=trim(request("zhuangtai"))
```

二、分页显示技术

分页显示技术的实现有很多种方法，这里介绍本书所采用的方法。在实现分页显示技术的过程中，使用了几个非常重要的变量。

第一，常量 MaxPerPage，控制每页最多显示的记录数；

第二，变量 totalPut，保存记录集中总记录数；

第三，变量 CurrentPage，保存当前页码；

第四，变量 TotalPages，保存总页数，可由 totalPut 和 MaxPerPage 计算得出。

这里采用的方法并没有对记录集设置分页，而是通过以上参数，集合 move 方法，将记录指针移动到当前页码的第一条记录。并读取书签保存在 bookmark 变量中。并结合计数器 i 控制每页输出记录的条数，如果已经输出了 MaxPerPage，则退出循环。

使用 move 方法定位到当前页码所应对应的第一条记录，如下代码：

```
    rs. move  (currentPage - 1) * MaxPerPage
                    dim bookmark
'读取书签
                    bookmark=rs. bookmark
```

使用 i 计数器，控制输出记录的条数，如果已经输出了 MaxPerPage 条记录，则退出循环，如下代码：

```
        i=i+1
        if i>=MaxPerPage then Exit Do
        rs. movenext
```

三、订单信息的分类浏览

根据有没有用户名 namekey 的输入以及 zhuangtai 的取值，通过使用 IF 语句和 SELECT CASE 语句，执行不同的查询语句，实现订单信息的分类浏览。

1. IF 语句

IF 语句的语法格式如下：

IF 条件表达式 THEN

语句块 1

ELSE　语句块 2

END IF

如果条件表达式为真，则执行 THEN 后的语句块 1，否则执行 ELSE 后的语句块 2。

2. SELECT CASE 语句

SELECT CASE 语句的语法格式如下：

SELECT CASE 测试表达式

[CASE 表达式列表 1　语句块 1]

[CASE 表达式列表 2　语句块 2]

[CASE ELSE 语句块 n+1]

END SELECT

首先测试表达式的值，然后将该值依次与每个 CASE 后的表达式列表进行比较。若匹配，则执行该 CASE 后面的语句块。然后继续执行 END SELECT 之后的语句。如果所有的表达式列表中都没有与测试表达式匹配的，则执行 CASE ELSE 之后的语句块。其中测试表达式的值可以是任意数值或字符串表达式。

任务实施

一、设置【会员订单管理】的链接指向

打开后台管理主页左框架对应的文件“menu. asp”，设置“会员订单管理”的链接指向，如下代码：

```
<tr>
<td height=20>⊙<a href=editdingdan.asp? zhuangtai=0 target=right>会员订单管理</a></td>
</tr>
<tr>
<td height=20>⊙匿名订单管理</td>
</tr>
```

二、利用表格进行网页布局的设计

1. 创建文档，设计页面

新建一个文档，类型为 ASP VBScript 动态页，将其保存为文件“editdingdan. asp”，设置统一的页面属性，利用表格完成界面设计。方法与前面的模块相同，这里不再赘述。注意该页分为上下两个表单，一个为订单管理表单，另一个为订单查询表单。如图 9—1—2 所示。

图 9—1—2 订单管理和查询表单

2. 对重要组件进行属性设置

(1) 订单分类浏览下拉列表框设置

单击下拉列表框，打开“属性”面板，其中“列表/菜单”设为“select”，“类型”设为“菜单”，如图 9—1—3 所示。点击“列表值”按钮，打开对话框，进行项目标签和值的添加与编辑，“项目标签”分别设置为“--选择查询状态--”“全部订单状态”“未作任何处理”“用户已经划出款”“服务商已经收到货”“服务商已经发货”“用户已经收到货”，“值”分别设为“editdingdan. asp? zhuangtai＝0”“editdingdan. asp? zhuangtai＝0” “editdingdan. asp? zhuangtai＝1”到“editdingdan. asp? zhuangtai＝5”。如图9—1—4 所示。

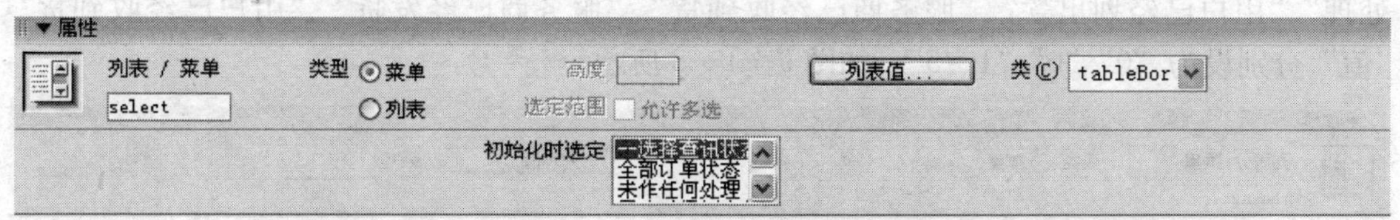

图 9—1—3 设置类型为菜单

图 9—1—4 设置相关属性和参数

（2）复选框设置

单击复选框，打开“属性”面板，其中“复选框名称”设为“dingdan”，“选定值”为空，“初始状态”设为“未选中”，如图 9—1—5 所示。

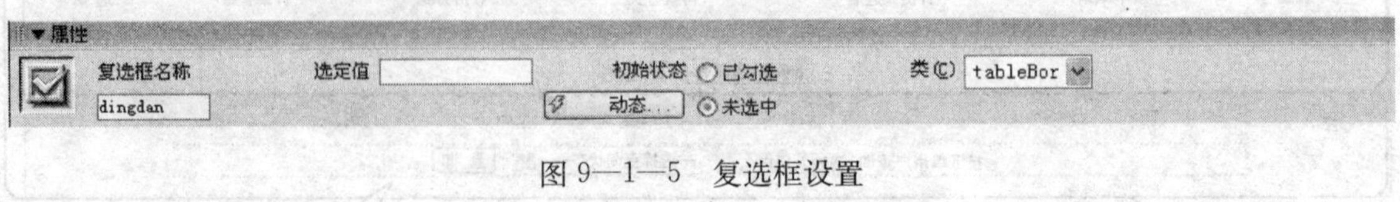

图 9—1—5　复选框设置

（3）文本框设置

单击文本框，打开“属性”面板，其中“文本域”设为“namekey”，“字符宽度”设为“14”，“类型”设为“单行”，“初始值”设为“请输入用户名”，如图 9—1—6 所示。

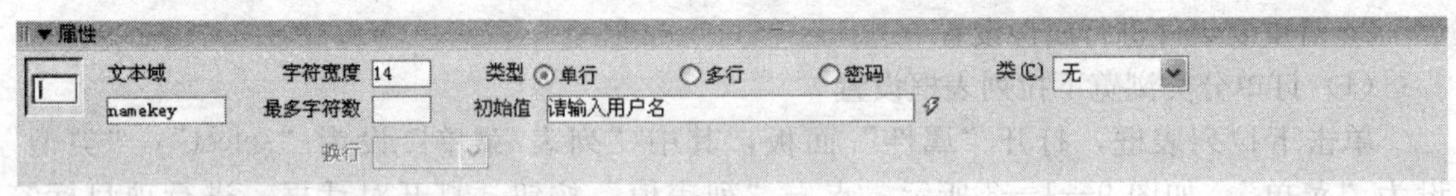

图 9—1—6　文本框设置

（4）订单查询下拉列表框设置

单击下拉列表框，打开“属性”面板，其中“列表/菜单”设为“zhuangtai”，“类型”设为“菜单”，如图 9—1—7 所示。点击“列表值”按钮，打开对话框，进行项目标签和值的添加和编辑，“项目标签”分别设置为“- -选择查询状态- -”“全部订单状态”“未作任何处理”“用户已经划出款”“服务商已经收到货”“服务商已经发货”“用户已经收到货”，“值”分别设为“0”“0”“1～5”。如图 9—1—8 所示。

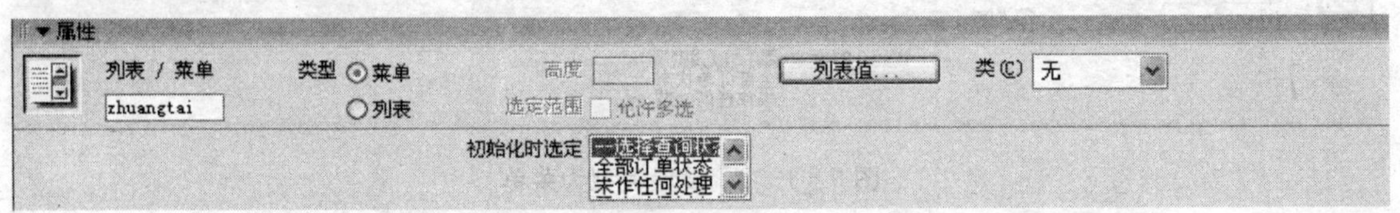

图 9—1—7　【类型】设为“菜单”

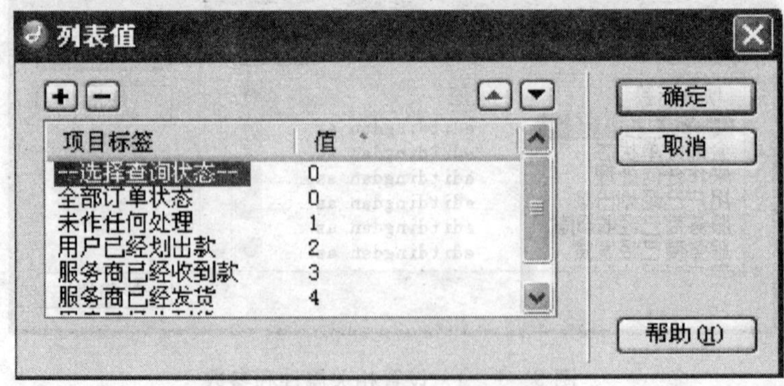

图 9—1—8　相关参数设置

三、切换到代码视图，添加动态处理

1. 订单的查询和删除源代码（editdingdan. asp）及解析

对静态 html 标记稍作调整，插入需要的 ASP 功能代码，即可实现功能。以下代码按顺序组合在一起即是 editdingdan. asp，但为了方便说明和突出每个部分的功能，现分成下面 4 个部分进行解析。

（1）接受参数值，获取所需数据源

接受 namekey、zhuangtai、page 的参数值，并根据参数值的不同，执行不同查询操作，获取数据源，存放在 rs 对象中。

```
'将 conn. asp 文件包含进来
<!--#include file="conn. asp"-->
<%
'对用户状态进行判断,若超时或没有登录,强行跳转到登录页
if session("shop")=""then
response. Write"<script language='javascript'>alert('网络超时或您还没有登录！');window. location. href='login. asp';</script>"
response. End
else
'对管理权限进行判断,flag 值若大于 1,则用户没有该项目管理权限
if session("flag")=2 then
response. Write"<p align=center><font color=red>您没有此项目管理权限!
</font></p>"
response. End
end if
end if
%>
<html><head><title>Untitled Document</title>
<meta http-equiv="Content-Type"content="text/html;charset=gb2312">
<link href=".. /css/index_main. css"rel="stylesheet"type="text/css">
</head>
<body>
<%
'接受 zhuangtai、namekey 的参数值。zhuangtai 记录需要查询的订单状态
' namekey 记录所输入的查询条件
dim zhuangtai,namekey
namekey=trim(request("namekey"))
zhuangtai=trim(request("zhuangtai"))
```

```
'防注入判断:判断 zhuangtai 若不是数值,则进行提示和跳转处理
if zhuangtai<>""then
if not isnumeric(zhuangtai)then
response.write"<script>alert(""非法访问!"");location.href=""../index.asp"";</script>"
response.end
end if
end if
%>
<table width="100%"border="0"align="center"cellpadding="0"cellspacing="0">
<tr><td valign="top">
<%
'开始分页
'设置常量 MaxPerPage=12,意在控制每页最多显示 12 条记录
Const MaxPerPage=12
'定义变量 totalPut,用来保存总记录数
dim totalPut
'定义变量 CurrentPage,用来保存当前页码
dim CurrentPage
'定义变量 TotalPages,用来保存总页数
dim TotalPages
dim j
dim sql
'设置变量 CurrentPage 的值,等于传递进来的 page 值,否则置为 1
if Not isempty(request("page"))then
    currentPage=Cint(request("page"))
else
    currentPage=1
end if
'创建记录集对象
set rs=server.CreateObject("adodb.recordset")
'若用户名变量值为空,则按状态查询;否则,按用户查询
if namekey=""then
'按状态查询
'若状态为 0 或空,则查询所有状态小于 6 的会员订单信息;否则查询要求状态的会员订单信息
```

```
    if zhuangtai=0 or zhuangtai=""then
      rs.open"select
distinct(dingdan), userid, userzhenshiname, actiondate, songhuofangshi, zhifufangshi, zhuangtai from shop_action where zhuangtai<6 and niming=0 order by actiondate desc",conn,1,1
    else
      rs.open"select
distinct(dingdan), userid, userzhenshiname, actiondate, songhuofangshi, zhifufangshi, zhuangtai from shop_action where  zhuangtai="&zhuangtai&"and niming=0 order by actiondate",conn,1,1
    end if
  else
'按用户查询
'根据用户选择的状态类型,查询指定用户的所有或者指定状态类型的订单信息
  if zhuangtai=0 or zhuangtai=""then
  rs.open"select
distinct(dingdan), userid, userzhenshiname, actiondate, songhuofangshi, zhifufangshi, zhuangtai from shop_action where zhuangtai<6 and username='"&namekey&"'and niming=0 order by actiondate desc",conn,1,1
  else
  rs.open"select
distinct(dingdan), userid, userzhenshiname, actiondate, songhuofangshi, zhifufangshi, zhuangtai from shop_action where  zhuangtai="&zhuangtai&"and username='"&namekey&"'and niming=0  order by actiondate",conn,1,1
  end if
  end if
'若有数据库错误,则提示
      if err.number<>0 then
        response.write"数据库中无数据"
      end if
'若有记录集为空,则提示没有订单;否则进入现实部分
      if rs.eof And rs.bof then
        Response.Write"<p align='center' class='contents'>对不起,您选择的状态目前还没有订单!</p>"
      Else
'给变量 totalPut 赋值,等于记录集的总记录数
```

```
        totalPut=rs. recordcount
'变量currentpage若小于1或大于总页数,则进行调整
        if currentpage<1 then
          currentpage=1
        end if
        if (currentpage-1) * MaxPerPage>totalput then
          if (totalPut mod MaxPerPage)=0 then
            currentpage=totalPut\MaxPerPage
          else
            currentpage=totalPut\MaxPerPage + 1
          end if
        end if
'变量currentpage等于1,则调用过程showContent和函数showpage;否则currentpage小于等于总页数,则将记录指针移动到该页第一条记录;其他情况则当要求的是第一页来处理
        if currentPage=1 then
          showContent
          showpage totalput,MaxPerPage,"editdingdan. asp"
        else
        if (currentPage-1) * MaxPerPage<totalPut then
'将记录指针移动到该页第一条记录
          rs. move  (currentPage-1) * MaxPerPage
          dim bookmark
'读取书签
          bookmark=rs. bookmark
          showContent
          showpage totalput,MaxPerPage,"editdingdan. asp"
        else
          currentPage=1
          showContent
          showpage totalput,MaxPerPage,"editdingdan. asp"
        end if
      end if
  end if
```

（2）定义过程

定义过程的作用是将订单信息显示在表格中。其中使用循环结构，逐条读取数据记录集

rs，并将对应的字段显示在对应的栏目中。

```
'定义过程,作用是将订单信息显示在表格中
sub showContent
    dim i
    i=0
%>
<table class="tableBorder"width="90%"border="0"align="center"cellpadding="3"
cellspacing="1"bgcolor="#FFFFFF">
    <tr>
    <td colspan="6"align="right"
background="../images/admin_bg_1.gif"><b><font color="#ffffff">订单号下单
用户订货人姓名付款方式收货方式订单状态</font></b>
<!_定义下拉式菜单,并添加 onChange 事件,将 url 定向到选项对应的 VALUE-->
    <select name="select"onChange="var
jmpURL=this.options[this.selectedIndex].value ;if(jmpURL! =")
{window.location=jmpURL;} else {this.selectedIndex=0 ;}"><base target=Right>
    <option value="editdingdan.asp? zhuangtai=0"selected>--选择查询状态
--</option>
    <option value="editdingdan.asp? zhuangtai=0">全部订单状态</option>
    <option value="editdingdan.asp? zhuangtai=1">未作任何处理</option>
    <option value="editdingdan.asp? zhuangtai=2">用户已经划出款</option>
    <option value="editdingdan.asp? zhuangtai=3">服务商已经收到款</option>
    <option value="editdingdan.asp? zhuangtai=4">服务商已经发货</option>
    <option value="editdingdan.asp? zhuangtai=5">用户已经收到货</option>
    </select></td>
    </tr>
<!_定义表头-->
    <tr>
    <td align="center">订单号</td>
    <td align="center">下单用户</td>
    <td align="center">订货人姓名</td>
    <td align="center">付款方式</td>
    <td align="center">收货方式</td>
    <td align="center">订单状态</td>
    </tr>
<!--通过循环,显示本页需要显示的记录-->
```

```
        <%
do while not rs.eof
'以 userid 作为条件从 user 表中查询对应的 username,并存放在 username 变量中
      dim Godbook,username
       set Godbook=server.CreateObject("adodb.recordset")
       Godbook.open"select username from[user]where
userid="&rs("userid"),conn,1,1
       username=trim(Godbook("username"))
       Godbook.close
       set Godbook=nothing
       %>
       <tr>
        <td align="center"><a href="javascript:;"
onClick="javascript:window.open('viewdingdan.asp?dan=<%=trim(rs("dingdan"))%>&username=<%=username%>','','width=710,height=588,toolbar=no,status=no,menubar=no,resizable=yes,scrollbars=yes');return
false;"><%=trim(rs("dingdan"))%></a></td>
             <td align="center"><%=username%></td>
             <td align="center"><%=trim(rs("userzhenshiname"))%></td>
             <td align="center">
             <%dim rs2
'以支付编码作为条件从 shop_songhuo 表中查询对应的支付方式,并输出;若没有则输出"方式已被删除"
             set rs2=server.CreateObject("adodb.recordset")
             rs2.open"select * from shop_songhuo where
songid="&int(rs("zhifufangshi")),conn,1,1
             if rs2.eof and rs2.bof then
             response.write"方式已被删除"
             else
              response.Write trim(rs2("subject"))
              end if
             rs2.Close
              set rs2=nothing
              %>
              </td>
              <td align="center">
```

```
            <%
'以送货编码作为条件从 shop_songhuo 表中查询对应的送货方式,并输出;若没有则输出"方式已被删除"
            set rs2=server.CreateObject("adodb.recordset")
            rs2.Open"select * from shop_songhuo where
songid="&int(rs("songhuofangshi")),conn,1,1
            if rs2.eof and rs2.bof then
            response.write"方式已被删除"
            else
             response.Write trim(rs2("subject"))
             end if
            rs2.close
             set rs2=nothing%>
             </td>
             <td align="center">
                <%
'判断状态编码的取值,显示对应的文本
            select case rs("zhuangtai")
  case"1"
  response.write"未作任何处理"
  case"2"
  response.write"用户已经划出款"
  case"3"
  response.write"服务商已经收到款"
  case"4"
  response.write"服务商已经发货"
  case"5"
  response.write"用户已经收到货"
  end select%>
  </td>
  </tr>
        <%
'计数变量 i 递增,i 如果大于了每页显示最大记录数,则退出循环
          i=i+1
          if i>=MaxPerPage then Exit Do
          rs.movenext
```

```
    loop
    rs. close
    set rs=nothing
    %>
    </table>
<%
End Sub
```

(3) 定义函数

定义函数用于制作分页显示栏。

```
'分页显示栏的制作函数,需要参数总记录数 totalnumber,每页显示记录数 maxperpage 和
一个地址字符串 filename
Function showpage(totalnumber,maxperpage,filename)
'通过总记录数 totalnumber 和每页最多显示记录数 maxperpage,计算总页数 n
    Dim n
    If totalnumber Mod maxperpage=0 Then
      n=totalnumber\ maxperpage
    Else
      n=totalnumber\maxperpage+1
    End If
'根据 namekey 有没有值,输出不同 Form 表单头
    if namekey=""then
      Response. Write"<form method=Post
action="&filename&"? zhuangtai="&zhuangtai&">"
      else
      Response. Write"<form method=Post
action="&filename&"? zhuangtai="&zhuangtai&"&namekey="&namekey&">"
    end if
    Response. Write"<p align='center' class='contents'>"
'当前页码为 1,则直接输出"首页 上一页",没有超链接
    If CurrentPage<2 Then
      Response. Write"<font class='contents'>首页 上一页</font>"
    Else
'当前页码大于等于 2 且 namekey 无值,则输出带有超链接的"首页 上一页"
      if namekey=""then
        Response. Write"<a
```

```
href="&filename&"? page=1&zhuangtai="&zhuangtai&"class=' contents'>首页</a>"
        Response. Write"<a
href="&filename&"? page="&CurrentPage - 1&"&zhuangtai="&zhuangtai&"
class=' contents'>上一页</a>"
'当前页码大于等于 2 且 namekey 有值,则输出带有超链接的"首页 上一页",另外附带
namekey 的值作为参数
      else
        Response. Write"<a
href = " &filename& "? page = 1&zhuangtai = " &zhuangtai& " &namekey = "
&namekey&"class=' contents'>首页</a>"
        Response. Write"<a
href= " &filename& "? page = " &CurrentPage - 1& " &zhuangtai = " &zhuangtai& "
&namekey="&namekey&"class=' contents'>上一页</a>"
        end if
      End If
'当前页码等于总页数,则直接输出"下一页 尾页",没有超链接
      If n - currentpage<1 Then
        Response. Write"<font class=' contents'>下一页 尾页</font>"
      Else
'当前页码小于总页数且 namekey 无值,则输出带有超链接的"下一页 尾页"
        if namekey=""then
          Response. Write"<a
href="&filename&"? page="&(CurrentPage+1)&"&zhuangtai="&zhuangtai&"
class=' contents'>"
          Response. Write"下一页</a><a
href="&filename&"? page="&n&"&zhuangtai="&zhuangtai&"class=' contents'>尾
页</a>"
'当前页码小于总页数且 namekey 有值,则输出带有超链接的"下一页 尾页",另外附带
namekey 的值作为参数
        else
        Response. Write"<a
href=" &filename& "? page = " & (CurrentPage + 1) & " &zhuangtai = " &zhuangtai& "
&namekey="&namekey&"class=' contents'>"
        Response. Write"下一页</a><a
href = " &filename& "? page = " &n& " &zhuangtai = " &zhuangtai& " &namekey = "
&namekey&"class=' contents'>尾页</a>"
```

```
        end if
      End If
'输出当前页码 CurrentPage 和总页数 n 的值，输出总记录数
      Response.Write"<font class='contents'>页次：</font><font
class='contents'>"&CurrentPage&"</font><font class='contents'>/"&n&"页</font>"
      Response.Write"<font class='contents'>共有"&totalnumber&"笔订单"
&maxperpage&"笔订单/页</font>"
'跳转页输入框
        Response.Write"<font class='contents'>转到：</font><input type='text'
name='page' size=2 maxlength=10 class=smallInput value="&currentpage&">"
        Response.Write" <input type='submit' class='contents' value='GO'
name='cndok'></form>"
  End Function
%>
```

(4) 查询订单表单部分

```
%>
</td></tr></table>
<table class="tableBorder"width="90%"border="0"align="center"cellpadding="3"
cellspacing="1"bgcolor="#FFFFFF">
  <tr>
    <td align="center"background="../images/admin_bg_1.gif"><b><font
color="#ffffff">订单查询</font></b></td></tr>
  <tr>
    <td height="50">
      <table width="80%"border="0"align="center"cellpadding="1"
cellspacing="1">
        <tr>
<form name="form1"method="post"action="editdingdan.asp">
<td align="center">按下单用户查询
<input name="namekey"type="text"id="namekey"value="请输入用户名"
size="14"onFocus="this.value=''"> 
<select name="zhuangtai"id="zhuangtai">
    <option value="0"selected>--选择查询状态--</option>
    <option value="0">全部订单状态</option>
    <option value="1">未作任何处理</option>
```

```
    <option value="2">用户已经划出款</option>
    <option value="3">服务商已经收到款</option>
    <option value="4">服务商已经发货</option>
    <option value="5">用户已经收到货</option>
  </select> 
<input type="submit"name="Submit"value="查 询">
  </td>
</form>
</tr>
</table></td></tr></table>
<!--包含 copyright. asp 文件-->
<!--#include file="copyright. asp"-->
</body>
</html>
```

2. 订单删除处理 savedingdan. asp

```
<!--#include file="conn. asp"-->
<%
'对用户状态进行判断,若超时或没有登录,强行跳转到登录页
if session("shop")=""then
response. Write"<script language='javascript'>alert('网络超时或您还没有登录!');window. location. href='login. asp';</script>"
response. End
else
'对管理权限进行判断,flag 值若大于 1,则用户没有该项目管理权限
if session("flag")=2 then
response. Write"<p align=center><font color=red>您没有此项目管理权限!
</font></p>"
response. End
end if
end if
dim action,dingdan,username
action=request. QueryString("action")
dingdan=request("dingdan")
username=request("username")
select case action
```

```
case"save"
……
case"del"
'删除对应的订单信息
conn.execute"delete from shop_action where dingdan='"&dingdan&"'"
response.Write"<script language=javascript>alert('订单删除成功！');window.close();
window.opener.location.reload();</script>"
end select
%>
```

思考与练习

一、完成网上书店的订单管理。

二、完成网上书店的详细订单信息管理。

模块十

网站的调试与发布

任务一　网站功能模块调试

教学目标

◆ 了解网站功能模块测试方法

◆ 掌握利用网站调试工具（插件）进行调试

任务引入

整站设计、编码完成后，要对整个网站所涉及的各方面进行调试，比如无效链接，Java、Cookie、CSS样式列表、ASP代码编译、数据库链接（SQL查询语句）错误等，所以网站调试是一个不容忽视的环节。

任务分析

完成整站调试应注意两方面：利用工具与插件整站编译调试与CSS布局调试。

完成上述任务，需要解决以下问题：

1. 选择合适的调试工具与插件。

2. 如何使用调试工具或插件。

3. HTML代码、CSS样式与布局、脚本代码的调整与修改。

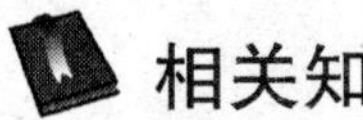

相关知识

一、选择合适的调试工具

目前用于对网站调试的工具与插件非常丰富，各有特点。

1. Firebug 插件

Firebug 插件能够调试所有网站语言，如 HTML、CSS、JavaScript 等。Firebug 集 HTML 查看和编辑、JavaScript 控制台、网络状况监视于一体，是开发人员必备工具之一。Firebug 从各个不同的角度剖析 Web 页面内部的细节层面，给 Web 开发者带来很大的便利。Firebug 使用起来非常方便，而且在各种浏览器下都能使用（IE，Firefox，Opera，Safari）。除此之外，还可以进行 HTML，CSS，DOM 的查看与调试，网站整体分析等。

2. IE Developer Toolsbar

该产品让开发人员能够深入理解 Web 页面，帮助开发者更好地创建 Web 应用，安装后可以在 IE 中快速分析网页的软件。该工具条可集成在 IE 窗口，或以浮动窗口形式存在。

IE Developer Toolbar 的特性如下：

（1）浏览和修改 Web 页的文档对象模型（DOM）。

（2）通过多种技术方式定位、选定 Web 页上的特定元素。

（3）禁止或激活 IE 设置。

（4）查看 HTML 对象的类名、ID，以及类似链接路径、tab 顺序、快捷键等。

3. Microsoft Script Debugger

Microsoft（R）Script Debugger 是扩展所有 Microsoft（R）ActiveX（R）Scripting 主机应用程序的调试环境，如 IE 或 IIS。

与 IE 和 IIS 联合使用时，Web 开发人员可在客户机和服务器上浏览、编辑和调试带脚本的 HTML 页（.htm、.html 和 .asp 文件）。Script Debugger 使开发人员更加有效地开发脚本应用程序。

4. SuperPreview

SuperPreview 是微软推出的 Expression Web 3 的一部分，主要用于页面的调试，目前的 Expression Web SuperPreview 允许用户对比其站点在 IE 6、IE 7、IE 8 中的外观。自带有很多元素查看工具，如箭头、移动、辅助线、对比等，在查看网页的 IE6、IE7、IE8 不同表现的同时，可以对比效果。

5. Visual Studio 2008

如果脚本编译出现错误或异常，传统编译调试方法总是要从头逐一分析，插入很多 Alert ()，调试效率非常低。Visual Studio 2008 中 JavaScript 所具有的另外一个特性是提供了更加强大的 JavaScript 调试功能，这使得 JavaScript 的使用及构建 Ajax 应用都变得容易很多。同样，这项功能在免费的 Visual Web Developer Express 版本中和 Visual Studio 中都有。

二、CSS 布局调试的常用测试方法

1. 检查 HTML 元素是否有拼写错误、是否忘记结束标记

div 的嵌套关系较容易出错，可以用 Dreamweaver 的验证功能检查一下有无错误。

2. 检查 CSS 是否书写正确

检查一下有无拼写错误，是否忘记结尾的“}”符号等。可以利用 CleanCSS 插件来检查 CSS 的拼写错误，同时 CleanCSS 也是 CSS 除去冗余的工具。

3. 用删除法确定错误发生的位置

如果错误影响了整体布局，则可以逐个删除 div 块，直到删除某个 div 块后显示恢复正常，即可确定错误发生的位置。

4. 利用 border 属性确定出错元素的布局特性

使用 float 属性布局容易出错。这时为元素添加 border 属性确定元素边界，错误原因即可水落石出。

5. float 元素的父元素不能指定 clear 属性

MacIE 下如果对 float 的元素的父元素使用 clear 属性，周围的 float 元素布局就会混乱。这是 MacIE 著名的 bug。

6. float 元素务必指定 width 属性

很多浏览器在显示未指定 width 的 float 元素时会有 bug。所以不管 float 元素的内容如何，一定要为其指定 width 属性。另外指定元素时尽量使用 em 而不是 px 做单位。

7. float 元素不能指定 margin 和 padding 等属性

IE 在显示指定了 margin 和 padding 的 float 元素时有 bug。因此不要对 float 元素指定 margin 和 padding 属性（可以在 float 元素内部嵌套一个 div 来设置 margin 和 padding）。也可以使用 hack 方法为 IE 指定特别的值。

8. float 元素的宽度之和要小于 100%

如果 float 元素的宽度之和正好是 100%，某些版本较旧的浏览器将不能正常显示。因此请保证宽度之和小于 100%。

9. 是否重设了默认的样式

某些属性如 margin、padding 等，不同浏览器会有不同的解释。因此最好在开发前首先将全体的 margin、padding 设置为 0、列表样式设置为 none 等。

10. 是否忘记写 DTD

如果无论怎样调整不同浏览器显示结果还是不一样，那么可以检查一下页面开头是不是忘了写 DTD。

三、数据访问压力测试

数据访问压力测试可以分为两种类型。

1. 强度测试

强度测试是要检查在系统运行环境不正常乃至发生故障的情况下，系统可以运行到何种

程度。

（1）把输入数据速率提高一个数量级，确定输入功能将如何响应。

（2）设计需要占用最大存储量或其他资源的测试。

2. 性能测试

性能测试是要检查系统是否满足在需求说明书中规定的性能。特别是对于实时系统或嵌入式系统。

性能测试常常需要与强度测试结合起来进行，并常常要求同时进行硬件和软件检测。通常，对软件性能的检测表现在以下几方面：响应时间（这是重点）、CPU 占用率、页面交换率等。

测试主要采用负载测试工具进行测试，如 WAS（Web Application Stress），Loadrunner，Webserver Stress Tool，loadtest 等。用负载工具测试，需要将编译好的网站发布到远程虚拟主机或空间服务器上，然后通过测试工具访问网站域名，直接使用工具提供的测试功能进行。但为使效果更准确、通畅，需要在具有一定的真实访问流量的环境下测试，并且，访问量越大，测试工具测试的数据越精确。

具有一定编程功底的专业人员一般也会自己编写程序来测试，可以跨过 GUI 界面直接调用业务函数，或用 SQL 语句对服务器进行并发访问（采取多线程的方法），以此对网站的性能进行跟踪。

四、网站安全性测试

安全性测试（security testing）是验证应用程序的安全服务和识别潜在安全性缺陷的过程。一个完整的 Web 安全性测试可以从部署与基础结构、输入验证、身份验证、授权、配置管理、敏感数据、会话管理、加密、参数操作、异常管理、审核和日志记录等几方面入手。而具体的测试实施过程中，应注意以下几点：

1. 不登录系统，直接输入登录后的页面的 URL 是否可以访问。

2. 不登录系统，直接输入下载文件的 URL 是否可以下载。

3. 退出登录后按后退按钮能否访问之前的页面。

4. ID/密码验证方式中能否使用简单密码。

5. 重要信息（如密码，身份证号码，信用卡号等）在输入或查询时是否用明文显示；在浏览器地址栏里输入命令 javascript：alert（doucument. cookie）时是否有重要信息；在 html 源码中能否看到重要信息。

6. 手动更改 URL 中的参数值能否通过修改访问没有权限访问的页面。

7. 上传与服务器端语言（jsp、asp、php）一样扩展名的文件或 exe 等可执行文件后，确认在服务器端是否可直接运行。

8. 注册用户时是否可以以非规范字符作为用户名。

9. 执行新增操作时，在所有的输入框中输入脚本标签（<script>alert（""）</script>）后能否保存。

10. 错误信息中是否含有 SQL 语句、SQL 错误信息以及 Web 服务器的绝对路径等。

11. ID/密码验证方式中，检测同一个账号在不同的机器上不能同时登录，并且连续数次输入错误密码后该账户是否被锁定。

当然，最为有效的办法还是用专业的安全测试工具（插件），如 JSKY，paros，Safe3 Vul Scanner 等，具体使用方法与数据访问压力测试工具（插件）使用方法类似。

目前主要的调试方式主要分为两类：编译调试与工具（插件）调试。而最为有效，并且应用最普及的是利用专业的调试工具（插件）完成后期的网站优化任务。而在调试项目中，最为重要的是 HTML 代码调试、CSS 样式调试与脚本代码优化调试，这些直接影响页面编译显示与功能模块的实现。

任务实施

针对本书中的“花样年华网上鲜花超市”网站，从功能全面性与易操作性衡量，推荐初学者可以使用 Firebug 插件，对网站进行后期优化调试。

1. 启动 IE/Firefox 浏览器，选定“工具”菜单下的“附加组件”，如图 10—1—1 所示。

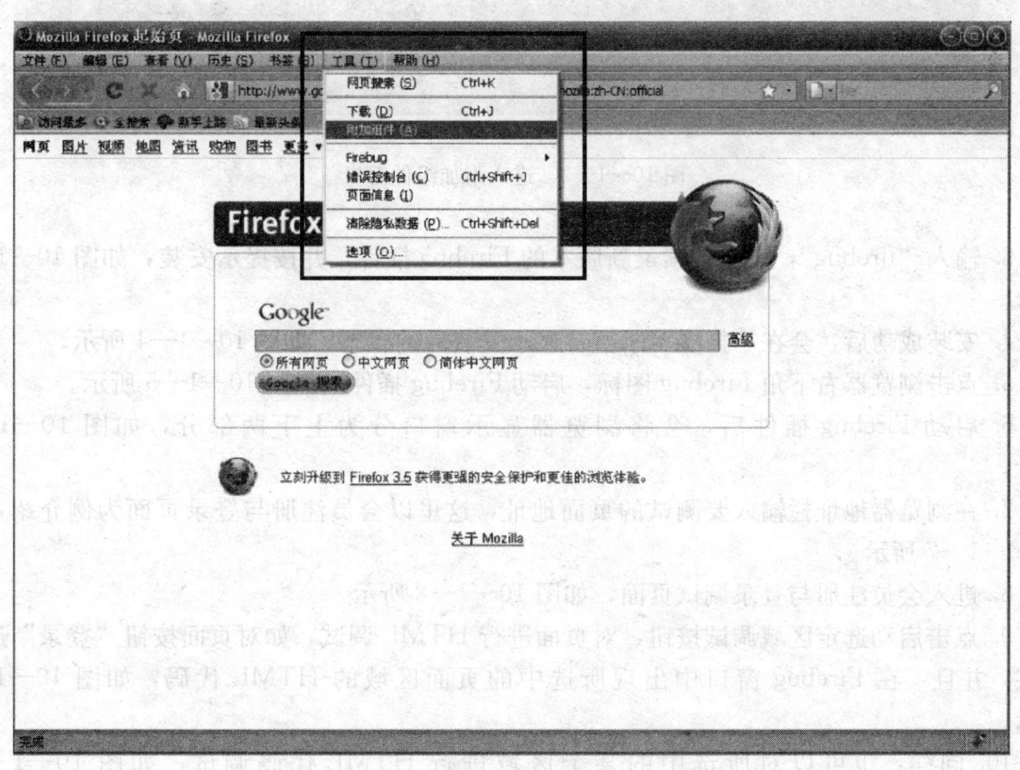

图 10—1—1　选定附加组件

2. 进入附加组件窗口，如图 10—1—2 所示。

图 10—1—2　进入附加组件窗口

3. 输入“firebug”，点击搜索最新版本的 Firebug 插件，并按提示安装，如图 10—1—3 所示。

4. 安装成功后，会在“扩展”子窗口显示安装后的状态，如图 10—1—4 所示。

5. 点击浏览器右下角 Firebug 图标，启动 Firebug 插件，如图 10—1—5 所示。

6. 启动 Firebug 插件后，会将浏览器显示窗口分为上下两部分，如图 10—1—6 所示。

7. 在浏览器地址栏输入要测试的页面地址，这里以会员注册与登录页面为例介绍，如图 10—1—7 所示。

8. 进入会员注册与登录调试页面，如图 10—1—8 所示。

9. 点击启动选定区域调试按钮，对页面进行 HTML 调试，如对页面按钮“登录”进行调试，并且，在 Firebug 窗口中出现所选中的页面区域的 HTML 代码，如图 10—1—9 所示。

10. 同样，也可以对所选中的某个区域进行 HTML 代码调试，如图 10—1—10 所示。

图 10—1—3 搜索最新版本的 Firebug 插件并安装

图 10—1—4 安装成功

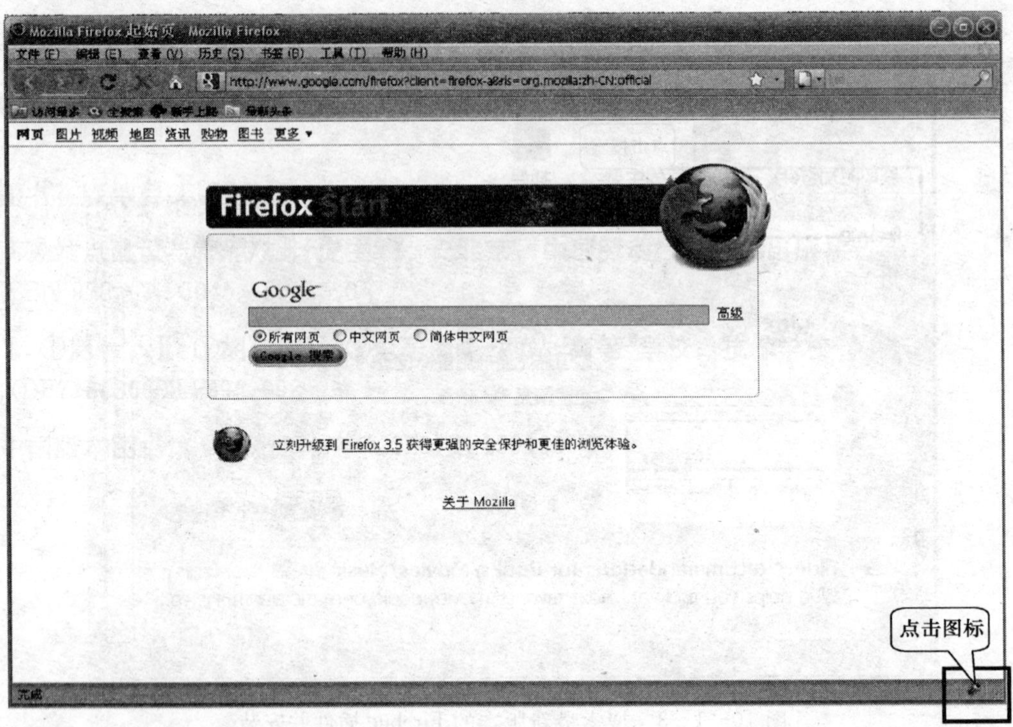

图 10—1—5　启动 Firebug 插件

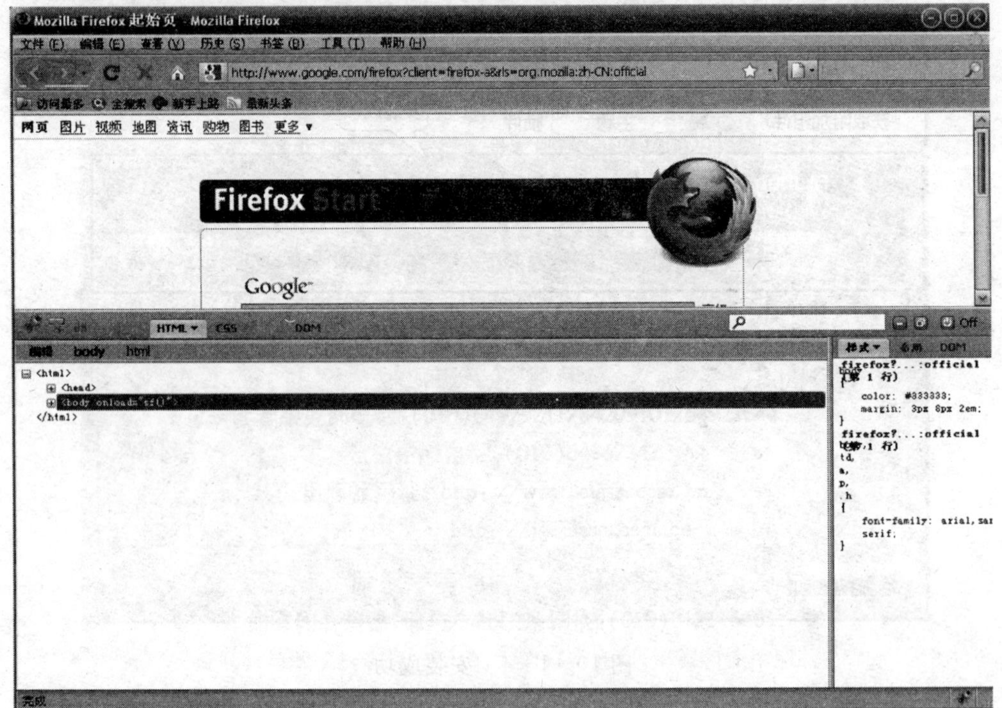

图 10—1—6　Firebug 启动后的界面

图 10—1—7　输入调试地址

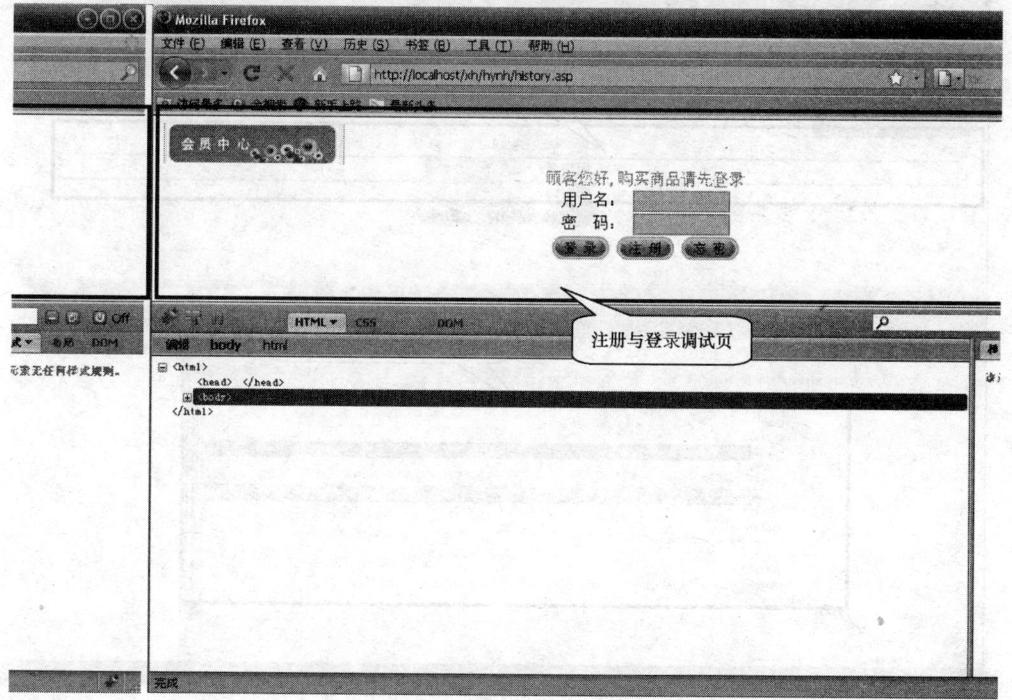

图 10—1—8　注册与登录页面调试

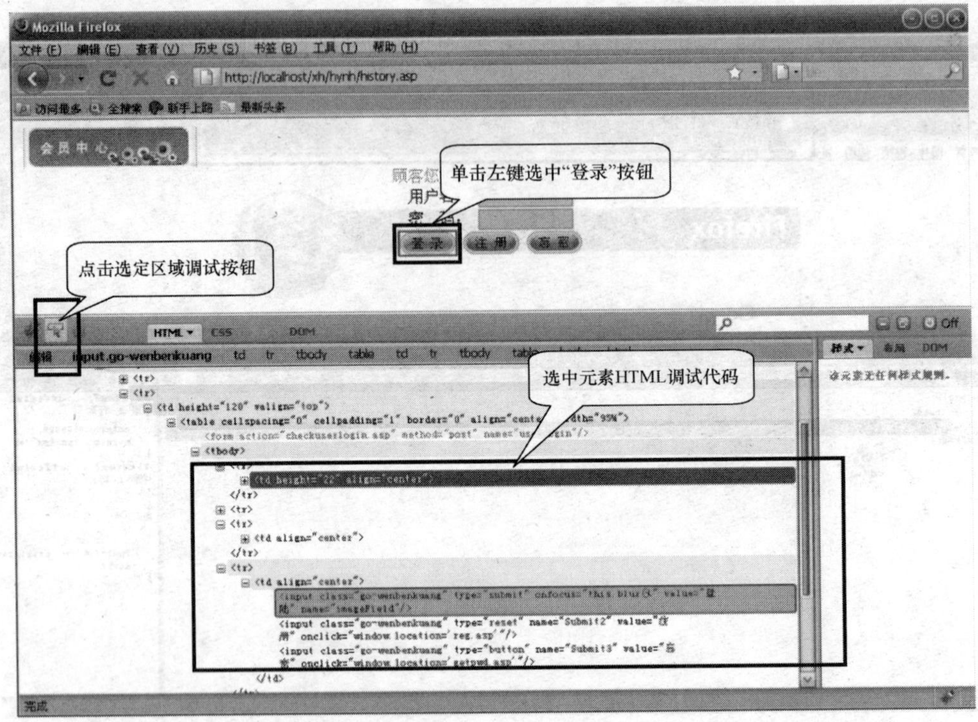

图 10—1—9　对页面进行 HTML 调试

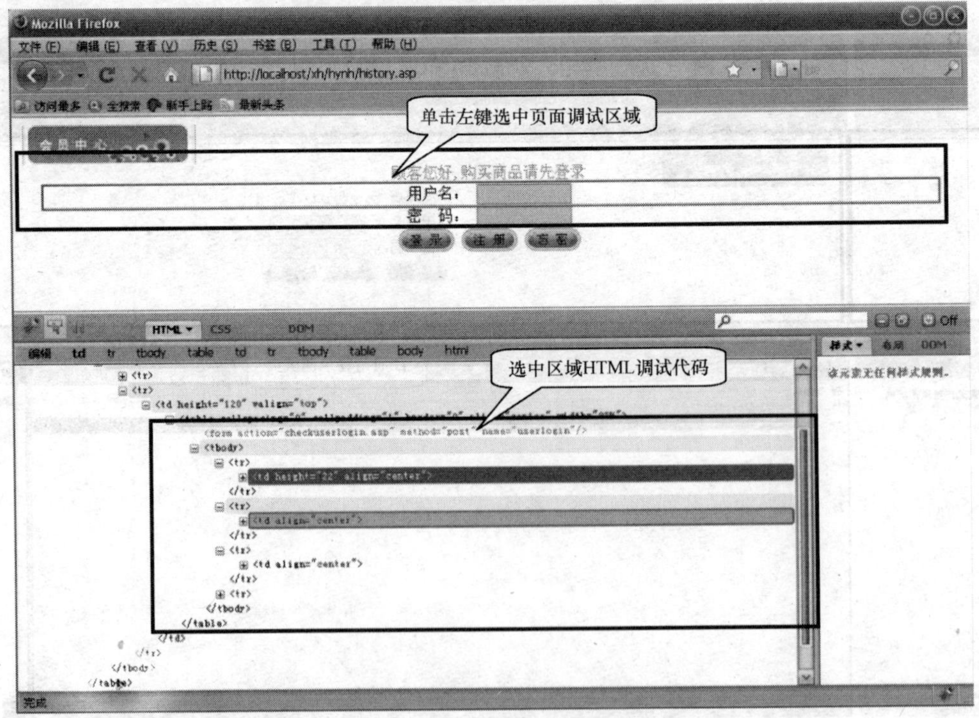

图 10—1—10　对所选中的某个区域进行 HTML 代码调试

这样，可以在 Firebug 插件调试窗口中对页面的任何元素或选定区域的 HTML 代码进行重新编译与修改。

知识链接

如任务实施部分，通过 Firebug 这一插件，可以对在页面所选中的元素或某一区域所对应的 HTML 代码进行调试。同时，也可以通过 Firebug 这一插件进行如下调试，步骤与 HTML 调试类似。

1. Console 控制台

控制台能够显示当前页面中的 JavaScript 错误以及警告，并提示出错的文件和行号，方便调试，这些错误提示比起浏览器本身提供的错误提示更加详细且具有参考价值。而且在调试 Ajax 应用的时候也是特别有用，能够在控制台里看到每一个 XML、Http、Requests 请求 post 出去的参数、URL、Http 头以及回馈的内容，原本似乎在幕后黑匣子里运作的程序被清清楚楚地展示在用户面前。如图 10—1—11 所示。

Inspect　Clear　Profile

Console　HTML　CSS　Script　DOM　Net　　Options▾

```
>>> hi
hi is not defined
>>> hi adf
hi is not defined
>>> hi adf alert(debug);
hi is not defined
>>> hi alert(debug);
hi is not defined
```

图 10—1—11　在控制台里调试 JavaScript

2. CSS 调试

(1) 使用插件修改 CSS 样式

目前主流的网页设计是“div+CSS”，用 div 做出来的页面的确能精简 HTML 代码。如果页面中的一个元素位置显示不准确，需要挪动几个像素，这时候用 CSS 调试工具可以轻易编辑它的位置、随意挪动像素。Firebug 的 CSS 查看器不仅自下向上列出每一个 CSS 样式表的从属继承关系，还列出了每一个样式在哪个样式文件中定义。可以在这个查看器中直接添加、修改、删除一些 CSS 样式表属性，并在当前页面中直接看到修改后的结果。比如想直接调试页面的背景颜色，就可以按照如图 10—1—12 进行修改操作。

(2) 可视化的 CSS 尺标

Inspect Edit | syntax_hilite_css.css ▾

Console HTML CSS Script DOM Net

```
.syntax_hilite, li .syntax_hilite {
    background-color: #FEFEFE
    border: 1px solid #303130;
    font-family: 'Courier New',Courier,monospace;
    font-size: 13px;
    overflow: auto;
    padding: 3px 3px 10px 8px;
    white-space: nowrap;
}
.syntax_hilite {
    width: 500px;
}
li .syntax_hilite {
    width: 460px;
}
```

图 10—1—12　CSS 查看器，直接修改样式表

利用 Firebug 来查看页面中某一区块的 CSS 样式表，如果进一步展开右侧 Layout tab 的话，它会以标尺的形式将当前区块占用的面积清楚地标出来，精确到像素，并且能够在这个可视化的界面中直接修改各像素值，页面上选定元素或区域的位置就会随改动而变化。在页面中某些元素出现错位或者面积超出取值区间时，该功能能够提供有效的帮助，从而帮助用户分析 offset，margin，padding，size 之间的关系，找出解决问题的办法。

3. 网络状况监视器

网络状况监视器能将页面中的 CSS、JavaScript 以及网页中引用的图片载入所消耗的时间以矩形图呈现出来，从而方便地找出速度较慢的网页加载与显示速度的原因，进而快速有效地对网页进行优化，如图 10—1—13 所示。

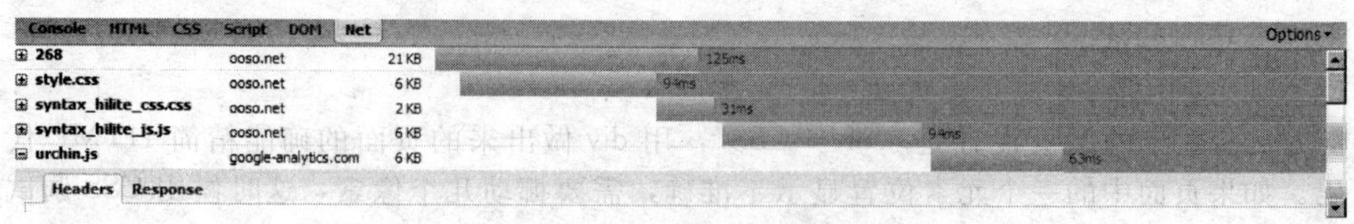

图 10—1—13　网络状况监视器

4. JavaScript 调试器

Firebug 的 JavaScript 脚本调试器占用空间小，能进行单步调试、设置断点、变量查看窗口。如果一个网站已经建成，然而其 JavaScript 有性能上的问题或者不是太完美，可以通过面板上的 Profile 来统计每段脚本运行的时间，查看究竟是哪些语句执行时间过长，逐一

排除，如图 10—1—14 所示。

Inspect | syntax_hilite_js.js

Console HTML CSS Script DOM Net Options

```
function getBrowserType() {
    var detect = navigator.userAgent.toLowerCase();
    var browser;
    var doCheckIt = function (bString) {
        place = detect.indexOf(bString) + 1;
        return place;
    };
    if (doCheckIt('konqueror')) { browser = "konqueror"; }
    else if (doCheckIt('safari')) { browser = "safari"; }
    else if (doCheckIt('omniweb')) { browser = "omniweb"; }
    else if (doCheckIt('opera')) { browser = "opera"; }
    else if (doCheckIt('webtv')) { browser = "webtv"; }
    return browser;
}
```

This breakpoint will stop only if this expression is true:

图 10—1—14 JavaScript 调试器

5. DOM 查看器

Firebug 的 DOM（Document Object Model）查看器里包含了大量的 Object 以及函数、事件。能方便地浏览 DOM 的内部结构，帮助用户快速定位 DOM 对象。左键双击一个 DOM 对象，就能够编辑它的变量或值，编辑的同时，它还有自动补全语句功能，例如，输入“document. get”之后，按下 Tab 键就能补齐为“document. getElementById”，非常方便。如果想撤销补全语句操作，按下 Shift＋Tab 即可，如图 10—1—15 所示。

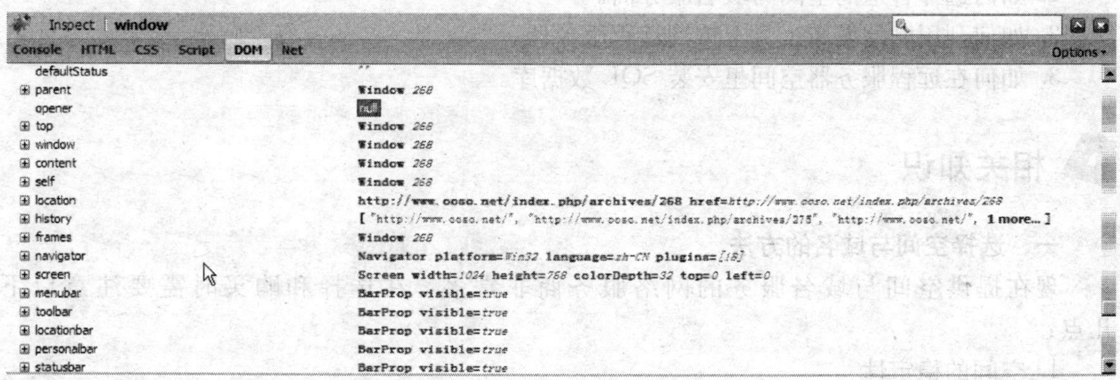

图 10—1—15 DOM 查看器

Firebug 插件提供了一整套 Web 开发，后期调试所必需的功能，从 HTML 的编写到 CSS 样式表的美化调优，以及用 JavaScript 脚本开发等。

任务二　网站发布

教学目标

- ◆ 了解网站发布的基本原理
- ◆ 常用网站发布方法

任务引入

整个网站设计、本地编码与调试完成后，就要进入网站发布阶段，即将站点文件上传到远程服务器。在执行发布任务前，需要到相关的空间与域名服务商处申请足够的空间，并申请注册合适的域名地址。

任务分析

将整站文件上传到远程服务器，主要有两种方法：利用网站开发工具（Frontpage、Dreamweaver）自带的发布功能进行发布和利用 FTP 工具上传到远程 Web 服务器。

完成上述任务，需要解决以下问题：

1. 如何选择合适的空间与域名服务商。
2. 如何利用网站发布工具上传到远程服务器。
3. 如何在远程服务器空间里安装 SQL 数据库。

相关知识

一、选择空间与域名的方法

现在提供空间与域名服务的网络服务商非常多，在选择和购买时需要注意以下几点：

1. 空间的稳定性

稳定性是租用网站空间的首要因素，如果一个网站恰好在搜索引擎来抓取内容的时候，空间不能正常访问，搜索引擎将无法索引到网页。因此将会给网站带来无法估量的损失，因为来自搜索引擎的流量占了网站流量的一大部分。许多企业为了贪图一时的便宜而使用免费但稳定性低的空间，这种做法是不可取的。

2. 空间的功能

如果网站所使用的程序和数据库空间不支持，网站上传后的动态程序是不能运行的。针对这个鲜花网站，应选择支持 SQL server 数据库安装管理，远程后台管理功能的空间。

3. 空间的大小

空间大小选择的原则是既不浪费又要给网站的进一步发展留有余地。如果像留言板、博客类的网站就无须选很大的空间。

4. 空间的价格

价格问题是需要考虑的成本之一。根据站点自身的需求，选择价格适中的空间服务。

5. 空间品质参数

硬盘空间相对很便宜，主要是衡量资源成本在于ⅡS 同时在线数量、网站月流量这些参数。不限制流量是可能的，但是ⅡS 同时在线数量可能就会受到限制，因为一台中型服务器的ⅡS 允许连接数在 5000 左右。

6. 空间商的信誉

购买空间的时候一定要选择一个口碑好的服务商，这会为网站的稳定运行提供强大的保障。

7. 关注"邻居"

一般来说，大部分企业所使用的空间应该称为虚拟主机，也称共享主机。根据共享主机的特点，大部分企业的空间是和其他很多网站的空间公用同一个独立 IP，那么这个 IP 下所有的网站都处在一个相同的网络环境。如果"邻居"违反了某个搜索引擎的规定遭到惩罚，同在这台服务器上的网站有可能也被殃及并遭到同样的惩罚。

8. 不要随意更改服务器 IP

经常换服务器 IP 会影响搜索引擎的检索效果。在一些被公开的技术标准中，明确指出衡量网站质量等级的多少和是否经常更换 IP 有关。

9. 域名选择

以海外推广为主的网站域名应以英文单词为主。如果是只面向中国一般中文用户，可以选择拼音来取名。例如 wine. com 与 putaojiu. com 意义在理解上相同。但是，搜索引擎对域名的理解是不同的，在中文搜索引擎上拼音字母结构的域名更有优势。

在域名中只出现字母，尽可能不要放入下划线或者连字符。有特殊含义的域名更便于记忆。域名不要易混淆，也不要易拼写错误。易拼写错误的域名很可能会使属于自己的客户登录到对手的网站上去。谨防注册一个遭受过搜索引擎惩罚的域名。一般来说网站因违反了搜索引擎的相关规则而被搜索引擎惩罚，域名将会被视为惩罚域名。被惩罚过的域名按照惩罚的等级不同，有可能再不会被搜索引擎索引并收录，同时也就意味着从搜索引擎查询中消失。

二、选择网站发布方式

典型的网站制作工具都自带网站发布功能，使用起来也非常方便，但可视化操作性、发布速度以及对后期网站的调试与管理方面，不及用FTP工具进行发布。

而常用的FTP工具非常多，各有特点，根据网站开发与管理人员、网站站长自己的偏好选择，这里主要推荐Cuteftp、FlashFxp两款应用最广的FTP工具。

三、在远程主机中安装SQL数据库

因为每个主机空间商所提供的SQL安装方法未必一致，但基本还是会提供数据库名、数据库用户名、数据库密码的，有些空间商会帮助用户人工建库，也有些空间商会提供SQL server的远程连接权限，开通1433端口，让用户自己建库。在购买空间时，建议购买直接人工建库，并具有备份、维护功能的虚拟主机。

任务实施

假设已经购买好空间（虚拟主机），FTP地址为229.11xf.cn；服务器IP为58.51.62.229，用户名为jackchin，密码为123456。这里利用FlashFXP作为网站发布工具，发布编译调试成功的“花样年华网上鲜花超市”网站。

1. 启动，进入FlashFXP工具界面，如图10—2—1所示。

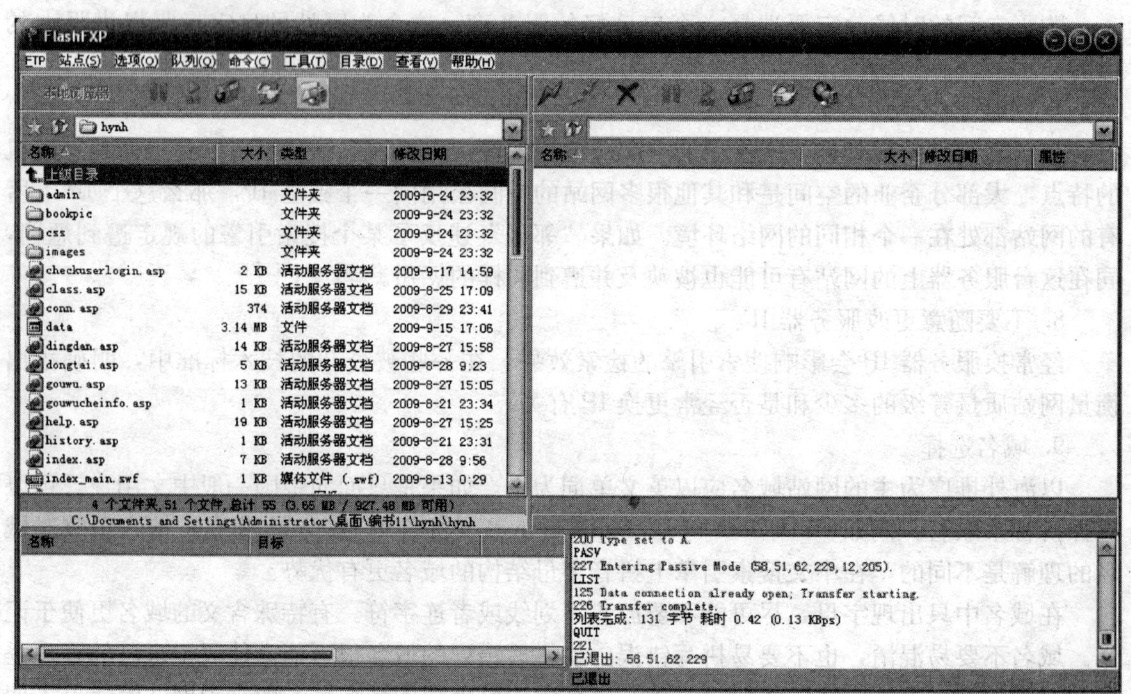

图10—2—1　启动FlashFXP工具界面

2. 选定表格，在“站点”菜单下选择“站点管理器”，如图10—2—2所示。

3. 在站点管理器右侧窗口中分别填入IP地址58.51.62.229，端口号默认为21，用户名称为jackchin，密码为123456，其他信息根据实际情况填写缺省，如图10—2—3所示。

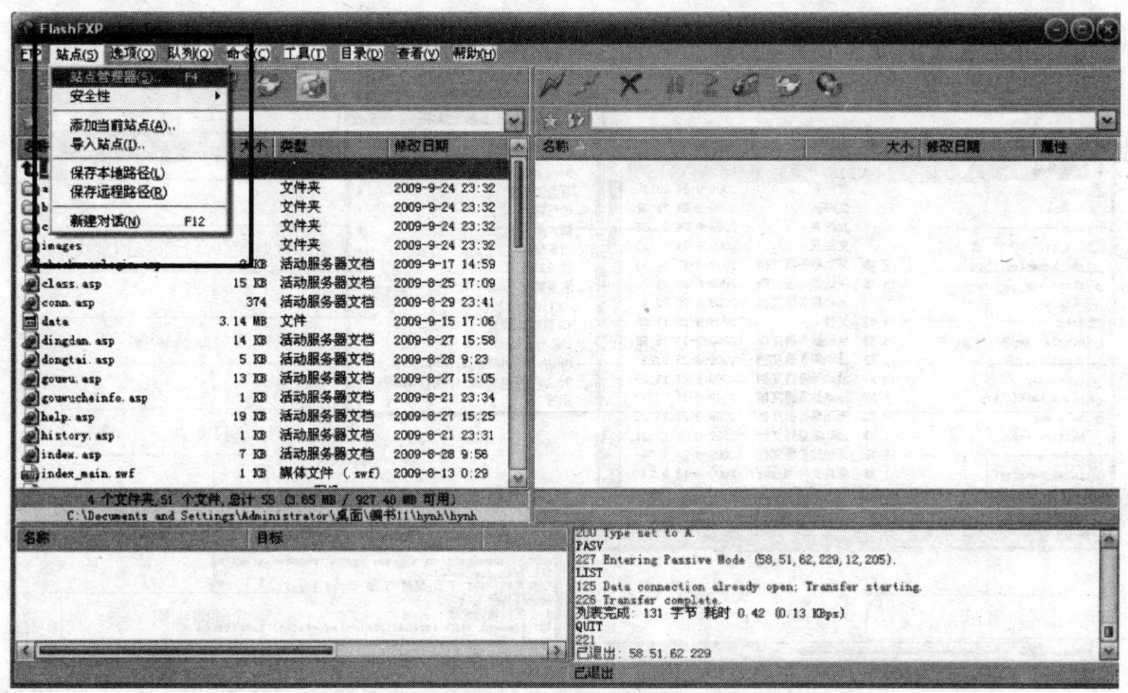

图 10—2—2　选定表格

图 10—2—3　输入站点名称、地址、用户名及密码

4. 点击登录 FTP 虚拟主机快捷按钮，选择重新连接为 58. 51. 62. 229，如图 10—2—4 所示。

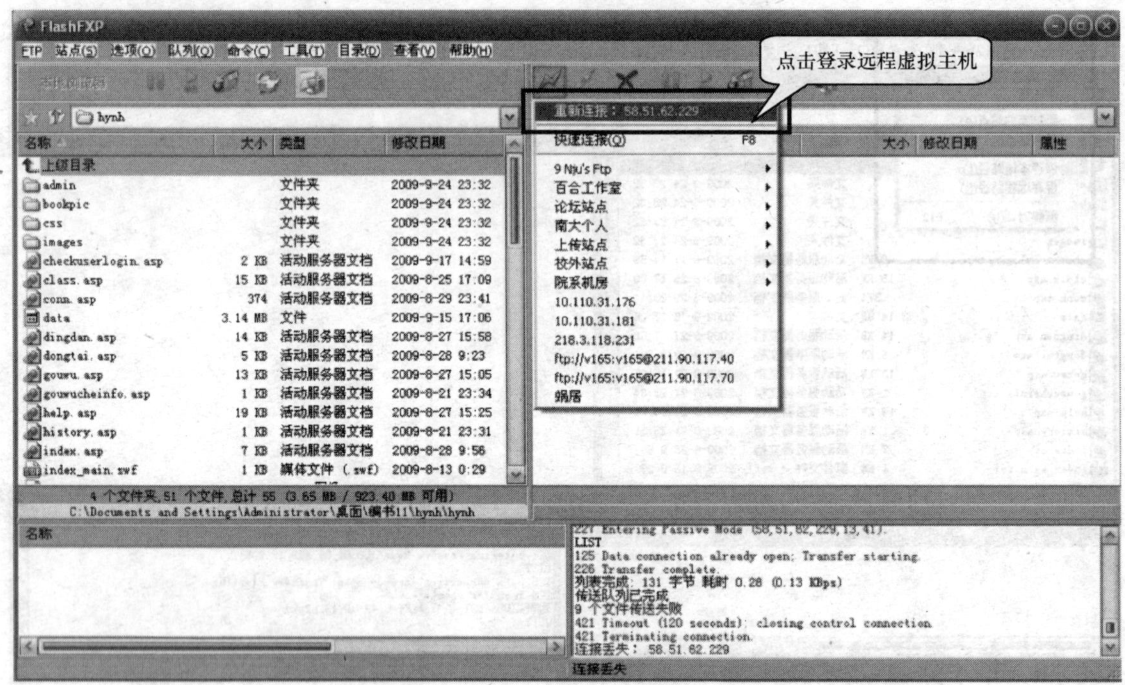

图 10—2—4　点击登录远程虚拟主机

5. 在界面左侧本地文件目录窗口中选定要上传的站点文件，如图 10—2—5 所示。

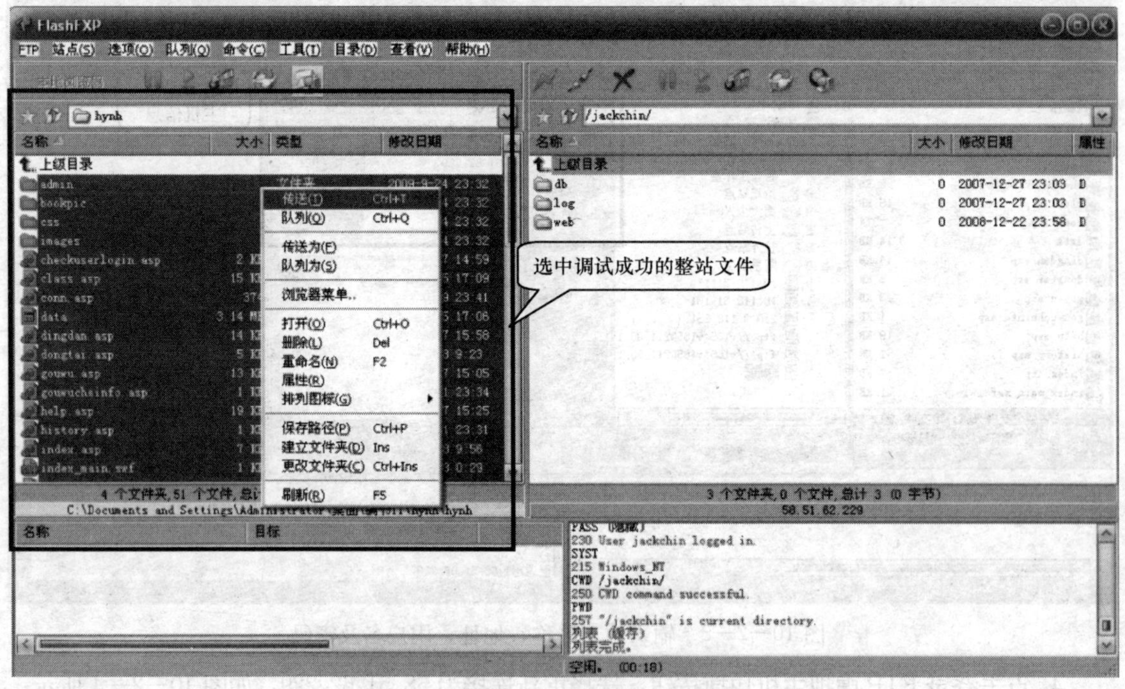

图 10—2—5　选中整站文件

6. 单击右键，选择“上传”，如图 10—2—6 所示。

图 10—2—6　上传网站

7. 待整个网站文件上传成功后，最后打开网页浏览器，输入与该空间绑定的域名地址，访问“花样年华网上鲜花超市”网站首页测试是否成功，如果出现数据库无法链接，请检查 COON. ASP 文件的数据库地址是否正确，或者联系虚拟主机空间管理员进行解决。

思考与练习

一、分别下载网站链接测试工具（Xenu Link Sleuth）、站点漏洞测试工具（Safe3 Vul Scanner）对“花样年华网上鲜花超市”网站进行测试。

二、利用网站制作工具（Dreamweaver）发布“花样年华网上鲜花超市”网站。